江西省社会科学"十三五"（2020年）规划项目：《民国时期江西体育家研究》（项目编号：20TY18）
江西省哲学社会科学重点研究基地运动健康与产业发展研究中心成果

当代高校体育教学理论与发展之道

肖海彬 ◎ 著

吉林人民出版社

图书在版编目(CIP)数据

当代高校体育教学理论与发展之道 / 肖海彬著. --长春：吉林人民出版社, 2024.5. -- ISBN 978-7-206-21131-7

Ⅰ.G807.4

中国国家版本馆 CIP 数据核字第 2024DQ1974 号

当代高校体育教学理论与发展之道
DANGDAI GAOXIAO TIYU JIAOXUE LILUN YU FAZHAN ZHI DAO

著　　者：肖海彬
责任编辑：王　丹　　　　　　　　封面设计：武思岐
出版发行：吉林人民出版社（长春市人民大街7548号）　邮政编码：130022
印　　刷：河北万卷印刷有限公司
开　　本：710mm×1000mm　　　　　1/16
印　　张：17.5　　　　　　　　　　字　　数：240千字
标准书号：ISBN 978-7-206-21131-7
版　　次：2024年5月第1版　　　　印　　次：2025年1月第1次印刷
定　　价：98.00元

如发现印装质量问题，影响阅读，请与出版社联系调换。

前言 preface

随着社会的进步和时代的发展，体育在高等教育体系中的地位日益提升，其在培养学生身心健康、提高学生综合素质、促进校园文化建设等方面的作用愈加明显。本书旨在深入探讨和研究高校体育教学在当今时代背景下的理论基础、新理念、方法和模式，为高校体育工作者提供了宝贵的参考和指导。

第一章主要介绍了我国体育的发展历程，阐述了高校体育的概念，分析了高校体育的性质与特点，并对其在高校教育中的作用与功能进行了探讨。

第二章着重探讨了高校体育教学新理念。随着社会的变革，人们的教育理念也在不断更新。本章深入讲解了"以人为本""终身体育""健康第一""个性化"这四大理念，并探索了如何将这些新理念更好地融入体育教学。

第三章和第四章则分别从教学主体与教学方法的角度展开，深入剖析了高校体育教学中学生、教师及他们之间的关系，以及在当代如何选择和应用合适的体育教学方法，以确保教育目标的有效实现。

第五章则专门讨论了体育教学的模式。随着社会、科技和经济的快速发展，教育模式也在不断演变，本章将分享高校体育教学中成功的教学模式，同时探讨如何进行模式的创新和改革。

第六章和第七章则分别从管理与评价的角度探讨高校体育教学。其深入讲解了如何对高校体育教学进行有效管理，确保资源的合理配置和使用，以及如何进行科学、公正、客观的评价，持续优化和改进教育工作。这是每位教育工作者都应面对的问题。

第八章则从宏观角度出发，探讨了体育教学环境的概念、构成和发展，尤其是在当今信息化背景下，如何优化和发展高校体育教学环境。

本书汇集了大量的研究成果和实践经验，力求为读者提供全面、深入、系统的高校体育教学理论体系。希望每位读者在阅读完本书后，都能有所收获，为高校体育教学的繁荣与发展做出自己的贡献。

此外，为确保内容的权威性和准确性，对书中提及的案例、数据和研究成果都进行了严格的审核。

在此，笔者要感谢为本书提供支持和帮助的各方。希望本书能为广大读者带来启示和指导，共同推动我国高校体育教学向更好的方向发展。

目录 contents

第一章　高校体育概述 ·· 001

　　第一节　我国体育的产生与发展 ·· 001

　　第二节　高校体育的概念与性质 ·· 007

　　第三节　高校体育的特点与功能 ·· 015

第二章　高校体育教学新理念 ·· 024

　　第一节　"以人为本"的教育理念 ·· 024

　　第二节　"终身体育"的教育理念 ·· 032

　　第三节　"健康第一"的教育理念 ·· 043

　　第四节　"个性化"的教育理念 ·· 048

第三章　高校体育教学主体及其发展 ·· 053

　　第一节　高校体育学生身心发展及其体育学习 ································ 053

　　第二节　高校体育教师的教学素养与执教能力 ································ 063

　　第三节　高校体育教学中教师与学生的关系 ··································· 080

　　第四节　高校体育教学中教师与学生的发展 ··································· 088

第四章　当代高校体育教学方法与发展之道 ······································· 092

　　第一节　体育教学方法概述 ·· 092

　　第二节　体育教学方法选择及应用 ··· 102

　　第三节　符合现代教育理念的体育教学方法 ··································· 111

　　　　第四节　当代高校体育教学方法的创新与发展……………………118

第五章　当代高校体育教学模式与发展之道…………………………128

　　　　第一节　体育教学模式概述…………………………………………128
　　　　第二节　高校体育发展中所形成的教学模式………………………138
　　　　第三节　当代高校体育教学模式的发展与改革……………………155

第六章　当代高校体育教学管理与发展之道…………………………160

　　　　第一节　体育教学管理概述…………………………………………160
　　　　第二节　高校体育活动管理…………………………………………168
　　　　第三节　高校体育资源管理…………………………………………178
　　　　第四节　高校体育文化管理…………………………………………207

第七章　当代高校体育教学评价与发展之道…………………………213

　　　　第一节　体育教学评价概述…………………………………………213
　　　　第二节　高校体育教学评价的结构与内容…………………………219
　　　　第三节　高校体育教学评价的要求与原则…………………………225
　　　　第四节　高校体育教学评价的案例与发展…………………………229

第八章　当代高校体育教学环境与发展之道…………………………241

　　　　第一节　体育教学环境概述…………………………………………241
　　　　第二节　高校教学环境对体育教学的影响…………………………247
　　　　第三节　高校体育教学环境的系统构成……………………………252
　　　　第四节　信息化背景下高校体育教学环境的优化与发展…………254

参考文献……………………………………………………………………267

第一章　高校体育概述

第一节　我国体育的产生与发展

一、我国体育的萌芽

体育作为人类文明史的重要篇章，其形成和演进是一个漫长的历程。作为文明的核心组成部分，体育反映了人类社会的进步和发展。尽管对体育文化，乃至体育的起源，历史上有众多的解释和论述，但通过深入钻研古代文献和学术研究，可以发现体育受劳动、战争、宗教及游戏等方面的影响。在这一背景下，原始体育、体育文化与体育逐渐崭露头角，特别是在人类的各种实践活动中，劳动、战争、宗教、游戏等领域均对其产生了深远的影响。其中，人类的物质生产实践——劳动，对体育的形成和发展具有重要意义。

在人类的发展历程中，大量劳动实践活动的开展满足了动作技能的传递需求，同时为体育的初步发展提供了土壤。随着劳动的进行，人们逐渐培养出自觉意识，从而使得基于这种意识的能动性活动应运而生，这种能动性活动与人类的本能活动相互衍生，前者受到人的自觉性的驱使，而后者则是源于人身心发展的内在需求。

随着劳动的演变，人类劳动对社会进步与发展的推动作用日益明显。

当人类劳动达到某一发展阶段时，其他如宗教、战争和冲突等社会现象也随之产生，并且与劳动活动存在着紧密的联系。由此可以看出，原始社会充满了挑战与变革，正是在这种多变且复杂的历史背景下，原始体育得以悄然兴起。

在古代社会初期，教育的诞生主要受当时社会环境的影响，通过教育，青少年逐渐成长为社会认可的成年人，这种原始的教学形态并不具备如今人们所熟知的专门教育设施（如学校）和专职的教育者（如教师）。因此，在那一时期，学校体育尚未被普及和实施，这一现状在各个国家均存在。然而，随着时间的推移，人类劳动生产技术持续进步，生活模式日益革新，"体育"开始受到重视，并渐渐呈现出其深厚的内涵与独特之处。

在教育领域中，体育与劳动技能教育均被视为核心组成元素，然而，两者之间存在明显区别。在原始社会中，体育的形成只是长辈向年轻一代传递劳动生产与生活经验、技能的简单过程。事实上，尽管劳动技能教育在体育的起源和演变中扮演了关键角色，但单纯地将劳动技能教育视为体育是不准确的。体育与劳动作为两个独立的概念，尽管两者有某种相似性，如都是基于身体活动，但它们本质上仍然存在差异——背后的目的。劳动技能教育的核心目的是获取物质财富，而体育则更侧重身体健康和个人的全面发展。因此，当试图明确体育与劳动技能教育之间的区别时，其目的是一个显著的判断标准。所以，人们在对教育领域进行探讨时，为了避免混淆，应确保对两者有准确的认识与界定。

总之，体育的起源可以追溯至原始人类的生产劳动及生存活动。在其早期发展阶段，核心目的是向青少年传递并培养他们成为合格成年人所需要的技巧和能力。然而，值得注意的是，这种教育的具体内容和形式会受到地域与历史背景的影响，呈现出各种差异。例如，某些地区可能重视提高青少年的身体能力，而其他地区可能更偏向通过身体锻炼培养学生良好的精神风貌。

二、我国古代体育的发展

学校教育制度初建于夏朝,其后则是商朝、西周以及春秋时期,这一演变过程标志着从奴隶社会向封建社会的过渡。在这一历史时段内,我国古代体育的基础逐渐确立。在社会生产与分工日益精细化,战争频繁爆发,学校建立以及宗法制度确立的背景下,起初在原始社会中具备多功能性质的体育活动,逐步演化成军队的身体技能培训、学术场所的体育、民众的休闲游戏以及健康养生等多样化领域。

下面分析我国历代体育的发展情况。

(一)夏朝至春秋时期

根据古代文献资料记载,夏朝时教育机构就已经初现端倪,当时存在名为"校""序""庠"的教育场所,部分学者推测,夏代的"校"可能已经是一个相对成熟的军事教育机构。到了商代,教育体系进一步完善,出现了以"大学"和"庠"为主要教育形式的学府。

西周时期,教育制度逐渐完善,学校主要分为"国学"和"乡学"两种,专注六艺教育,包括"礼、乐、射、御、书、数"。在这六艺中,"乐""射"以及"御"的某些部分被视为体育的重要组成部分。其中,乐的教学则主要集中于队列步伐的训练和身体的锻炼,"射"涉及射箭的技术,"御"则关注驾驭马匹的技巧。

在奴隶社会,学校的存在主要是为了满足奴隶主贵族后代的教育需求。这些学校以礼乐和军事为核心课程,旨在培养贵族后代成为既有政治道德又具备军事技能的未来统治者。

(二)战国至秦汉三国时期

战国至秦汉三国时期,我国的封建制度逐步确立并快速发展。这一时期生产关系的转变,为社会经济注入了强劲动力,为文化进步打下了坚实的基础。在这一阶段，体育不仅在思想层面得到了深化，其活动内容也呈现出丰富多样的特点，为古代体育的持续发展奠定了基础。

儒家教育哲学融入了体育的元素。诸如"礼""乐""射""御"等方面，均体现了体育与儒家教育哲学的交融。秦始皇的焚书坑儒政策，使社会文化一度遭遇挑战。直到汉武帝采纳董仲舒"罢黜百家，独尊儒术"的主张后，儒家思想的正统地位才得以恢复，同时奠定了北宋"重文轻武"的价值取向，强调休闲与娱乐活动在教育中的核心作用。然而，儒家也持有特定的社会观念，如强调维护等级与名分制度作为建立家庭和治理国家的根基。这一观念对学校体育产生了一定的限制效应，使其发展受到了制约。

（三）两晋南北朝至隋唐五代时期

两晋南北朝至隋唐五代时期，中国的封建制度逐渐完善，对应的封建文化也展现出高度的繁荣。与此同时，体育也随着经济和社会的日益进步，迈入了一个盛大的繁荣时期，展示了与众不同的活力，各类运动项目应运而生，体育活动的方式也日益丰富。

在这一背景下，传统的儒家"礼乐观"在魏晋时期因玄学观念的渗透和北方少数民族的文化碰撞，开始发生转变，体现出更加重文化而轻武力的倾向，为唐朝体育的复苏和茁壮成长奠定了基础。唐朝的武则天推行了较具影响力的"武科举"制度，在社会中营造了一种尚武的氛围，为军事体育的扩展和推广铺平了道路。另外，唐朝的体育繁荣也与当时的官方用人准则改革和社会审美观（如对身材魁梧的偏好）的转变息息相关。在这样的背景下，武术在唐朝得到了广泛普及，整个社会沉浸在浓厚的武术氛围中。

隋唐时期，随着社会的繁荣，国家的传统节令活动逐步确立，这些基于节令的民俗活动开始被视为代表性的休闲体育活动，展现出它们在该时期的繁荣趋势。

（四）北宋至清末时期

在我国古代，尤其是北宋至清末时期，体育经历了一个关键的变革与拓展阶段。在这个特定的历史阶段中，社会文化展现出了宋明理学与市民文化并行不悖的风貌，而在这一文化背景下，体育的走向相较于先前有了显著的偏离。宋明理学尤其强调了重文轻武的理念，这种思潮对当时社会中的"八股"选才机制造成了深远的影响，因此武学的地位逐渐被边缘化，古代体育的发展面临严峻的挑战。然而，随着宋明理学影响的减弱，军事体育逐渐摆脱了束缚，走向了复兴之路。此时，宋朝更是建立了"武学"这一专门的军事教育机构。从宋朝开始，逐步构建了完整的武术体系，并按照其独特的发展逻辑，逐步取得了理论与实践两个方面的进步。

在宋明之后的历史时段中，体育的性质逐渐向舞台、表演和娱乐方向转变，甚至开始与戏剧元素相结合，传统体育活动更多地局限于全国的节令庆典和地方民俗。传统体育与民间传统紧密相连，封建体系的存在进一步限制了其广泛发展，导致难以产生真正的创新和转变。在宋、元、明、清四个时期，民间普遍通过体育活动实现健康保养与恢复。

在长达数百年的封建社会历程中，儒家思想作为主流价值观，对统治阶级选拔人才的标准产生了深远影响，制定了对个体素质的评价准则。正因如此，体育与健身在此背景下受到了冷落和压制。这种文化对教育的非理性倾斜导致体育在封建社会的教育体系中被忽视，进而阻碍了其正常发展。综合上述分析，我国封建制度下的传统体育和体育教学均充斥着浓厚的封建色彩，这种现象与封建社会的经济模式（以农业经济为主）、政治结构（中央集权制度）和主导思想文化（儒家文化）之间存在密切的相互作用关系。在这样的文化背景下，个人对集体有着强烈的依附感，并且两者的隶属关系不是个人可以自由选择的。因此，尽管我国的体育在古代就已崭露头角，但由于深受政治、经济和文化等方面的制约，难以在学校教育中占据一席之地。因为体育在学校系统中处于边缘位置，有时甚至被排斥在外，使得古代的体育发展前景黯淡。

三、我国近代体育的发展

我国近代体育的发展主要有两条轨迹：一是我国古代体育的传承和扩展；二是对西方体育思想的引入和融合。古代的中华体育曾经辉煌无比，然而从清朝起，相较于欧洲体育，中华体育的发展处于滞后状态，这种情况与当时的社会背景、经济结构及文化思潮息息相关。特别是鸦片战争之后，我国开始吸收西方的现代体育思维，从而步入了近代化的体育发展之路。在引进西方体育知识后，人们看到一个特殊的现象：中国传统体育与西方体育理念既存在碰撞也存在融合。经过一段时间的相互作用与适应，中华近代体育逐渐进入了一个相对稳定的发展时期。

在鸦片战争之后，面对国家危机，清政府中的洋务派倡导教育改革，主张吸取西方先进的教育模式，进而在学堂中引入西方体育。例如，将瑞士、德国、日本等国的体操纳入教育体系，确立其为主要教育内容。此外，学堂中的课外体育活动也倾向于采用西方近代体育模式。

不仅如此，近代历史上具有里程碑意义的五四运动，作为一场反对封建主义思想的文化运动，也为中国近代体育带来了深刻的变革。许多学者开始对国内的体育进行深入研究，他们向社会大众呼吁并推广体育运动的意义。在这样的背景下，学校体育得到了快速发展和创新。

四、我国现代体育的发展

自中华人民共和国成立之日起，党和政府对体育领域的价值及其在各个维度的功能表现出了较高的关注。强调体育领域不仅仅为国家经济、外交和国防提供支持，还为社会主义的物质与精神双重文明建设做出贡献。中国的现代体育在追求社会主义目标的道路上，尽管遭遇种种困难，但始终未放弃，终于突破众多难关，实现了卓越的进步。

特别是在学校体育方面，从成立之初，党和政府即对其寄予厚望，并对青少年学生的体质健康投入了大量心血。强调全民体育的推进应当以学校体育为根基，并认识到学校体育在强化青少年体魄、促进其健康发展和塑造未来社会主义建设者中扮演着不可或缺的角色。为了确保学校体育的健全发展，党和政府陆续推出了相关的法律法规及政策框架，为其明确了指导原则和教育方向。在党和政府的引导、相关部门的持续努力以及众多体育和教育领域专家的共同参与下，学校体育收获了显著的成果。青少年的健康水平有了显著提升，这为国家的全民健身计划与健康中国战略打下了坚实的基础。同时，学校体育也为国家培育了一大批杰出的体育人才。

第二节 高校体育的概念与性质

一、高校体育的概念

（一）体育的概念

体育作为一个多面向的概念，在不同的文化和语境中具有不同的诠释。以英语为研究对象，可以观察到其丰富性和深度。其中，"physical culture"一词，若直接译为中文，则为"身体文化"，强调的是身体与文化之间的紧密联系，暗示身体不仅仅是一种生理存在，更是文化实践中的重要载体；"sports"一词在中文语境中的对应词为"体育"或"体育运动"，涵盖了各种体力或技能的竞赛活动，强调运动的竞技性、娱乐性；"physical education and sports"这个词组的直译是"体育运动"，可能会引起混淆，但在深入解读后，可以理解它其实更像是一种整体的概念，将身体教育与体育运动相结合，以形成一个更全面的视野；"physical education"直译为"以身体活动为手段的教育"，或简称"身体教育"，凸显了教育的目的与手段，即通过身体活动达到某种教育的效果。

在古希腊时期，角力、游戏以及体操等活动作为教育的一部分而被纳入教学内容。进入17世纪、18世纪，西方的教育理念融入了赛跑、跳跃、游泳、爬山、打猎等多种身体锻炼活动，但这些活动的命名尚未统一。然而，到了18世纪晚期，德国学者古茨穆茨（Johann Christoph Friedrich GutsMuths）创建了第一个露天体操场，可以视为现代体育场的雏形，并为跑、跳、投掷等多种身体活动赋予了统一的定义，称之为"体操"，对德国乃至欧洲其他国家的体育发展都产生了深远的影响。同时，各种新的运动项目陆续涌现，在学校中得到了推广，并且超越了传统的体操定义。基于此，人们构建了一个新的定义：体育是以身体活动为手段的教育。因此，在一个相对漫长的历史时段内，"体操"与"体育"这两个词汇常常被交替使用，直至20世纪初期，"体育"这一名称才逐渐在全球范围内得到认可。

20世纪初期，中国的军事训练引入了国外的现代化兵操技术，后来随着时间的推移，这些兵操元素被融入了教育制度中。在这一阶段，人们习惯将体育称为"兵操"或"体操"，并将其作为学校的专门课程，名为"体操科"。同时，田径、球类等体育活动也开始在中国普及。在此背景下，"体育"（physical education）这一术语开始被广泛使用，与"体操"这一词汇并列出现，两者在某些情境下成为同义词。然而，到了1923年，新学制课程标准起草委员会正式发布了《新学制课程标准纲要》。在该纲要中，正式将"体操科"改为"体育课"。从此，"体育"这一概念开始在学术和日常语境中逐渐取代了传统的"体操"定义。

在过去的数十年中，体育实践领域经历了深刻的变革。其中，身体教育、竞技运动与身体锻炼三者虽然各具特色，但也相互关联，逐步建立了一个与教育和文化齐头并进的新结构体系。随着体育学科的蓬勃发展，20世纪50年代，国际学术界普遍认为单一的"体育"（身体教育）已难以完整描述这个领域的全貌，有必要寻求新的命名。1953年，美国主办了首届国际体育研讨会,吸引了来自40多个国家的代表,对该问题进行了深入探讨。1963 年,统一体育术语国际研究会成立,更是对体育的概念进行了集中讨论,并有多国代表提出各自的见解。例如,苏联代表给出的定义是身体文化与运动,通常翻译为"体育与运动",简而言之,就是体育运动。

在《美国百科全书》中,体育与运动这一概念被表示为"physical education and sports"。而在国际名词协会出版的《体育名词术语》一书中,发现"physical culture"被译为"身体文化",将其解释为广泛文化的一个组成部分,在其结构、原则、制度和物质条件下,通过各类身体练习与活动,旨在提升人类的生物学及精神上的潜力。

在中国的体育学领域,可以从狭义和广义两个角度来解读体育。从狭义的角度来看,体育是对身体的教育;而从广义的角度来看,体育涵盖身体教育、竞技运动以及身体锻炼三个维度。体育被视为一个独特的社会现象,其核心特征在于通过各种方式发展身体、增强体质,并促进健康,这一定义不仅涉及身体教育,还包含竞技运动与身体锻炼多重内容。

(二)体育的相关概念

1.学校体育

学校体育作为教育体系中至关重要的部分,专注于学生身体运动的教育过程,核心宗旨是通过多种体育活动手段,助力学生身体健康发展,从而为学生未来持续参与体育活动奠定基石。在各级别和各类型学校中,学校体育代表着体育教学的全体,是一种以体育课程为组织形式的教育方式,涵盖体育课、早操、课间操、眼保健操、课外体育活动、课余培训及校际体育竞赛等方面。特别是近年来,随着社会对体育观念的转变,我国学校体育领域在内容设计、教育策略及形式上进行了深度调整与创新,这一转型呈现出以下特点。

第一,学校体育是培养终身体育观的关键环节。终身体育理念是人类生命周期中进行的体育锻炼与教育的整体过程,其中涵盖学前体育、学校体育以及学后的体育活动。学前和学后的体育锻炼通常是非结构化且非计划性的,主要取决于个体的需求和对锻炼的内在驱动力。需要注意的是,这种内在驱动力或自觉意识,很大程度上是在学校体育环境中培养和形成的。

第二,学校体育开始向快乐体育转变。随着素质教育的深入推进,学校体育逐渐将焦点转向满足学生的独特需求,以学生的兴趣为核心,即依据学生的身心成长特征,设计一系列具备娱乐性质的教学游戏与项目,使学生在轻松与愉悦的环境中掌握所学内容,有效地增强体质与促进健康。"快乐体育"注重将运动与日常生活紧密结合,体现个性,引导学生热情地、主动地融入身体锻炼的实践过程中。

第三,"健康第一"的观念是体育教学的目标之一。近年来,随着社会民众生活质量的逐步提升,所带来的一些负面效应日益显现,因而全民对"健康第一"的重视程度亟待加强。在这一背景下,学校体育应成为健康教育的核心载体,需要在教学过程中深化对健康理念的传递。通过科学合理的体育锻炼方法,可以使学生拥有健壮的身体,增强其对抗疾病和适应各种环境的能力。此外,通过体育活动,学生间的沟通与合作得以加强,促进学生在互助中培养良好的心理素养和完善的人格特质。

第四,学校体育的竞技化方向。竞技体育以其挑战与竞争的本质,散发出持久的吸引力。考虑到青春时期的学生恰巧有着对知识的强烈追求与冒险的冲动,学生这一特质与竞技的特性相得益彰。因而在学校体育中,不可或缺的一个环节就是竞技。为了丰富学生的课外锻炼,学校体育应纳入多元化的竞技活动,但在此过程中,教师应在课程设计与教育策略上进行精心设计,把握好竞技运动所占的比重,同时制定多种教育策略,让学生深刻体验到竞技体育带来的乐趣。

2.体育教学

体育教学是体育教师和学生之间教与学统一的活动，在活动中，师生间主要通过运动技术的传授和掌握促进学生身心和谐发展，并使学生具有终身从事身体活动的能力和兴趣。体育教学在"育人"过程中，有其客观规律和特点，主要表现在以下几个方面。

第一，实践性。体育教学是一种以实践为中心的教学模式。教师应积极参与，学生也应全身心投入，融入实际操作中。

第二，形象性。为了传递技术和知识，教师需要运用生动且形象的叙述，如恰当的比喻和描述，以便将复杂的动作简化并形象化，不仅有助于学生对技术的掌握，还有助于培养其观察和思考的能力。

第三，创新性。创新性在体育教学中同样占有核心地位，在整个教学流程中，体育教师应注重"求新、求异、创造"，从而激发学生的创新精神。

第四，个体性。每一位体育教师在具体的教学实践中表现出来的教学技巧、教学风格各有千秋，具有强烈的个体色彩。

第五，情感性。体育教师在传授知识的同时，伴随着师生间丰富而真诚的情感交流。

第六，审美性。教师需要将体育领域的知识和技巧经过科学整理与艺术精练传授给学生，使学生能够从中领略到美的体验，净化思想，提升自身情趣，并促进身心的健康和谐发展。

3.健康教育

健康教育主要聚焦于传递健康知识、养成良好卫生习惯及优化环境等核心理念，即通过策划、组织和系统化的教育活动，激发公众自觉地实践利于健康的行为，以减少危险因素，提高生活品质，并对教育活动的成效进行适当的评估。健康教育涵盖的领域较广，如健康服务、学校的健康环境以及健康教学。

在学校环境中，健康教育内容包罗万象，既有心理健康的指导，也有卫生运动的建议；不仅关心饮食与营养的均衡，还着重行为健康（如生活方式与习惯）、安全意识以及对抗烟草与毒品的教育，这样全面的教育旨在培育学生从小养成健康的生活习惯，以追求最佳的身心状态。

总之，学校要进一步明确健康教育的管理体制，根据青少年的身心特点，制定切实可行的健康教育目标，完善健康教育的内容，加强健康教育的考评，把健康教育和体育结合起来，最大限度地促进学生身体全面发展。

二、高校体育的性质

"性质"这个词语由两个字组成：性和质。在古汉语中，"性"原指"生命"或"生命的气息"。古人认为，每个生命都有其固有的"气息"或"特质"，这种特质决定了生物的行为和特性。因此，"性"逐渐被用来表示事物的本质或固有特点。例如，人们常用"天性""任性"来描述某种固有的、与生俱来的特质。古时的"质"多指"实质"或"物质"。在古代文献中，"质"常被用来表示事物的真实性或本体。例如，"真质"意指真实的、不掺杂的东西。性质是在哲学、科学、数学等领域具有重要地位的概念，被用来描述或确定某一事物的基本特征或本质属性，从而区分它与其他事物的差异。在哲学领域中，性质的探讨涉及实体的本质和存在的方式。事物的性质被视为固有的、不变的属性或特质，是决定事物身份的基础。对于许多哲学家来说，理解事物的性质是认识事物，甚至是理解存在本身的关键。在自然科学中，性质是对事物或现象的描述，是其固有的、可观测的、可以测量的属性。例如，水的密度、沸点、熔点等都是其固有性质，这些性质不仅用于描述，还常常用于分类。例如，元素周期表中的元素就是根据其化学性质进行分类的。在数学领域中，性质常常指某种特定的属性或特点，这种属性在某个数学对象或结构中是普遍存在的。例如，整数的偶数性或奇数性、函数的连续性或可导性都是对其性质的描述。

高校体育在学校教育体系中占有独特的地位，既是学生在学校体育中的最后阶段，也是连接学生学习和独立实践能力的重要环节，正因为体育对学生走向社会后的体育观念和意识具有承前启后的作用，其地位尤为重要。为了更深入地理解高校体育的性质，可以从其目的性、过程性和内容性三个维度进行探析。

（一）从目的性来看

首先，高校体育的目的性体现在其使命上，即为大学生的身心健康与发展服务。身体是人的基本组成部分，身体健康是人生活质量的重要保障，它不仅与人的生理状态有关，还与人的生活方式、社会环境等方面因素紧密相连。在高等教育阶段，学生正处于人生中的一个关键时期，他们即将从学校踏入社会，面临着众多的挑战和压力。因此，确保学生拥有健康的身体，培养其面对挑战的勇气和信心以及培育学生健康的生活习惯与价值观，都是高校体育所追求的目标。其次，大学生在学习、工作和生活中面临的压力不断增加，可能会遇到各种心理问题，如焦虑、压抑等，而通过有组织的体育活动，可以为学生提供一个释放压力、增强自信、培养团队合作精神的平台。再次，随着社会的发展，人们的生活节奏越来越快，面临的健康问题也越来越多，体育不仅能培养学生的体育技能，还能培养学生的健康观念和生活方式，使他们能够在复杂的社会环境中维持和促进自己的身心健康。最后，当学生意识到自己的健康不仅关系到个人的福祉，还与家庭、社会的福祉紧密相连时，他们更容易形成健康的生活习惯，更愿意参与各种体育健康促进活动，为社会的发展做出贡献。

（二）从过程性来看

高校体育的过程性反映了其在教育实践中的连续性、整体性和有机性，体现在大学生通过参与体育活动，逐步提高身心素质、技能技巧、情感态度等方面的素质和能力。其中,过程性的首要特点是连续性。高校体育不是孤立的,与基础教育中的体育是连续的。学生在进入大学前已经接受了一定的体育教育,而在大学体育教育得到了进一步的深化和拓展。高校体育强调对学生进行更为系统、更为深入的教育和训练,使学生进一步提高体育技能和素质;高校体育不仅仅是关乎身体的活动,更是融合了多个维度的教育,包括思想品德、文化科学、生活技能等,这些维度在体育活动中相互交融,共同促进学生的全面发展。例如,在团队运动中,学生不仅可以锻炼身体,还可以培养团队合作、沟通协作等社交技能,在某些技能性强的体育项目中,学生需要掌握相关的科学原理,培养分析和解决问题的能力;高校体育的过程性还体现在其有机性,各个教育维度在体育活动中是相互关联、相互促进的。思想品德教育、文化科学教育、生活技能教育与身体活动在实践中相互融合,共同作用于学生,使其在多个层面得到锻炼和提高;过程性还强调体育的实践性。高校体育鼓励学生参与各种体育活动,通过实践锻炼自己,形成和完善各种素质与能力,提高学生的体育技能,帮助学生树立正确的体育观念,培养学生积极的生活态度。

(三)从内容性来看

高校体育的内容性维度不仅涵盖体育的核心内容和核心目标,也是大学生在学校体育中所要接触和学习的主要部分。在高校体育中,学生通过参与各种体育活动,如跑步、游泳、球类运动等,能够锻炼身体,提高体能。身体素质的培养不只关乎体能的增强,还关乎学生的身体健康和生理功能的发展。例如,长跑能够增强心肺功能;球类运动能够提高反应速度和协调性;而瑜伽和太极则有助于放松身心,调节呼吸。除了身体素质的培养,高校体育的内容性还体现在运动技能的学习上。每一项体育活动都有其独特的技巧和方法,学生在参与体育活动时,不仅可以锻炼身体,还可以学习如正确地控球、投篮、跳远等技巧。团队合作能力的培养，也是高校体育教育内容性的重要组成部分。在许多团队体育项目中，如篮球、足球、排球等，学生需要与队友密切合作，共同努力，才能取得胜利，在这一合作过程中，学生不仅要掌握团队协作的技巧，还要学会如何沟通、如何分工、如何互相支持。在体育竞技中，学生会面临各种挑战和困难，需要具备坚韧不拔的竞技精神。这种精神，不仅仅是体育场上的，更是生活中的，学生在体育竞技中所培养出的竞技精神，会伴随他们一生，成为他们面对生活挑战的动力。

第三节　高校体育的特点与功能

一、高校体育的特点

（一）教学环境的开放性

体育环境的定义涵盖了进行体育活动所必需的硬件与软件，其影响在体育领域内具备一定的重要性。良好的体育环境是体育质量保障的前提；缺乏此环境可能会阻碍体育活动的正常进行，乃至教育效果大打折扣。

现阶段，我国的体育主要偏重体育实践课，这些教育实践活动往往在开放的室外环境中展开，与那些在固定教室或实验室内进行的学科有所区别。例如，多数体育课程都是由教师在校园操场上组织的。由于体育的教学空间具有高度的灵活性和开放性，它有着特殊的教育需求，这与纯粹的室内教学不同。针对在开放环境中进行的体育，应注意以下几个方面。

（1）体育课通常在室外操场上进行，可能受到诸如气候、地貌、附近设备和声音干扰等外部因素的影响，这些因素进一步增加了体育组织管理的复杂性。因此，教师需要精确策划体育的架构和组织模式，对教育过程和策略进行周密的计划与考量。

（2）体育在室外环境中呈现出动态性特征，大多数情况下，学生都是在多变与多样化的运动状态中度过，但是鉴于班级中学生人数众多，教师应采用分组合作的教学模式。

（3）在体育领域，某些学校的体育基础设施并不完善，体育教师应对学生的安全教育给予更高的关注，确保其在活动中的人身安全。因此，加强学生的安全教育尤为重要。

（二）教学内容的情感性

体育的核心内容涵盖了诸多层面，对于学生而言，该领域的教育提供了众多情感体验的机会，有助于塑造人的外在形象，为人们提供一种独特的审美体验。下面将深入探讨学生在体育中情感体验的几个关键维度。

（1）体育具有美育价值。在体育教学过程中，师生均有机会深入体验运动带来的人体美与动作美。一方面，学生通过体育能够掌握关于健康与健身的各种方法和技巧，进而塑造完美的身体线条和均衡比例。另一方面，体育活动的多样性使学生有机会深入了解并体验人体动作的多种可能性。体育为学生提供了一个独特的平台，使学生能够深入体验到动作与肌肉的动态美感，这种美感在日常生活中是难以捕捉的，但在运动中，尤其是某些特定的运动项目中，它变得尤为引人注目。

（2）在实际教学过程中，体育不单单是对学生体能的培养，更是对其情操的熏陶与心态的调整。在关键时刻，学生需要保持一颗平和之心；在胜利之际，也应展现出深沉和谦逊。

（3）体育能使学生真正领悟体育精神。各类运动都展示了其独特的美学属性和审美价值，以球类运动为例，其体现的是个体对技术的掌握，而且团队球类运动还揭示了个体和队友间的协作与互助之重要性，这些都是体育所蕴含的深厚内涵，而体育旨在让学生深刻感受这种精神美，进而把握体育之精华。

（4）体育不仅仅是一种教学活动，更是一种充满创意的社交实践，其价值在于使学生经历一次心灵的洗礼，获得深刻的内在领悟和灵魂上的启示。此外，体育还能加强师生间的交流与沟通，从而提高学生在社会环境中的应变能力与适应能力。

（三）教学过程的直观性

体育教学过程中的直观性是其不可或缺的一部分。这种特质在教学解说、行为示范和教学组织管理上都有所表现。

（1）教师对教学内容的讲解具有直观性的特点。在体育教学中，教师要确保其讲解与其他学科一致，确保其表达方式生动、形象，并擅长使用身体语言，给学生留下一个切实有趣的印象，尤其是在涉及复杂技术动作的体育教学环节，教师不仅要详尽叙述关于体育的关键点，还要采用生动形象的方式，将这些复杂动作进行简明阐释，帮助学生更好地理解。

（2）教师对体育动作技能的示范具有直观性的特点。体育教学涉及各种技术动作和战术配合，为了使学生深入理解和认识各类动作，教师要进行动作示范和实地演示。当运用示范法时，教师要进行鲜明、形象的动作示范，涵盖正确与错误的动作，并确保演示中无过多的艺术处理或变形，有助于学生直观地辨别动作的正确性。在学生形成准确的运动印象之后，结合教师的讲解让动作和思维融合，进而有助于学生更深入地理解体育知识、技术和技能，提高学生的身体素质，提升学生的运动表现。

（3）教师对体育的组织与管理具有直观性的特点。在体育教学领域，由于教师与学生接触频繁、关系亲近，对学生的组织和管理也带有这种直观性。教师要表现出更强烈的责任感和活力，这种无形的教育方式有助于加强师生间的沟通与交流。同时，恰当的教学管理有助于为学生营造宽松、自在的学习氛围，这样学生能够更真实地展现自己，为教师提供更为准确的教学反馈，帮助他们及时调整教学策略。

（四）人际关系的多边性

体育的实施是一个涉及教师和学生以及学生之间互动的复杂过程。在这一过程中，人际交往起到了至关重要的作用。当代体育的实施模式经常以个体、双人、小组和全班的形式进行，为确保学生在多元化的时空背景下完成各式各样的身体动作，要频繁地调整角色和地位，从而构建丰富的关系链。显然，在这种教学环境下，教师与学生、学生与学生以及小组成员之间的交往是多层次的。

鉴于体育教学过程中人际交往的复杂性和多样性，体育教师应积极采取多种策略与学生进行沟通，指导学生进行团队协作、互相鼓励和评价，从而让他们在体育课中初步感受到社交的微妙，培育学生的团队协作精神，提升学生的社交技巧。

（五）身体活动的常态性

在体育领域，其教学的核心特质是持续性的身体活动。为了掌握各种运动技能，学生应在体育教学中进行实践。由此可见，体育教学环境与传统文化类学科的教学场景有着本质的区别。

体育教学不同于一般文化学科的教学，后者多在教室、实验室或多功能厅中进行，而且为了培养学生的思维能力和激发其学习兴趣，通常需要营造安静的学习氛围。但在体育场景中，户外或专业运动场所常常是首选，它们为学生提供了广阔的空间，以便进行各种运动技能的训练，使学生能够在训练中自由交流，与教师进行有效沟通，从而更为深入地掌握和理解相关的运动技巧。

体育的独特性不仅在于其对学生的要求，还在于对教师的期待。与文化类学科的教师不同，体育教师需要在教学中经常展示、指导甚至亲自参与。由此可见，体育教师应具备良好的体能和专业技术，无论是学生还是体育教师，体育都强调其身体活动的重要性。

二、高校体育的功能

(一) 健身功能

学生在参与体育活动时并非简单地通过身体进行练习，而是一个综合性的过程，在这一过程中学生面临一系列运动负荷，但学生的生理反应并非固定不变，而是会受到多种因素的影响。例如，练习内容的选择、持续时间、间隔时长以及练习的总量都是决定运动负荷和学生活动参与度的关键因素。然而，不同的运动项目对学生身体的影响各不相同。以田径运动为例，短跑练习能明显提高学生的肌肉力量，而长跑则能显著增强学生的心肺功能，但并不意味着学生可以无限度地增加运动负荷；相反，适当的运动量和适度的强度是关键，超负荷运动不仅不能为学生带来期望的健身效果，还有可能对学生的健康造成不可逆的损伤。除此之外，学生的个体差异也是教学过程中要重视的因素。体质强健的学生在面对高强度的运动时可能更有耐受性，但对于体质较弱的学生而言，相同的运动负荷可能会带来伤害，强调了体育在实施过程中应考虑学生的体质差异，并为其制订合理的运动方案。为了充分发挥体育的健身功能，并确保学生能够得到最佳的锻炼效果，应在教学设计中深入遵循体育的基本规律，只有这样才能确保每个学生在体育活动中都能达到理想效果，同时保障其健康和安全。

(二) 健心功能

体育不仅有利于学生的身体健康，还有利于学生的心理健康，这主要体现在以下两个方面。

1. 保持良好的心情

学生在进行体育锻炼时，需要遵循一系列的动作规范与节奏要求，主要涉及对身体各部位的充分调动与运用，如上下肢的协同配合，为规范的动作提供支持。参与这样的锻炼不仅能在一定程度上缓解肌肉紧张，也能通过持续的、有序的运动节奏，帮助学生舒缓神经、平稳情绪。因此，当学生全身心地沉浸在体育运动中时，很容易在锻炼中放松，对于缓解精神压力、获得心理满足具有较大的助益作用。与此同时，体育活动更有助于学生在心理上保持一种稳定而积极的情绪状态。

2.缓解紧张情绪

日常的学习任务往往为学生带来了诸多压力，导致学生的精神状态长时间处于紧张与焦虑中。为了应对这种情况，学生可以在课余时间，根据自己的喜好选择适宜的体育项目进行锻炼，有助于他们在运动中找到乐趣，进而调整和稳定自己的情绪。学生通过积极参与校园体育活动，可以更好地放松自己，将神经系统调节至健康状态，进而更有信心与活力面对学习中的诸多挑战。

（三）健美功能

塑造健康的身体轮廓先要满足健康的基本要求。健康的定义不局限于没有疾病，它的涵盖范围广泛，包括正常的生长发育、匀称的体型、精致的五官、光洁的肌肤以及强壮的肌肉组织，这些要素共同构成了人类社会中对健康的特定审美价值。大多数学生都渴望拥有一个健美的身材。但受到基因和后天各种环境因素的制约，实现这一愿望确实具有挑战性。实证研究表明，持续地参与体育锻炼可以在各个层面助力学生身体各部位的成长与发展。在体育活动中，学生身体的能量消耗较大。体内的脂肪在经历氧化反应后转化为能量，这一过程为身体提供了所需的大部分热量。因此，持续、有计划地参与体育活动的学生，通常具有更为突出的身体轮廓，展现出流畅的身姿和动作。

（四）育人功能

1. 德育

在体育领域，相关体育活动的完成依赖于集体的参与和协同，针对各种体育运动和游戏，为保证其正常进行，参与者应深刻理解并自觉遵循已设定的规则。因此，遵循规则成为体育活动的基本要求，而团队的协同与合作则是成功的关键所在。通过体育和竞赛，使学生养成尊重规则和守纪律的好习惯。为在比赛中获得优势，学生须充分认识到协同作战、团结互助及发挥团队协作的价值。在体育锻炼或比赛环境下，学生亦应学会关爱队友、尊敬对方参赛者、重视裁判并遵守课堂秩序。值得注意的是，系统性的体育不仅有助于提升学生的情操，还有助于形成健全的人格。

2. 智育

在学校体育中，学生积极参与体育课堂教学活动及课外活动，能够促进自身智力水平的提高，这主要体现在以下三个方面。

（1）增强神经系统功能。第一，积极参与各类体育运动，可以促进学生神经系统的发育，如大脑中的兴奋与抑制过程得到优化，学生能更为敏锐和集中地对外界刺激做出精准的响应，助推学生智慧层面的飞跃。第二，从神经生物学的角度考虑，右脑在多个方面展现出其先天的优越性，如信息处理能力、形象思维及记忆存储。当学生深度参与体育锻炼时，他们的右脑得到了实质性的锻炼，这无疑助力发掘和强化其天然的能力与优势。第三，体育锻炼对学生生理机能的多方位提升，如参与体育活动能显著加速学生的血液循环，并提高其呼吸系统的功能，大量的营养物质得以输送至大脑，进一步提高大脑的记忆、思考和创造能力，这一连串的生理反应，最终会提高学生的整体智力水平。

（2）提高脑力工作效率。长期参加各类体育运动的学生可以在一定程度上调节身体的应激反应，实现身心健康的平衡并增强认知功能。由于血压和心率的波动与肾上腺素受体的数量及其敏感性密切相关，个体在遭遇某些特定应激源时，其生理状况也随之受到影响。此外，冷静的思维过程和对音乐的欣赏可以使皮肤电反应速度下降，这种变化是对强烈应激情境的适应。体育运动对于调节这一生理响应带来的益处是更为显著和高效的。相对于静止状态下的学生，他们的生理更易产生应激反应。因此，通过参与体育锻炼，可以减轻学生生理上的应激负担，从而提高脑部工作的效率，进而优化其学习表现。

（3）消除疲劳，振奋精神，开发潜力。疲劳是一种综合的生理和心理现象，尤其在教育领域中，学生受学习压力的影响，经常会感到身心疲惫。一个人在心态上若对某些活动持消极或被动态度，或者参与的任务超越其能力范畴，则生理与心理上均易感到疲劳。人类的大脑皮质负责对随意动作进行精细调控，当学生专注于除体育学科之外的领域，如文化与理论知识的学习，相应的大脑皮质区域将呈现高度活跃状态。随着学习时间的增加，大脑皮质可能会逐渐产生保护性抑制，导致学习效率下降。然而，在体育学科的学习中，学生不只是吸收文化知识，还需要掌握实际技能，这种融合了思考与动作的学习方式能够刺激学生的运动神经中枢，对于消减深度思考导致的疲劳具有积极作用，同时有助于提高对理论知识的学习效率。另外，当学生积极参与体育活动时，能够提高身体素质，维持最佳的健康水平，身体健康的学生更有可能拥有丰沛的能量，致力其他学科的学习，并在这一过程中挖掘其潜质，进而优化其学术能力与表现。

3. 美育

体育在培养学生审美意识与能力方面发挥着不可或缺的作用。体育活动中所蕴含的"健、力、美"都是美学的体现，其中，静态的身体造型与动态的运动韵律均展现了人类对美好事物的追求。体育之"美"不仅显现在运动过程中，还在最终的成果中有鲜明的表达。运动者能够从两大方面感受到成就与审美：一方面，通过科学的体育锻炼塑造的完美身体形态；另一方面，在充满竞争的赛场上取得的优异成绩。

学生的体育审美意识需要通过体育教学不断加强与完善。体育有助于引导学生确立关于人体与运动的正确审美观点，并使他们沉浸于积极、健康的审美趣味中，从而提升其美学鉴赏水平。

为了使学生能够掌握体育知识、体育文化和技能，参与各个学习阶段的体育活动是至关重要的。这不仅可以培育他们的身体素质，还有助于体育文化的传承和推广。

综上所述，体育在学生的审美意识与能力的培养中，起到了关键性的作用，提高了学生的美学素养，助推了体育文化的传播与发扬。

第二章　高校体育教学新理念

第一节　"以人为本"的教育理念

一、"以人为本"教育理念基础解析

（一）"以人为本"教育理念的提出

随着时间的流转，现代社会中各个领域都呈现出迅猛发展的趋势，其中教育领域尤为显著。从人类首次涉足教育这一领域起，一直在探索其深远意义与核心功能。不同时期、不同背景的人们提供了各种解读。经过漫长的历史沉淀，可以断言，教育的根本宗旨与其终极追求皆是促进人类的幸福和发展。法国哲学家马奎斯·孔多塞（Marie Jean Antoine Nicolas de Caritat）曾指出："人类精神在解脱了所有这些枷锁、摆脱了偶然性的王国以及人类进步之敌的王国以后，就迈着坚定的步伐在真理、德行和幸福的大道上前进。"

在文艺复兴时代，教育家首次提出"以人为本"的教育思想，该教育理念旨在倡导个性的自由表达与发展。这一时期，社会学者对抗宗教对个性的约束及禁欲和蒙昧的观念，秉持人文精神，赞颂人的力量、美德与理想，期望唤醒人类的意识。可以说，文艺复兴是历史上的一次深远的教育与文化变革。到了启蒙运动时期，出现了如卢梭（Jean-Jacaves Rovsseau）这样杰出的思想家与教育家，进一步发展了"以人为本"的理念，强调人的自由与平等。随后，康德（Immanuel Kant）在前辈的基础上，进一步阐述了"人应以自身为目的"的理念，此观点在西方社会得到了广泛传播与认同。

20世纪80年代，我国开始积极推进教育体制改革，此次改革的核心目标是确保每个学生都得到全面的培育，进一步弘扬中华民族的精神和文化。2003年，中共十六届三中全会明确提出："坚持以人为本，树立全面、协调、可持续的发展观，促进经济社会和人的全面发展。"此声明不但对我国的宏观经济和社会发展战略提供了指导，还为教育体系的未来改革提供了明确的方向。如今，随着教育改革的深入推进，"以人为本"的教学理念已经逐渐为大众所接受，并得到了广泛实践与应用，也是我国教育和社会进步的一大标志。

（二）"以人为本"教育理念的内涵

1. 以人为本不同于个人本位

长期以来，各领域对教育价值观方面的辩论主要集中在社会本位与个人本位之间。社会本位的观点主张个体是社会的组成部分，固有其社会属性，并应尽一定的责任与义务。在这种观点下，集体与社会的利益优于个体，而个体价值在于其对社会的贡献。个人本位的观点则注重每个人作为独立的存在，其个体价值和人性应当受到首要关注，超越社会的整体价值，因此社会应创设有利于个人成长的环境。

"以人为本"的教育思想注重个体的独特性和全面发展，将之视为教育的核心目标。在此教育模式下，个体既是起始点，又是中心，最终也是教育的归宿。为了适应现代教育的发展形势，持续贯彻"以人为本"的思想变得至关重要，特别是对于促进个体的个性化和素质提升。

在我国的发展观念中，"以人为本"的核心理念主张在人与社会关系的认识和处理上，寻求一个平衡点，使得个人与社会能够共同进步。从社会的宏观视角来看，个体是身处于繁杂社会关系网络中的存在，其生存和发展与社会紧密相连。个体不能孤立地、脱离社会生活而成长；同样地，社会的进步也受制于个体的发展状况。在微观层面，社会不仅是一个抽象的组织体，而且由无数个个体组成，具有鲜明的人性特质，只有确保每个人都能得到充分关注和成长的机会，推动其自我价值的实现，社会才能朝着更为和谐与健康的方向发展。因此，教育体制的改革与完善也应坚持"以人为本"的理念，强调培养学生的个性，促进其与社会的融洽互动，实现共同繁荣。

2. 以人为本不能陷入人类中心主义

"以人为本"的观点并非主张人类对万物的统治，而是强调人与自然的互动与平衡。为此，人们亟须深入理解自然法则，确保人与自然之间和谐共生。此外，树立尊重自然与保护自然的意识以及对自然资源的珍视，变得至关重要，唯有这样，社会在各个维度上才可能迈向健康与可持续的未来。

3. 以人为本应以具体的人为本

在传统观念中，教育领域常常存在某些固定的教学模式和方法，而这些方式对于个体差异的存在并未给予足够的重视。在众多领域的课程中，人们发现了被教育者之间的个性差异。而在实际的教育工作中，教育者磨平了他们的个性，使个性受到了侵害。事实上，每个人都是有其独特特质的个体。在现实世界中，单一的教学方法并不能满足所有人的发展需求。为此，教师需要转变思维，重视和尊重每个学生的个性与差异，为学生创造一个能够充分展现自我、发掘自己潜能的环境。只有在这样的环境中，个体才能得到真正的成长和发展，实现自身的价值，从而与社会和谐共生，共同推进社会的进步与繁荣。

4. 以人为本使教育回归人的生活

在历史长河中，教育多次被框定在抽象的科学理论之中，与多元、丰富的生活实践隔离开来，这种偏重理性的情况导致了人类在情感与共情方面的缺乏。当用冷漠的思维模式去解读外部世界，意味着外部世界在人们心中只有工具性价值。人类的精神层面逐渐显现出空虚，同时科技与理性也在某种程度上成为人类生活的主宰。过分地敬仰科技和理性，导致人类与真实的生活日益疏远，情感的沙漠化成为一个不可忽视的问题。

教育的根基在于生活，其与日常生活的实践应该是浑然一体的。然而，在现代制度化的教育体系下，人类似乎变得渺小，教育与实际生活之间的联系日益减少。教育不应局限于冰冷的科学公式和抽象的概念，而应重新建立与生活的联系，重新发现生活的意义。生活中充满了感性、多样性和活力，只有在这样的环境中，人类的情感、理智等领域才能获得真正的成长与发展。因此，现代教育的使命不仅仅在于传授知识，更在于协助人类提高自我认知、自我理解以及自我肯定，需要人们跳出传统的、固定的教育模式，回归以人为本，秉承"以生活为教材"的原则，从而使教育内容、教学方法、教育形式变得更加多元和丰富，建立一个立足实际生活、强调学生实践体验的教育体系，是现代教育改革的必然选择。

（三）"以人为本"教育理念中的两种关系

在高校体育教学中，"以人为本"的理念得到了很好的贯彻，这一教育理念承认学生在教学过程中的主体地位。要想贯彻"以人为本"的教育理念就应处理好以下两种关系。

1. 学生与知识的关系

很长一段时间以来，众多学者坚信存在一个永恒的真理，这个真理被视为客观、权威且不容违抗。为此，各个教育体系对真理进行了有序的分类和组织，而教师则是传播这种"真理"的媒介，但在这一过程中，教师往往忽略了学生的需求、成长和兴趣，导致学生被知识束缚，其独特性很难得到培养。

随着社会的进步，后现代主义的知识观念逐渐流行，它提出并不存在永久且不变的真理，知识是持续形成的、具有相对性，真理仅是在无尽的追求中逐渐靠近其本质。因此，真理不再被神化，学生在教育过程中的作用和地位也得以评估与重视。

2.学生与教师的关系

在教学活动中，师生作为核心参与者，两者之间的相互关系对于教学成效具有决定性的影响。现代教育强调学生在教学活动中的核心地位，鼓励学生展现其独立思考和创新能力，学生不应仅被视为教导的对象，还应被视为教学过程中的主体。其中，"自我主体"侧重以个体的意识和需求为中心，衡量自己与他人、环境的互动关系。在这一框架下，他人只是一个外部存在，仅作为达成自我目标的途径。若学生过度沉浸于这种"自我主体"的思维中，可能会复制传统教育模式中教师的角色，从而疏远与他人的连接。在社会互动中，这种过度的自我中心性很可能会受到抵制。因此，要真正实现学生在教育中的主体地位，需要从"自我主体"转向"交互主体"。后者重视个体在人际交往中的地位，采用"我与你"的互动视角，关心人与人之间的相互联系和互动，引导每个学生都能真正成为教育活动中的主体，与他人建立互动关系。

在教育领域，师生关系正经历由"自我主体"向"交互主体"的转变。在这种新的关系模式中，教师不再是指导者的角色，而是与学生共同参与知识建构的伙伴。他们不是"自上而下"地传授所谓的"真理"，而是与学生共同探讨和发掘世界的奥秘，这种关系鼓励师生之间的人格独立性和平等性，促进了精神交流，加强了师生之间的理解，建立了相互信任和支持的和谐关系，从而实现共同成长与进步。

为了实现这一目标，教师应致力为学生创设一个更为开放的教学环境，确保学生能够保持清晰的思维，制定适合自己的学习策略，有效地利用教育资源，理解和平衡外部环境与个体之间的相互作用，并积极制定自己的生涯规划，以成为更加完善的个体。此外，人本教育理念进一步肯定了学生的自主学习权利，突出对学生自主能力的培养和提升。

（四）"以人为本"教育理念在体育教学中的表现

随着历史进程的不断推进，"以人为本"的教育理念在体育教学中得到了很好的贯彻，既对体育的革新起到了指导作用，也呼应了社会的持续进步和人类的持续发展理念。

身为体育从业者，首要任务就是尊重学生的独特性、基本权利以及他们的自我价值观。体育教师需要关心学生的个性化成长，让他们在训练中展现自我，释放活力，从而塑造一个健康的人格。值得一提的是，不论教育技术如何演变，中心焦点应始终聚焦学生本身，确保与他们建立良好的互动关系。

"以人为本"在体育教学中的表现，可以从以下几个维度进行阐述。

第一，在体育教学领域，体育教师须秉持对学生能力的正向与乐观的认识，着眼于培养学生的身心健康及推动其综合素质的提升。

第二，在进行体育教学时，体育教师的关注点应始终放在学生身上，确保学生作为主体受到应有的尊重，并重视其基本权益，从而助推学生人格的完善。

第三，每个学生都有其独特性，体育教师在教学过程中，应保持对其个性的认知与尊重。诸如"因材施教"原则，应被视作教学的重要指导思想，以此帮助学生追求更好的自己，并力图开发个人的最大潜能。

第四，为了激发学生的学习热情，体育教师应采用多种方法与策略，最大限度地发挥学生的学习主体性与能动性。

第五，体育教师要善于发现学生的长处，增强学生的自信心，使学生以饱满的热情投入教学与训练中。

二、"以人为本"教育理念在高校体育教学中的贯彻与应用

学生是学校体育教学的主体,一切教学活动都要围绕学生这一主体进行。体育教学重视发展学生的外在行动力和内在动力,内在动力引导着学生的外在行动力。在体育教学过程中,体育教师强调人文操作,维护公平竞争的体育环境,弘扬体育道德风尚,培养美好人性,不断发掘个人潜能。除此之外,体育教师还要在情感、责任感、信念等方面贯彻"以人为本"的教育理念,不断促进学生各方面素质的提升。

(一)构建平等和谐的师生关系

在体育教学中,注重因材施教并考虑学生个体差异是至关重要的。体育教师在此领域中应建立与学生之间平等、和谐的互动关系。在构建这种积极的师生关系方面,体育教师的鼓励起到了不可或缺的作用。事实上,众多体育教师已经认识到,通过鼓励这一手段,可以促进师生之间的关系,进而形成一个开放、和谐、轻松的学习环境,学生在这种环境下积极参与体育活动,与同伴及教师进行沟通,从而增强学生学习的自信与热情。

在学生学习的过程中,体育教师应当在关键时刻,用鼓励的话语激发学生的潜能。以篮球教学为例,当学生尝试三步上篮遇到困难时,体育教师应避免对学生进行嘲讽或质疑其能力。相对地,体育教师应用充满激情的话语鼓励学生,从而帮助他们增强自信,促进其技能的提高。

(二)公平对待每个学生

在教育领域,每个学生都拥有独特的个性和差异化的需求。因此,体育教师在教学活动中应实施多样化的策略和手段,以满足每个学生的需求,并助力其在原有基础上挖掘内在潜能。

值得注意的是,体育教师不应简单地对学生进行等级分类或者贸然

认定某些学生为低效学生，而应对每个学生持开放和平等的态度。尤其对于那些基础较为薄弱，在学习过程中遇到困难的学生，教师应更为关注，展现更多的耐心与宽容。帮助学生解决学习中遇到的问题，是教师不可推卸的责任。每个学生内心都渴望成功和进步，尽管一些学生可能起点较低，学习节奏较慢，但教师若能针对性地采取适当的教育方法，这些学生同样有可能走上与其他同学并驾齐驱的道路。

在体育教学领域，体育教师的关注点不应局限于学生的体育成绩，而应深入探讨如何激发学生对运动的热情以及如何帮助其树立自信。对于行为叛逆的学生，体育教师应对其进行关怀与引导。当学生的行为破坏课堂纪律或阻碍教学进程时，合理与适当的纠正措施是必要的，以促使学生反思与纠正。然而，选择惩罚手段时应富有策略性，过度或冷酷的处罚不仅会使学生产生逆反与畏惧心理，也会伤害他们的自尊心，从而不利于他们认识并改正错误。体育教师需要在处罚中找到平衡，既要保持严格的态度，又要关心学生的感受，确保处罚既有方向也有情感，引导学生健康成长。

（三）教学形式要灵活多变

在体育教学实践中，体育教师应运用多种教学策略，确保学生情感和行为层面的积极参与。例如，在篮球技能的授课环节，单一、过于深入的技术解说与连续的专项锻炼可能导致学生的感知疲劳和情感排斥。为此，体育教师应适时融入篮球相关的趣味小游戏或邀请学生展示其技艺，加强学生的学习动机，使学生主动探索，掌握篮球技能。

（四）采取客观合理的评价方式

教学评价在学校体育教学领域中占据核心地位，体育教师应对学生的体育学习进行深入而全面的分析，确保评估结果能够真实反映学生在常规训练、技能达标以及技术策略运用等方面的表现。教学评价不应局限于学期结束时的体育测验,若过分依赖期末体测成绩,那么日常表现努力但技能不足的学生可能会受到打击,而那些天赋较高但态度不端正的学生可能会过度自信。因此,推崇单一的评估标准是不符合教育原则的,应强调评估的综合性,既考虑最终的成果,又关注学生的学习过程。

体育教学不仅是技能的培训,也是关乎学生全面发展的一部分。从"以人为本"的教学哲学出发,体育教师应全方位地了解学生在体育领域的态度、锻炼的频率与质量及技能的掌握情况,以便更精准地调整教学策略,确保每个学生都能在体育课程中持续成长与进步。

第二节 "终身体育"的教育理念

一、"终身体育"教育理念的基础解析

(一)终身体育的内涵

终身体育是指个体在其一生中持续地进行身体锻炼并受益于体育的系统性过程,该过程在两个方面得以体现。一方面,对终身体育的深刻理解及其固有价值能够指导人们树立并巩固正确的锻炼观念,进而参与体育锻炼实践。另一方面,在人的整个生命历程中,体育锻炼始终伴随并成为人们生活的一部分,持续的体育活动成为众多个体追寻的生活目标。

具体而言,"终身体育"的精髓涵盖以下几个方面。

(1)终身体育倡导的核心理念是确保体育锻炼作为一个持续的、人生中的常态行为。

(2)各式各样的运动项目为公民提供了众多选择,使得每个人都可以根据自身的喜好和需求选择合适的体育活动。

(3)终身体育并不针对某个特定群体,而是普遍适用于全体公民,保证每个人在体育锻炼的参与上都是公平的。

（4）终身体育不只是对体育活动的参与，更是一种长远的教育方法。

终身体育旨在通过持续的体育锻炼，为公民提供一个健康的身体和精神成长的平台。终身体育推崇的是养成积极参与体育锻炼的认知和习惯，意味着培养人们深入骨子里的体育锻炼的热情和内在驱动力，只有真正地理解和内化这一理念，人们才能将其转化为持续、恒常的行动，让这种行动真正伴随整个人生。

（二）终身体育体系的内容构成

终身体育体系庞大而复杂，以下是该体系的几个重要因素。

1. 构成人群

终身体育理念主张体育锻炼是每个个体的权益与目标，适用于社会所有成员。在此观点的指引下，每位公民都被赋予参与体育锻炼的权利。个体通过这种锻炼，可以有效提高其体质与健康水平。

2. 构成空间

终身体育观念在构建中主要涵盖家庭、学校及社会等关键维度。在这些特定的领域中，参与体育锻炼对个体的成长均有较大益处。特别是在学校环境中，它为学生提供了一个重要的场域，旨在通过体育促进其身心健康发展。此外，这样的教育背景也确保体育目标得以达成。

3. 习惯养成

终身体育理念的重点在于培养学生坚定的体育锻炼观念与固化的习惯。在此背景下，体育锻炼习惯是终身体育结构的核心理念。在日常体育环境中，体育教师应深入指导学生，确保他们积极参与体育锻炼。

4. 锻炼能力

在终身体育的框架下，强化人的体育锻炼能力被视为核心任务。此能力构成复杂，包括知识、技能以及智力的深度融合。对于个体的健康成长路径，这种综合能力发挥着巨大作用。特别是对于学生群体，在日常生活和学术研究中，他们应具备让锻炼更加高效的能力以及积极参与的态度。在锻炼过程中，安全准则的遵守和医疗监控的加强变得尤为关键。此外，学生应持续进行体育锻炼的自我反思和评估，确保这一培养目标在其生命历程中得以不断实践。

终身体育体系的构成如图 2-1 所示。

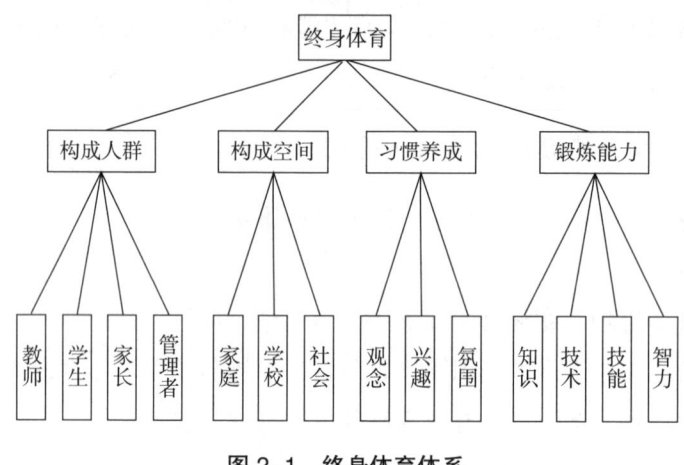

图 2-1　终身体育体系

（三）终身体育教学要素体系

在体育领域，为了培养学生终身体育的觉悟与习惯，体育教师需要深入认识和掌握终身体育的教学要点，并对这些要点进行系统探讨和剖析。持此视角，体育教师方能对体育课程内容的选取进行决策，确保其与终身体育教育的哲学相契合。

杰出的体育教师能够根据学生的特质、独特性以及学习背景，精准地设定教学目的并筛选合适的教学内容。同时，他们还具备在教学实践中高效应对和解决诸多挑战的能力，进而既有利于体育的进步，也有利于促进学生的整体成长。一般来说，完整的终身体育教学体系如图 2-2 所示。

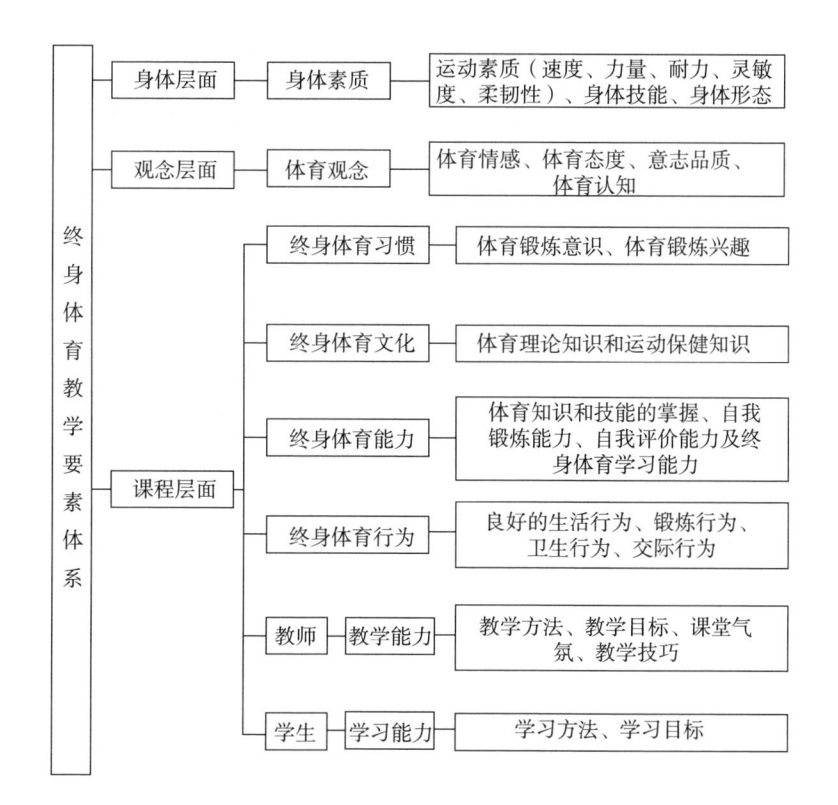

```
                              ┌─身体层面─┬─身体素质──运动素质（速度、力量、耐力、灵敏度、柔韧性）、身体技能、身体形态
                              │
                              ├─观念层面─┬─体育观念──体育情感、体育态度、意志品质、体育认知
终身体育教学要素体系           │
                              │         ┌─终身体育习惯──体育锻炼意识、体育锻炼兴趣
                              │         │
                              │         ├─终身体育文化──体育理论知识和运动保健知识
                              │         │
                              └─课程层面─┼─终身体育能力──体育知识和技能的掌握、自我锻炼能力、自我评价能力及终身体育学习能力
                                        │
                                        ├─终身体育行为──良好的生活行为、锻炼行为、卫生行为、交际行为
                                        │
                                        ├─教师──教学能力──教学方法、教学目标、课堂气氛、教学技巧
                                        │
                                        └─学生──学习能力──学习方法、学习目标
```

图 2-2　终身体育教学要素体系

二、"终身体育"教育理念实施的原则

（一）自觉性原则

1. 提出依据

（1）终身体育锻炼旨在延续人类一生的身体锻炼，不是人们所认知的阶段性活动，而是一种自主和持续的追求，这种锻炼形式并不依赖于外部的强迫或规范约束，而是深受个体内在驱动力的引导，如兴趣、爱好和个人需求等。因此，参与者在锻炼中的主动性和持续性是其成功的关键。

（2）终身体育在具体实施过程中，面临多个方面的挑战。首先，参与者在锻炼中需要有充沛的体力作为基础,既涉及短期的体力支持,又涉及长期的体力积累。为了获得更好的锻炼效果,参与者应适应并超越一系列运动负荷,跳出所谓的身体"舒适区"。此外,实施终身体育还会面临一些外部挑战,如气候变化、运动场地的限制等。因此,只有一定的自觉性和持续性,参与者才能在长期体育锻炼中坚持下去。

(3)随着时间的推移,人们在不同的生活阶段对体育锻炼的认识和体能水平也会发生变化。为了应对这些变化,教师应不断更新体育知识、探索新的锻炼方法和技能,并借助科学理论和方法来指导每个阶段的体育锻炼,满足学生多元体育需求,确保其从体育锻炼中持续受益。然而,如果学生缺乏对体育锻炼的自觉认识,就可能难以积极主动地吸收相关知识,也可能失去参与体育锻炼的动力。

2.贯彻要求

(1)明确体育锻炼的目标。为深化体育锻炼的效果,要明确锻炼目标。具体而言,设定明确的目标增强锻炼者的决心,让其感受到目标实现后的欣慰,这种感受会转化为推动力,为其继续努力锻炼提供源源不断的动力。在终身教育的策略中,目标的确立与追求被视为核心部分,进而激励个体持续向前。选定锻炼目标并不是一个盲目的过程。反之,需要基于个体的具体情境,如性别、年龄、健康状况和发展需求等因素,来设定合理与科学的目标。例如,体重超标的人群可能以减肥和降脂为其锻炼的重点;而受伤患者可能需要设定特定的康复目标,明确、合理的目标使得体育锻炼更具意义和方向性。

值得注意的是,不同人群在锻炼的目标上存在显著差异。例如,青少年的体育锻炼目标主要集中在支持其生长发育和为其学业及生活提供所需的能量;中年人则更加关注在生命中的关键时刻为事业和家庭提供稳定的体力支撑,并确保此阶段的身体健康;老年人的锻炼更多是为了保持身体健康、减缓衰老过程,并提高自身的活力与生命质量。

(2)培养体育锻炼的兴趣和习惯。为确保终身体育的深入实施与持续推广，需要明确参与者的锻炼目标和养成长期锻炼的习惯，激发参与者对体育锻炼的浓厚兴趣。浓厚的运动兴趣和热情是取得锻炼成果的关键因素。

青少年往往被富有游戏性的体育活动所吸引，如丢沙包、跳皮筋等；中年人则倾向于选择既实用又普及的锻炼项目，如游泳、瑜伽；而老年人更容易被具备养生功效且强度不高的运动方式所吸引，如太极拳、武术等。当一个人对某一体育项目或锻炼内容产生浓厚的兴趣时，他们便会积极参与，从而实现预期的锻炼效果。

尽管强烈的运动兴趣可以有效提高人们的锻炼积极性，但随着时间的流逝和锻炼次数的增加，其可能会逐渐减退甚至消失。因此，基于对运动的热情，还需要进一步养成体育锻炼的习惯，使其真正融入日常生活，从而树立自主锻炼的意识。

（二）从实际出发原则

1. 提出依据

（1）在现代社会中，体育活动的种类与内容已经逐渐丰富，面对众多选择，高校学生需要根据自己的兴趣和偏好选择相应的运动项目，这不仅仅是为了运动健身，更是为了体现体育锻炼的深远意义。

（2）每个个体都有其独特性，在制订锻炼计划时，需要考虑个体的特殊性质与现实状况，如此不但提高了体育锻炼的效率，而且保证了锻炼的具体性与目标导向。

（3）终身体育的理念强调参与者在整个生命过程中对身体锻炼的自觉坚守。鉴于人的生活状态，如年龄、职业和生活节奏以及外部环境如季节、天气等都在不断变化，参与者只有深入理解并根据这些因素调整自己的锻炼时间、内容和方法，才能真正做到终身锻炼。

2. 贯彻要求

（1）年龄特点。各个年龄段的个体，其生理状态亦各异。例如，青少年时期拥有强健的体魄，中年阶段则呈现出身体成熟且相对稳定之特点，而老年阶段则逐渐饱受衰退之困扰。在实践中秉持终身体育的原则时，不可忽略年龄这一重要因素。特别是高校学生，有必要基于他们身心发展的规律和特质，精心制订适宜的锻炼计划。

（2）身体状况。身体状况在规划体育锻炼内容、方式以及运动负荷方面扮演着重要角色。在制订合适的运动计划之前，应明晰自己的身体状态。例如，那些体重超出正常范围的个体，应当避免选择对膝盖关节产生较大负担的运动项目，如跳绳、快跑等。这是因为额外的体重会使关节承受更大的压力，从而增加膝盖受伤的风险。而那些患有慢性疾病，如高血压的人，则应选择强度较低的运动方式，既能够达到锻炼的目的，又能够减少对身体的过度刺激。此外，对于那些骨折或肌肉拉伤的人来说，应当停止锻炼，以防止伤势进一步恶化，有助于身体的康复。

（3）职业特点。职业特点也是影响体育锻炼的重要因素。在运动量方面，各职业存在差异，某些职业的体力需求显著，如体力劳动型职业；而其他职业则以脑力活动为主，运动量相对较低。同时，运动方式也因职业而异。例如，销售等一些职业需要久站，而在办公室工作的人则需要久坐。因此，有必要深入分析各种职业的特点，全面了解从业者在工作中所涉及的运动量和运动方式。只有充分了解这些情况，才能制订出切实有效的运动计划，以达到最佳的锻炼效果。

（4）自然条件。在参与体育锻炼时，应审慎考虑与自然环境息息相关的因素。以我国东北地区为例，其室外温度较低，在这种环境下从事户外运动可能会导致冻伤和心脑血管疾病的发生。与此相反，我国南方地区夏季气温高，从事户外运动可能导致中暑。因此，务必根据实际情况制订体育锻炼计划。

（三）合理负荷原则

1. 提出依据

（1）有机体对运动负荷的适应性。人体在参与运动的过程中，表现出对运动负荷的一定适应性。运动负荷在多个方面具有激发机体潜力的作用，包括但不限于能源储备、各器官系统的结构和功能、神经调节机制等。同时，随着个体锻炼水平的不断提高，机体对运动负荷的承受能力逐渐增强，并且各个器官系统的改善效果逐渐显现。这一适应能力的增强是一个渐进的过程，因此在确定合适的锻炼负荷时，应考虑个体的实际情况。值得注意的是，合理的锻炼负荷是确保训练效果的关键因素。过大的运动负荷可能导致过度疲劳，甚至损害机体，因此应该避免。相反，过小的运动负荷无法产生足够的刺激，从而难以达到理想的锻炼效果。

（2）人体的超量恢复。"超量恢复"是指人体在经历一定的运动负荷后，由于能量消耗而感到疲惫，但在充足的休息和能量补充之后，人体能够重新恢复，并且在适度的运动负荷下，恢复程度甚至可能超过之前的水平。获得超量恢复是运动员参加体能训练的主要目标之一。对于健身爱好者而言，其同样具有重要作用。

2. 贯彻要求

（1）确定科学合理的运动强度。若运动时脉搏跳动的频率为110次/分钟，则锻炼强度大约为50%。

运动强度就是运动锻炼对机体在相同时间内产生的生理刺激程度，通常以脉搏测量法来衡量。因此，通过脉搏跳动频率的测定，能够准确判断运动的强度水平。

在进行运动时，若脉搏跳动频率达到160次/分钟，运动强度约为80%；若脉搏跳动频率为140次/分钟，运动强度约为70%；若脉搏跳动频率为120次/分钟，运动强度约为60%；若脉搏跳动频率为110次/

分钟，运动强度约为 50%。

一般而言，运动的效果与其强度息息相关。当心率维持在 110～160 次／分钟时，可取得令人满意的锻炼效果。然而，当运动强度低于 50% 时，锻炼效果相对不显著。相比之下，当运动强度达到 80% 以上时，被归类为专业级的运动训练强度。对于一般健身爱好者而言，按照这一强度水平进行运动锻炼可能增加运动损伤的风险，因此需要保持谨慎。

（2）确定合适的运动时间。运动时间的安排是建立在运动强度基础上的。对于青年人，运动不仅有益于塑造健康的身体，还有助于培养坚忍的意志。此时，应鼓励他们选取高效的短时间运动方案，以保证锻炼强度。而对于中老年人，长时间运动的好处在于增强体力、提高心血管健康，并减轻关节压力。因此，他们可适当延长运动时长，减少运动强度。对于一般的锻炼者，运动时长应在 1.5～2 小时。这一时间段足以进行身体锻炼，包括有氧运动和力量训练，充足的时间也有助于避免过度劳累，同时保持锻炼的愉悦感。

（3）从身体的实际状况出发参与体育锻炼。大学生参与体育锻炼时，应较为关注身体状态。当锻炼后体感良好，且运动能力呈现上升趋势时，表明所施加的运动强度合理。然而，若在锻炼后出现身体不适，这或许意味着超负荷运动，对身体的生理功能可能存在不利影响。在这种情况下，务必根据具体情况对运动强度进行调整。

三、"终身体育"教育理念实施的策略

（一）建立一体化的学校体育体系

学校体育作为终身体育不可或缺之部分具有重要意义。在思想层面，学校体育不仅有助于培养学生终身体育意识，还能在精神上培养他们坚忍的品质。在生理方面，学校体育的实施不仅有助于提升身体素质，还促进了运动技能的发展，为日后从事体育事业创造了生理上的先决条件。综上

所述，应高度重视学校体育，构建起合理完备的学校体育教学体系。

科学的学校体育教学体系，理应呈现出分层次、由浅入深的结构。学生应当从基本的体育知识学起，逐渐渗透至更高难度的体育教学内容之中。值得注意的是，各个教学环节之间应该相互贯通，前一环节所获得的知识应构成后续环节的坚实基础，这种有机衔接确保了学生体育能力的有序升级。

在终身体育的理念下，学校体育的发展应以学生为中心。根据学生的身心发展特点，为不同发育阶段的学生制定合适的体育教学内容。此外，还要确保前后阶段的教学内容能够相互衔接和促进学生的全面发展。体育教师在这一过程中扮演着关键角色，其综合素质水平对体育教学效果具有至关重要的影响。在构建体育教学体系时，体育教师应对体育教学体系有全面深刻的理解和把握。

从纵向角度来看，体育教师应认识到终身体育的阶段性、连贯性和完整性。终身体育本质上是一个有机协调的整体。基于这一理念，小学、中学和高中的体育教学应该协同合作，进行统一规划和综合考虑。从横向角度来看，学校体育与竞技体育、群众体育一起构成了我国完整的体育体系。学校体育在这一体系中扮演着重要角色，对终身体育的发展至关重要。因此，我国各高校有责任加强学校体育教学体系的建设，为学生树立终身体育意识奠定坚实的基础。

（二）设置丰富、个性的体育组织方式

学校体育的组织方式，是指根据特定的指导思想、体育活动目标、教材内容以及各种主客观条件，合理安排并展开体育教学和锻炼活动的方式。通常情况下，学校的体育教学组织方式主要包括集体教学、分组教学和个别教学等。体育教师在选择适当的教学方式时，应充分考虑教学内容、学校内的教育资源、不同学习阶段学生的发展水平以及他们的成长需求。同时，应根据学生的兴趣和需求，灵活选择体育组织方式。

在高校体育教学领域，各所高校应该以学生的成长需求、兴趣爱好等因素为依据，科学设置体育运动项目。例如，在拥有较多少数民族学生的高校，可以设立一些具有民族特色的体育课程，以满足多样化的文化需求。对于地理条件独特的学校，可以推出一些与当地特色相关的体育项目，以充分利用地域优势。考虑到高校学生容易受到流行文化吸引的心理特点，可以开设一系列流行的体育课程，以提高学生的积极性。此外，为满足女生的需求，可以提供一些瑜伽、体育舞蹈等专门课程。

（三）加强教师队伍建设，提升教师素质

当前，体育教师应改变传统的教学理念，提升自身素质，以适应学校教育改革的演进和要求。在具体的体育教学过程中，体育教师应采用多样化的教学形式和方法，引导学生融入体育教学中，使学生从被动、消极的知识接受者，转变为积极、主动的知识追求者，只有这样，才能有效提升教育质量。

高校体育教学改革需要高度重视体育教师的培训和发展，将体育教师的全面素质和专业素养作为关键目标，打造出一支高水平的体育教师队伍。学校层面应将促进体育教师成长置于重要议程之上，为体育教师的成长提供经济和时间支持，为他们创造各种深造、交流和培训的机会。体育教师则要严格要求自我，坚持终身学习，积极参与职业培训，不断吸纳最新行业知识并不断深化自己的专业素养。唯有如此，才能构筑一支强大的体育教师队伍。

在当前高校体育教学改革中，应强调体育教师的专业化与素质提升。只有适应时代的步伐，积极投身于教育改革的洪流，体育事业才能在竞争激烈的市场中蓬勃发展。

第三节 "健康第一"的教育理念

一、"健康第一"教育理念基础解析

(一)"健康第一"教育理念的起源与演变

1."健康第一"教育理念的相关起源

自中华人民共和国成立之初,"健康第一"的教育理念就被提出来了,这一教育理念有助于增强我国国民体魄,提升年轻一代的身体素质,提高其身体机能。随后,中共中央、国务院在《关于深化教育改革全面推进素质教育的决定》中明确指出:健康的体魄是青少年为祖国和人民服务的基本前提,是中华民族旺盛生命力的体现。在关于深化教育改革的决策中,提出了"以健康为首要"的指导原则。

2.从"健康"到"健康第一"的演变

"健康第一"概念演进可以分为两个阶段。首阶段关注学生发病率,聚焦医学领域。然而,随着国家经济的蓬勃发展,学生的身体状况逐渐改善,健康观念也逐渐演变。而次阶段侧重学生的整体体质,包括体能、耐力等方面。

(1)"健康"的现代医学观。中华人民共和国成立初期,受多重历史因素的制约,国民整体健康状况堪忧。在此背景下,提出将"健康"的概念升华为"健康第一"的教育理念,这一举措具有深远的历史意义。

(2)"健康第一"侧重学生体质。随着现代社会的快速演进,国家经济蒸蒸日上,居民生活水平显著提高,学生较少受困于重疾、营养不良等问题。然而,近视和肥胖问题在学生群体中却有所抬头。为提升广大学生的整体体质,教育部公布了《国家学生体质健康标准》,倡导"健

康第一"的教育理念。从此,"健康第一"的教育理念在学校体育教学中得到广泛传播。

(二)"健康第一"教育理念的具体内涵

"健康第一"教育理念的内涵主要体现在以下方面。

1. 强调实用功能与抵制形式主义

"健康第一"教育理念摒弃了形式主义,较为重视体育教学的实际价值与目标,其根本目的在于积极促进学生身体健康发展。要实现体育教学的目标,应强化体育课程的实际功能,真正将学生的身体健康、心理健康、社会适应能力置于首位;采用多种有效手段,使学生掌握体育基本理论知识和实际技能,培养学生良好的体育行为,提升体育意识。

2. 强调身体健康的重要性

"健康第一"并不仅仅指身体健康,还包括心理健康、精神健康、智力健康以及良好的社会适应能力。在多元化的健康观念中,身体健康是其他方面健康发展的基础,若身体健康状况不佳,则其他层面的健康发展将受到阻碍。

3. 通过素质教育实现多元化发展

"健康第一"教育理念强调,良好的教育不仅要提高学生的学业成就,还要重视学生和教师的共同发展。学校教育的进展应以学生和教师的共同进步为基础。

当代高校要求人们在"健康第一"教育理念的指导下,通过素质教育实现多元化发展,摆脱学校长期以来只重视学生成绩的困境,构建多样化的教育评价体系,从而推动学生素质的全面提升。

(三)贯彻"健康第一"教育理念的必要性

1. 有助于提升体育在学校教育中的地位

尽管"健康第一"教育理念如今已在学校教育领域广泛传播,但同时引发了一系列问题。我国的学校体育教学深受传统教育和旧大纲的影响，它们一味强调"提升学生体质"，而忽视了技术和技能方面的平衡。因此，在实施体育教学过程中，涌现出了多个方面的难题。许多学生都认为，他们在体育课上获得的知识无足轻重，甚至妨碍了学业成功，因为这并未对他们参加高考有所助益，这种看法在学生中广为流传，导致文化课教师以及部分学生家长对于体育课的开设与实施持否定和怀疑态度，使得许多学校在一个学期内开设的体育课程数量相当有限，最终导致学生缺乏适当的体育锻炼机会。

倡导"健康第一"的观念颠覆了部分家长对教育的看法，强调学生需拥有健康的体魄以保障正常学习。这一观念还强调学生需要积极、乐观地对待学习中的挑战，以树立正确的人生观和价值观。同时，学生通过参加体育活动，还能培养出合作精神，提升社会适应能力。

"健康第一"教育理念的提出对体育教学在学校的地位产生了积极的影响。很多学校纷纷实施了"每日一小时体育活动"的计划，在一定程度上帮助学生减轻了压力，增强了学生对体育教学的认知，从而改善了学生的身体状况。

2.有助于改善和增强学生体质

在传统教育观念下，体育教学鲜受重视，被视为一项缺乏系统性的活动。特别是诸多竞技项目，貌似只与专业运动员相关，与校园中的普通学子毫不相干。然而，"健康第一"教育理念崭露头角，逐渐使人们的认知发生改变，人们渐渐了解体育教学的重大意义。新课程标准提出的"健康第一"教育理念强调对学生健康的切实紧迫关怀，逐步扭转了学校被动开展体育工作的局面。

3.有助于促进师生、家长、社会等方面的合作

"健康第一"教育理念的实施，构建了校方、家庭、社会协同育人新格局。学校管理层有必要积极与学生共同探讨体育教学方法，开展学生感兴趣的体育活动。体育教师则需要灵活规划教学计划，组织教学内容，

以实现教育目标。家长则应积极支持学校体育改革举措，成为学校的坚实后盾，善于调节学生在体育教学中的情绪障碍，同时避免占用学生的文化课学习时间。

整个社会亦有责任营造一种鼓励全民进行体育锻炼的文化氛围。学校、家庭、社会紧密相连，共同探寻适应当今体育背景的新路径，共同度过这个探索阶段，如同一场启程之旅。

4. 有助于学生各方面素质的发展

"全面发展"一词指学生需要全面培养体力和智力，以实现人的和谐发展。"健康第一"教育理念的提出，旨在为"终身体育"奠定基础，以促进学生体育潜能的开发，并使其掌握体育锻炼的技能。为此，学生需要获得一系列关键知识，包括基本的保健知识、伤病防治技能以及对不同运动项目特点和各类训练场地的熟悉。学生只有在掌握了这些体育知识和技能后，才能全面发展。

二、"健康第一"教育理念在高校篮球教学中的贯彻与应用

"健康第一"这一教育理念源自健康概念的演进，旨在全面促进学生身心健康，包括身体、心理、社会适应和道德等各个层面。高校篮球教学应以"健康第一"为指导理念，强调篮球运动训练与教学对学生身体技能和素质的积极影响，使之成为课程的核心元素。在贯彻"健康第一"教育理念时，需要特别注意以下几个方面的要求。

（一）注重技术教学与健康教育的结合

大量实践证明，具备出色的战术技巧能够显著提高学生参与体育活动的积极性，有助于养成健康的运动习惯。传统的体育过于专注技术传授，忽视了基本的健康教育要素。然而，向学生传授健康知识是不可或缺的，与技术传授相比，健康教育的重要性更为突出。学生只有掌握一定的健康知识和常见的锻炼方法，才能科学合理地参与体育锻炼和各种活动。

当代篮球教学强调学生掌握健康知识和锻炼方法，帮助他们养成健康的运动习惯。各大高校在篮球教学过程中，不仅传授篮球相关技巧和战术知识，还教授基本的健康知识、营养原则和卫生概念，加强了篮球运动教学与健康促进的融合，从而推动了学生素质的全面发展。

在具体的篮球教学中，体育教师需要有意识地加强对学生基础知识的引导，包括营养和卫生知识、运动伤害的预防与治疗等方面。在日常教学活动中，体育教师需要时刻关注学生的心理状态，必要时提供心理疏导和心理健康教育，以促进学生的全面发展。在设计篮球课程内容时，体育教师应合理安排运动负荷，并采用各种活动形式激发学生学习的积极性，帮助他们养成主动参与体育锻炼的习惯和自我意识。

（二）培养与提升学生的健康意识

在高校体育领域，培养学生的健康观念尤为重要。唯有具备健康观念，方可激励学生积极主动地融入体育运动的大潮。为此，体育教师应当根据学生的身心成长轨迹与特点，结合本校的实际情况，制定教学大纲。这份大纲不仅需要谨慎选择合适的篮球教材，还需要巧妙地策划和组织篮球教学与训练活动。而在这一系列的教学活动中，着眼点应当集中在塑造学生的健康观念上，以刺激并引导他们自觉地融入篮球运动。

（三）篮球教学与社会生活教育紧密结合

学校篮球教学活动的策划涵盖多个方面，如场地、器材、师资、学生概况等，然而，较少考虑到学生毕业后的运动习惯和运动选择。在许多情况下，学生毕业后受制于场地和人员资源的限制，很少再积极参与篮球运动，这是一个不容忽视的问题。

"健康第一"教育理念将学生的身体健康置于首位，强调了体育活动对个体的实际价值。对每个学生而言，生理和心理状况都会随时间而变化，因此体育活动的内容和方式也应适时调整。毕业后，学生需要保持体育锻炼的习惯，积极参与各类体育活动。值得一提的是，篮球作为一项在社会范围内广受欢迎的运动，其普及为学生提供了一个良好的运动选择。

体育教师应该放眼社会，增设更多常见和受欢迎的体育项目，以满足学生终身体育锻炼的需求。同时，高校篮球教育应协助学生找到他们擅长并且感兴趣的运动项目，鼓励他们自主参与体育活动。

（四）促进学生全面健康成长

高校体育教学旨在促进学生身体健康，其性质显然独具特色，与竞技体育相比存在明显差异。历史上，体育教学的主要使命在于增强学生的身体素质。随着学校体育教学的改革，新的课程标准的引领思想发生了根本性变革。体育教学的终极目标在于确保每一名学生都拥有健康的体魄，同时养成健康的生活方式。

第四节 "个性化"的教育理念

一、"个性化"教育理念的基础解析

当前，个性化教育理念已在体育教学领域广泛应用，与以个体为核心的教育理念有着相似之处。这两种理念都强调以学生为主体的发展。"个性化"教育理念着重强调每个生命都具有独特性。从这一角度来看，个人的存在与其个性紧密相连。促进学生的个性化发展对素质教育的深刻改革至关重要。

在学校体育教学中，应强调每个生命的独特性，给予学生充分的尊重。教育的任务是在每个独特生命的基础上促进他们的成长、发展和完善，而非抑制、扼杀或压制个性和独特性。教育的根本态度是将其定位于为个体服务，创设适合个体独特生命的个性化教育环境。

在学校体育教学领域，个性化教育显著彰显其至关重要的价值。它是对传统划一式教育的坚决否定，代表了教育体系的革新，不仅如此，还承载着教育目标和价值观的深刻改革与更新。这一转变对学校体育的演进具有深远而重要的意义。

总体而言，个性化教育理念的内涵主要体现在以下两个方面。

（一）尊重个体的独特性和差异性

个性化教育作为一项符合现代学校教育要求的教育理念，与传统的划一性教育存在显著差异。其突出之处在于教育焦点的差异：划一性教育聚焦于教师，在教学实践中教师行使教学主导权，而对学生的个体差异和需求视而不见。相较之下，个性化教育将焦点置于学生身上，教师秉持着一种全新的服务心态，将学生视作一切教学活动的关键。在个性化教育理念中，学生所需之教育内容与方式皆由教师提供，教师的最高追求在于学生的满意。这正是"生本教育"的核心理念所在。这一理念强调体育教师应给予学生充分的尊重，认可并珍视每个学生的独特性与差异性，因材施教。

（1）尊重学生的个性。在体育教学过程中，体育教师务必深刻体认到每个学生都具备独特的个性。每个学生都代表着一种独特的人格特征。因此，从根本上来看，对学生的尊重实质上是对他们的个性和人格发展的尊重。

（2）尊重学生的需要。个体行为的动力来源于需求。同样地，个体的发展动力来自满足这些需求。因此，正确认识教育的本质就是尊重学生的个体需求。个性化教育的核心理念在于充分尊重体育教师和学生的需求，以科学的方法引导体育教师满足学生的需求。这样，他们便能够朝着有益于个人身心健康和促进社会进步的方向不断发展。因此，学生应享有接受个性化学习的机会，从而更好地促进他们的全面成长。

（二）发挥学生的自主性和选择性

人的行为大致可以分为两种：自主活动与被动活动。在各种活动中，只有当个体成为活动的主体时，其行为才能被认为是真正自由的，这时个体才具备独立个性。因此，自主活动被视为培养和发展个性的基石。在教育领域，个性化教学理念注重学生自主性的培养。

个性化教学理念强调学生的独立个性，在具体的体育教学中，首要任务是减少教师的过度干预，以确保学生能够拥有自主性和自我发展的主动权。自主性可在特定条件下被界定为个体自我支配及控制行为的权利和能力。自主性可以从两个角度进行划分：第一个角度涉及个体客观情境和生活环境，即相对于外部强制和控制，个体具备独立、自由、自觉地支配自己的生活并行使相应权利的能力；第二个角度则与主观体验相关，表示个体具备理性运用选择权利、确立明确目标、坚定毅力和积极进取的能力。自主的个体能够明确自身目标，不仅能有效地掌控外部环境，还能自主管理内在冲动。自主个体是客观环境的主导者，能够以自身的意识和思考来引导自己的行为，而不是盲从外部环境或他人的命令。随着时间的推移，这种自主性将培养出学生强烈的自律性，对于学生养成自主学习的习惯具有较大的帮助。

学生的自主并非盲从，而是对教师提供的多样教育资源进行精选。这种选择不仅包括不同的学科领域，还包括对相同内容的自主解读以及对个人经验的感悟。自主和选择密切相关，缺乏自主精神将妨碍选择的过程，而选择体现了学生的自主意识和自主能力。只有当学生面对多元化的教育内容并拥有自主选择的权利时，才能避免"一刀切"的教育方式，从而促进每个学生的个性化发展。

个性的核心在于自由和自觉地行动。那些具备个性的人通常也是自由的人。自由包括多个层面的内容，如处理个体与自我关系的内在自由、处理客观活动的主体自由以及处理人际关系的社会自由。后两种自由赋予了学生自由行动的权利和合理的界定，使他们能够自主、自由地做出选择，这体现在个性化教学理念中。在这一教学理念指导下，学生的学习积极性显著提升，有助于取得优质的体育成果。

二、高校体育个性化教学的途径

在高校体育教学中贯彻个性化教学理念，需要从以下几个方面着手。

（一）树立个性化教育理念

学校体育教学的核心目标在于培养身心全面发展的人才。鉴于每个学生的独特性，不宜采取"一刀切"的教育模式，而应根据学生个体差异采取特定的教育策略，即实践个性化教育理念。古希腊哲学家苏格拉底（Socrates）以其"精神助产术"而著称，他通过与学生互动的方式，反复追问"为何如此"以引导学生深入思考，直至学生通过自主思考到达问题解决的境地。这种对话辩论的方法被称为"辩证法"，代表了个性化教育的理念。

体育教师在高校中扮演着至关重要的角色，其在体育教学中的多元化教育观念的确立不仅需要体现体育教师的多重角色认知，还应融合现代知识质量观。在当代体育教学背景下，为了充分激发学生的独特潜能，体育教师应当具备多重身份，包括但不限于学术导师、鼓励者、学生全面发展的倡导者、终身学习的启蒙者以及民主教育的奠基人。

若仅仅将体育教师视为传授知识的职业从业者，那将剥夺学生的个性发展机会，对学生的综合成长产生不利影响。在个性化体育教学理念的指导下，不仅着眼于传授体育知识与技能，还强调了培养学生独立思考、自主学习、问题发现与解决及社会适应等方面的能力。这一理念反映了当今时代对教育的迫切需求，体现了其显著的进步性。

(二)探索个性化教育手段

与传统的体育教学相比,个性化教育理念摒弃了以往的"满堂灌"和"填鸭式"教育方式。该教育理念强调构建一种"师生互动式"的教育模式,在体育教学领域强调激发学生的求知欲望和学习兴趣,为学生的个性发展提供有力支持,以创造有利于素质教育实施的理想环境。这种模式的核心实际上是对学生个性的解放,因此,在这一独特的教学范式下,学生的个性得以充分展现,他们的自我能力得到全面发展。

(三)建立个性化教育体制和评估体系

随着我国学校体育的发展,近年来,我国的体育改革取得了一定的成就。只有从根本上突破计划模式,打破简单划一的教育体制,实施个性化教育,体育教学才有可能实现创新和更大的发展。具体措施有以下几点。

(1)给予学生充分的发展空间,促进学生个性化发展。

(2)改革统编体育教材制度,给大学生、体育教师充分选择教材的自由。

(3)改革生硬的体育教学评估体系,为学生的全面发展奠定坚实的基础和保障。

第三章　高校体育教学主体及其发展

第一节　高校体育学生身心发展及其体育学习

一、学生的身心发展

（一）体育教学与学生身体素质的发展

学生的身体素质在很大程度上受到先天遗传和后天环境的共同影响，可将学生身体素质视为其有机体在体育活动中展现出的多种生理功能和能力。在学术界，通常将这些生理功能和能力进行分类，赋予其力量素质、速度素质、耐力素质等约定俗成的名称。学生的身体素质在成长过程中会随着年龄的增长而发生改变，也会呈现出明显的年龄特征和性别差异。

1. 力量素质的发展

力量素质可定义为人体或特定部位肌肉在活动中对抗阻力的能力。青少年时期，神经系统以及骨骼肌发育尚处于未成熟状态，因此年龄越小，其力量素质越低，而且人体各部分的力量及其特性在发展过程中并不同步。根据我国学生体质的研究数据，观察到身体不同部位的力量情况在时间维度上呈现的差异性。"腰腹肌"的力量达到峰值较早，大约在19岁，而"下肢爆发力"达到顶峰大约在22岁。

2. 速度素质的发展

速度素质是指人体进行快速运动的能力。在体育领域，此素质主要表现为三个维度：反应速度、动作速度以及动作速率。考查学生的成长轨迹时，人们发现在初级教学阶段，速度素质的进步更多地受到中枢神经系统中兴奋与抑制转换节律的影响；然而，当学生进入高级教学阶段时，其速度素质的提高则更多地与肌肉力量的增长相关联。在进行体育教学时，应高度重视速度素质的关键增长期，并相应地调整教学方法和内容。为了更有效地培养学生的速度素质，体育教师应增加以速度为核心的训练活动，如快速奔跑和球类运动练习。

3. 耐力素质的发展

在生理学领域，耐力素质被定义为生物体持续工作以及抵抗疲劳的能力。考虑到运动时的能量供应与强度，耐力可以细分为"无氧耐力"与"有氧耐力"两大类。相较于速度素质较早地呈现其发展特点，耐力素质的形成及其高峰期则稍晚。心肺功能的逐渐成熟以及人体内环境稳定性的增强，与耐力素质的提升存在着深厚的联系。显而易见，耐力水平受工作性质与其强度的影响。值得注意的是，随着年龄的递增，尽管耐力呈现上升趋势，但其增长速度始终不均匀。

（二）体育教学与学生心理素质的发展

体育锻炼作为一种以身体运动为核心的活动，主要采用身体锻炼作为核心手段。青少年在实践中对特定运动项目的技术要求和动作规则进行尝试与体验，旨在加强肌肉和大脑对此类运动的认知与参与。经过技术动作的连续刺激，最终使动作精准定位。体育锻炼不仅是对动作技术的掌握，其深层的意义还在于通过这些活动，促进身心的全面发展，进而增强个体的自信心，使身体健康得以进一步提升。在学业压力下，学生经常处于紧张状态。在此背景下，体育锻炼尤为重要。学生通过体育活动，不仅能够增强自己的体质，还能够提高大脑的供氧量。这样，学生在课堂上能够表现出更加旺盛的精力和敏捷的思维，从而提高学习效率。然而，在学习过程中，学生难免会遇到各种困难与挫折。此时，向他们展示或介绍一些奥运冠军的奋斗历程以及他们挑战极限的决心和毅力，不仅能够激发学生的斗志，还能够帮助其形成正确的价值观，学会面对和克服生活与学业中的失败及困境，从而促使他们健康成长。

在集体运动中，学生通过协同合作可以建立起面对困境时的互助和共克时艰的稳固关系，对其社交能力有所促进，还为其心理和生理的全面发展奠定了坚实基础。体育活动有助于提高学生感知能力与动作之间的协调能力，如手眼和手耳的同步，而且能够在各种感知途径中实现协调和平衡，为更高层次的认知和心理过程奠定了基石，更为释放学生的潜在智慧提供了基本条件。在生理维度上，持续的体育训练能够对细胞质量产生积极的影响，并能够调节内分泌系统。这种调节并非孤立存在，因为体育锻炼带来的生理刺激能够激活右脑，使神经纤维增粗，意味着思维变得更为灵活，身体的各个系统都会处于高度激活和理想状态，进而使大脑保持清晰和敏捷的工作状态。在心理维度上，在教学过程中师生间的深度沟通较为重要。采用如"师生异位方法"这类创新策略，可以调动学生学习的积极性和主动性，激发其学习热情，提高学生的创新思维，只有这样学生才能克服思维惯性，提高心理适应能力，使学生深刻体验到教育环境中的民主与平等，从而加强师生之间的沟通，深化他们之间的友谊。

（三）体育教学对学生心理素质的培养

1. 帮助学生建立积极的自我意识

在体育教学领域，教师应对学生进行适当的启发和引导。在体育教学过程中，体育教师的主要任务不仅要教授技能，还要培养学生的自尊和自我认知能力。尤其是部分容易产生自卑心理的学生，需要得到更多的关心与引导。为此，教师应当创设多样的教学环境和机会，鼓励学生全面地评估和欣赏自己，逐渐建立自信心。以男子 1000 米跑为例，可以鼓励那些体型较大或体能略显欠缺的学生完成整个跑步过程，即便他们的成绩未必出众，只要他们努力完成，也应当给予合格的评价，旨在帮助学生克服自卑心理，提升他们的自尊心。

教师在教学中应注重尊重学生的原则，通过这种尊重，学生可能学会自尊。反之，用刺激性的言辞、体罚等方式，不但无法唤起学生的自尊，还可能加重其自卑感。

2. 开展抗挫折教育，增强学生承受挫折的能力

在体育教学过程中，教师需要根据学生的独特性质，适时施以指导与激励，逐渐提升他们的心理韧性。在课程设计时，教师还可以巧妙地融入若干挑战性任务，为学生创造应对与战胜难题的场景，让其在面对挑战时对自身进行严格的自律。同样地，对于学习后进生，教师的指导与鼓励尤为关键，应适当鼓励他们勇敢面对学业中的难题。

3. 培养学生的自信心

在教学过程中，学生在体育技能水平上呈现出明显的差异性。其中，基础薄弱的个体往往因担心自己的运动表现不够优秀且容易成为笑柄，导致其在实际训练中产生回避心理，不积极投入。为了解决这一问题，一方面，体育教师应专门设计针对这部分学生的训练策略，如适度调整训练难度、提供精细化的指导和引导，以促使他们积累成功的经验；另一方面，体育教师需要构建和谐、宽松的课堂环境，确保在师生间、学生间建立起相互信赖、相互扶持的良好关系，进一步确保学生在训练中形成积极的认知结构。不仅针对高水平的表现，即便是微小的进步，体育教师也应给予积极反馈和肯定，以提振学生的自信心。

4. 培养学生的竞争意识

体育活动可视为针对个体进行的全方位的实践性改良活动，此种改良涉及生物学上的生命动态，涵盖人的生活哲学和思维模式。在体育中，竞赛元素为学生提供了在教学过程中感受胜负起伏的机会，从而使他们

保持"无高不可攀、无坚不可摧"的向前心态,更有助于人的综合品质和精神面貌的培育与锤炼。

5.培养学生顽强的意志力

体育在促进人类生理和心理潜能的挖掘与提升中,因其全面性与协调性而具有至关重要的地位。在体育教学过程中,体育教师应有意识、有计划地设计教学方案,培养学生坚韧不拔的毅力,不仅需要设定个性化的学习目标,明确其追求方向,并确立坚定的信仰,还需要在各个学习阶段内,不断塑造与强化他们的意志品质。为此,学生应当接受多个方面的挑战,包括利用各种气候状况和地形环境,以增加锻炼的深度和密度,确保他们在逆境中依然保持勇往直前、坚韧不拔的精神与品质。

6.培养学生的团体意识和协作精神

在体育教学领域,教学活动通常采用团队的形式进行,从而加强了学生之间的互动和协同合作,有助于培养学生的团队协作能力,进一步强化了他们的集体观念。例如,当进行长跑训练时,教师将学生划分为多个小组进行竞技,根据每个学生到达终点的顺序获得相应积分,最终再依据团队内所有成员的得分汇总为团队总成绩。在此模式下,学生会高度关注个人表现,以期为团队赢得荣誉,这不仅能提升学生的竞争精神,也能增进团队之间的团结与相互鼓舞。体育教学有广泛的群众基础,带有鲜明的合作和交往色彩,为了促进学生的全面发展,教师应当精心设计课程,确保其实施过程得到严格的组织与管理,提升学生的心理健康水平,推动其身心向更健康的方向发展。

二、体育学习

(一)体育学习的功能

1.获得体育基础理论和卫生保健知识

在体育学科领域,获得体育基础理论以及卫生保健知识不仅是学术追求的核心目标之一，还构成了体育学习的重要功能。当学生深入研究这些理论和知识时，可以实现以下目的：首先，明确体育学习的目标导向，从而激发学生的学习热情，增强学习的持续性；其次，深入了解体育动作技术的基本原理、身体锻炼方式、卫生保健常识以及疾病预防的策略与方法；最后，学生通过这一过程，体育价值观将被深化和内化，体育文化得以传承并积淀，体育意识也会得到系统培育，为其未来长久地自发参与体育锻炼打下坚实的基础。

2. 发展智能

体育学习虽然注重学习过程中的主体——学习者，对动作技能的学习和掌握，但更关键的是其本身具备了能动性和创新思维，体育学习不是简单地复制或模仿，而是一个复杂的、要求学生身心全程参与的学习过程。在这一过程中，学生能够强化其观察、注意、记忆以及身体协同能力，培养自身思维的能力。

体育学习对于智能的成长有双重意义。一方面，从生物学角度出发，体育运动有助于促进大脑健康，从而为智力发展奠定物质基础。另一方面，体育学习途径可以促进学生对各类智慧因素的培养。以学习"前滚翻"为例，学生在教师的指导与示范下，需要掌握其关键技巧。在这一基础上，他们进一步思索如"团紧身体"的原因与"团紧身体"的具体实施方法。当这些问题被思考时，学生将在实践中对动作进行体验，使身体和大脑得到同步锻炼。实际上，这种学习方式不仅促进了学生的观察、注意、记忆能力的提高，还使其思维分析技巧得到显著提升。

3. 发展体能，塑造形体

在体育教学领域，增强学生的体能和促进身体形态的和谐是至关重要的。"体能"作为一个专业术语，描述的是生物体内各器官系统的生理功能及其在体育活动中所能展现的表现力，该能力既体现在人体的基础动作技能上，又反映在整体的身体素质上。通过体育学习，可以使学生达到身体比例的均衡和形态的完善，满足现代社会的审美需求。

4.培养意志品质

体育教学的过程涉及学生身心的双重挑战,学生在参与体育活动时,既要面临生理上的肌肉酸痛与疲劳等适应性反应,还要应对可能出现的心理压力,如焦虑和胆怯,对身心的挑战实际上为学生提供了一个优化其意志品质的机会。当学生努力克服生理与心理的双重障碍时,实际上在经历一个自我成长和塑造的历程,学生通过这样的经历,不仅培养了心理韧性,从成功的体验中深深感受到自我价值,还培养了自信心。

(二)体育学习的一般方法

为实现体育课程目标,教师采用一定的"教"的方式,学生在教师的指导下采用相应的"学"的方式。这个"学",包括学生的自我练习和锻炼的过程。

1.学习方法

(1)自学法。自学法是通用不同策略让学生自主探索与体育卫生相关的知识,以确保他们理解并熟悉各种运动技巧、技术组成和特征。其中,以下几种方法尤为关键。

①文献阅读法。文献阅读法主张学生深入研读体育教学材料以及相关文献,以掌握体育的基本知识和动作理论。为确保全面了解,学生应依照教师指导,认真学习教材内容,进一步研读与体育及健康知识相关的文献,从而强化其理论基础。在此过程中,务必结合实际经验,重视技术细节与保健要点,了解动作的各个方面,如方向、路径、时机和力度,同时注重自我保健。

②目标化观察法。目标化观察法鼓励学生通过感官,有目标、有策略地对待学习内容,从而建立初步的动作观念和形象。观察并非盲目,而是一个有明确目的的感知过程。在教师的引导下,学生应明确观察的目标和焦点。为了加强观察的效果,除了展示动作示范外,教师还应创设适宜环境,大量运用各类直观教材和现代化教育工具。

③综合比较与小组讨论法。在体育学习的过程中，学生应将所学知识与多方资料进行对照和比较，汲取各方优势。基于教师的引导，他们可以在小组内进行交流和探讨，从中获得启示和共鸣，实现知识的互补与共同进步。

通过上述方法，学生不仅可以深入了解体育知识，还可以形成批判性思维和独立分析的能力。

（2）自练法。在体育教学中，自练法是一种学生主导、目标明确的技能锻炼方法，其核心思想是通过持续的个人实践活动掌握与练习特定的体育技术。这一过程可以通过以下四种方式实现。

①模仿式练习法。模仿式练习法是一个基于观察和模拟他人展示的动作模式来形成技能的方式。学生观察并模仿某种特定行为或动作，通过各种方法，以参考标准动作模型的方式，来达到动作的完善。

②适应性练习法。适应性练习法旨在通过重复实践，引发学生的生理和心理适应性变化，从而为掌握体育基本技能提供最佳条件。关键是在练习中形成正确的生理和心理模式，否则一旦形成不当的动作模式，将会很难进行更正。为了使效果最大化，学生需要选择一系列导向性和支持性的练习活动来提高他们的学习适应性。

③反馈式练习法。反馈式练习法强调通过收集和分析反馈信息来改进动作技术。其核心目的是识别动作模式与实践目标之间的差异，进而加强自我分析与自我调整。为防止动作失误，应根据其产生的原因选取适当策略进行及时修正，以避免形成错误的动作习惯并减少潜在伤害的风险。

④强化式练习法。强化式练习法侧重在反复练习的基础上，设置更为复杂和多样的练习环境，通过自我提高手段巩固已有技能和形成新的技巧。其终极目标是确保学生能够将所学技术变得稳固且精湛。

对于体育教师而言，应该积极引导学生进行自我学习和自我实践，激发学生的学习热情和目标导向，传授有效的自我学习与实践方法，并为其创造有利的学习环境。重点是鼓励学生养成独立、自主和持续的学习习惯，从而不断提高他们的自我学习和实践能力。

（3）自我评价法。在学生进行体育活动时，自我评价法旨在通过对学生学习和练习行为的评估，来进行适当的自我调整和控制，此法不仅为学生提供了一个批判自我和调整行为的平台，还建立了自我激励和控制的机制。学生在此基础上，不仅可以对自身的学练成果进行准确评估，还可以公正地评价他人。

①目标评价法。目标评价法涉及学生对其体育学习目标、自我管理意识及达到目标的决心与行为进行评估。运用这种评价方式，能够确保学生的体育活动具有明确的方向性和目的性。

②动作评价法。动作评价法聚焦学生在体育活动练习中对自己动作的质量和表现进行的评估。掌握这一评价技巧，学生不仅可以从自己的思考和身体活动中探寻到创新并富有理论及实践意义的体育学知识与技术，还可以结合个人的特长、动作技术构造关键动作元素，开发出能够有效提升身体健康与运动技能的新策略和方法。

③负荷评价法。在体育训练过程中，学生需要根据人体生理功能和心理状态的变化对生理与心理的负荷进行评估。这种评估不仅关乎学生学习体育知识和技巧的效率，而且与其健康和体格状况密切相关。

④效果评价法。通过效果评价法，学生在经历一段时期的训练后，利用各种测评工具（如测试、评估、标准达成和技能评价等）对自己在体育知识、技巧、体能和健康方面的进步进行评价。

为确保学生在体育学习中能够进行有效的自我评价，需要根据体育教师的教导，掌握自我测试与自我检查的基础技能和知识。例如，学生应能够对身高、体重、脉搏等进行测量，并利用所获得的数据进行自我分析。在体育学习中，学生也应清晰地了解动作的质量标准和运动成果的标准要求，使其作为自我评估的具体依据。

学生在运用体育学习方法时，不能忽视安全防护的重要性。学生应时刻警惕，预防场地条件、设备、运动服装等因素可能导致的伤害。为了确保身体健康，学生还需要掌握自我保护和互相协助的策略。

2.身体锻炼的基本方法

学生的体育锻炼不仅包括体育课堂教学，还包括课外体育锻炼（校内外）活动，其根本目的在于增强体质、增进健康。要达到这个目的，应借助一定的工具，利用一定的途径和方法。

（1）身体练习。身体练习作为体育锻炼的基石，具有不可替代的地位。身体练习是指各种具体动作的执行，包括单一动作、动作组合以及成套动作等多种形式，它们代表了人类对自然动作的深刻思考和精心改良的成果。无论何种运动项目，均由一系列特定的单一动作、动作组合以及成套动作构成，这些动作在时间和空间上都具备一定的特性，这些特性相互交织，呈现出丰富多彩的效果。

随着社会的不断进步，各种体育动作或活动作为体育锻炼的手段，逐渐展示出其独立性。通过持续的演进和完善，它们逐渐形成了独立的发展体系和目标，形成了如今备受瞩目的社会现象——竞技运动，并融入了人类身体文化的重要元素。因此，在将其引入体育锻炼实践之前，不能简单地机械复制，而要对各种运动项目进行适当的改进和调整，使其不再受限于原有的发展方向，从而更好地适应人体生理规律，以达到提升学生体质和发展学生身体素养的目的。

（2）自然力锻炼。自然力锻炼即以自然元素如日光、空气、水等为媒介，进行身体锻炼，旨在提升人体对自然环境的适应性以及对疾病的免疫力。

①日光浴。日光浴又称"晒太阳"，对人体健康大有裨益。阳光所含的红外线能刺激脑部兴奋，提升中枢神经系统的紧张程度，使皮肤和皮下组织产生热量，从而激发身体各器官的功能，促进其新陈代谢。人体在适度阳光的照射下，常感精神振奋，心情愉快。而紫外线不仅有杀菌作用，还能促进体内维生素D的生成，有助于维持钙和磷的正常代谢，

促进骨骼生长,从而提高身体免疫力。并且,日光浴可促进体内调节体温的神经中枢,使身体更好地适应高温环境,增强抵抗高温刺激的能力。此外,它还对心脏、血液和淋巴系统的活动产生积极影响,提高心脏每搏输出量,加深呼吸,提高肺通气量和氧气利用率。因此,阳光与人体健康紧密相连。日光浴可作为某些常见疾病的辅助治疗手段,但需要注意避免紫外线过度照射,以免对人体造成伤害。

②水浴。水浴可分为热水浴、温水浴、冷水浴三类。热水浴及温水浴有助于缓解疲劳,清洁皮肤。而冷水浴则可以锻炼人体血管系统及心肺功能,使其适应外部气温的变化,且能防止感冒,提高机体对寒冷刺激的耐受性。皮肤血管的反应受支配血管扩张和收缩神经的控制,经常进行冷水浴可使身体习惯外部低温刺激,使得皮肤血管在遇冷时能够迅速收缩,适应外部气温的急剧波动,从而不易患上因寒冷引发的疾病。此外,冷水浴有助于刺激中枢神经,使人兴奋,减轻或消除大脑皮质的抑制作用。对于神经系统衰弱,如情绪低落、精神疲惫、倦怠欲睡的人,即抑制型神经衰弱患者,短暂的冷水浴能激起中枢神经的兴奋,振奋精神,改善情绪状态。

③卫生措施。卫生措施包括日常生活中的卫生习惯、规律的作息、锻炼场所的卫生条件以及医疗监督和必需的营养供给。

第二节 高校体育教师的教学素养与执教能力

一、体育教师的教学素养

(一)体育教学策略

教学策略是一种综合性的艺术,主要涉及为满足教学目标而选取的与学生认知和技能培养相契合的教学手段、流程和行为模式,此策略虽然包括教学方法，但并不与之等同。相较于教学方法，其范围更为广泛，其层面亦更为深入。

1. 体育教学策略的特征

体育教学策略涉及对体育教学过程和内容的细致规划以及教学方法、步骤和组织形态的精心挑选。由于教学元素可采纳的组合途径繁多，体育教学策略异常复杂且富有变化。深入探究体育教学策略的独特性不仅有助于增强人们对其掌控，还有助于优化体育教学实践。

2. 体育教学策略的类型

（1）以教师为主导的教学策略。在此类体育教学场景下，体育教师承担了一系列重要任务，包括选择教学内容、确立教学目标、制定教学方法和选用教材，规定每项活动的时长，明确评估标准，以及对每个学生的表现进行评估。以教师为主导的教育方式可适用于多种人际关系和教学环境，然而，其较为合适的情境通常是教师以权威或家长式的态度行事，而学生在这种情境下拥有有限的自主权。

（2）以教学任务为中心的教学策略。综合来看，与前一策略相比，以教学任务为中心的教学策略呈现出更为开放的特征。为有效实施此教学策略，教育者需在明确教学任务之后，展开一系列措施，其中包括复杂的教学设计，并在教学实践中进行系统性的评估。其中，较典型的教学方法即程序教学法。此教学法的设计基于学生所需达成的教学目标，通常包括详细描述一系列与目标相关的教学活动、成功标准的制定，以及必备技能的界定。学生的技能学习按照一般性步骤进行，完成一步后即可进入下一步。每个阶段均涵盖知识传授、测试、错误纠正等环节，而测试环节的合格标准通常要求学生达到80%～90%的正确率。

（3）以项目为中心的个别或合作教学策略。以项目为中心的个别或合作教学策略呈现出一种灵活多变的教育场景。这一场景要求体育教师具备卓越的协作管理技巧，营造民主氛围，充分尊重学生。在这一教育模式下，体育教师与学生共同努力，共同选择并深入分析教育方法、任务、程序以及与之相关的各项教学项目。在体育课程的实践中，师生共同参与并合作完成。学生自觉意识到他们需要掌握某种体育技能，产生了学习这一技巧的想法。随后，教师向他们传授掌握这项技能的基本原理，鼓励学生自主设计练习步骤。若学生在学习过程中出现误差或迷惘，教师将以启发性的方式加以辅导和引导。

（二）体育教学艺术

体育教学艺术是指教师在体育课堂教学活动中，在遵循教学基本原则的基础上，熟练地掌握和创造性地灵活运用教学方式、方法的艺术。

1. 导入的艺术

无论是回顾性的课程复习还是新的知识传授，无论是理论探讨还是实际操作，对于学生而言，每一堂课都创设了一种独特的学习环境。因此，引导学生进入这一特定学习情境便是每次体育教学所要面对的核心议题。这便涉及"情境教学法"的应用，该方法的核心在于通过情境构建与情感融入，为学生营造一个富有生活气息、情感与实际相结合的学习氛围。目标是创设饱含情感共鸣的教学环境，从而促使学生产生情感反应，积极投身于所创造的教学情境中。

"情境教学法"强调"情"和"境"之间的相互影响与融合。其中，"境"为载体，展现并感染"情"；而"情"则作为深化手段，增强对"境"的认知与体验。为确保情境教学法的高效性，其核心在于根据情感驱动去创设相应的学习环境。

良好的开端是成功的一半。在体育教学中，课程的起始环节就像戏剧的序幕。若能对其进行富有艺术感的设计和布局，则有可能成为整体教学流程中的助推器，从而为整个学习过程赋予动力，产生意想不到的积极效应。那么，如何才能巧妙地引导学生进入这个新的学习情境呢？实际上，并无固定的模式可以套用所有情境。对于体育教师而言，创新性地构建学习情境，需要依据其个人的教学特色和特定的教学内容来进行。此外，为提升教学效果，教育者亦可参考与吸取前人在情境导入方面已经验证过的有效艺术手法。

（1）新旧知识联系法。在教学领域，利用新旧知识之间的桥梁，引导学生从已有的知识背景中对新知识进行预测和构想，是一种行之有效的方法，该策略增强了学生对新知识的掌握程度，促进了学生学习兴趣的形成。虽然新的教学情境能够唤起学生的好奇心，但要将这种好奇心有效地转变为实质的学习兴趣，需要强调新旧知识的相互关联性。教育心理学研究指出，学习者在面对新的信息时，往往会基于他们的既有知识进行筛选，而与旧知识有所关联的信息，往往更容易激起他们的学习兴趣。此外，中国的体育教学材料经常采用螺旋式的编排结构。例如，某些教学内容如"跑、跳、投"会在不同的年级反复呈现。然而，这样的呈现并非简单地重复，它在每个年级都有所深化，无论是在质的方面还是量的方面，这样的编排结构均为新旧知识的整合提供了有利的条件，使教学中采用新旧知识联系法更加得心应手。

（2）悬念法。悬念法的核心是在新课引入之前制造一种期待感，由此激发学生的探究欲望与好奇心。在采用此法进行教学时，教师应根据课程内容设计具有挑战性的问题或呈现某种矛盾，从而产生悬念，使学生深入参与课堂学习。特别是在结构紧凑、线性展开的体育教材中，悬念法为导入新课提供了一个颇具效果的途径。然而，要确保悬念法的有效实施，需要注意三个关键要素。首先，悬念的设定应当精准，既要符合学生的心理发展阶段和学习能力，又要确保其难度适中。对于学生而言，该问题应是未知的，但通过适当的思维活动可以解答。其次，悬念的设置须与课程主题或背景情境高度相关，否则可能会使学生产生困惑，从而影响教学效果。最后，强调"悬"字的重要性。与一般问题相比，一个成功的悬念应具备某种艺术性，这一特质使其更具吸引力和感染力。

（3）图画演示法。在学习新动作和掌握新技术的教学过程中，单纯依靠教师的一两次示范通常难以达到预期的效果。尤其是对于那些瞬息即逝且难以察觉的技术动作，学生难以形成深刻的印象。因此，在教学中，体育教师可以采用一系列辅助手段来提高教学效果。教师可以借助图画或小黑板来辅助讲解。教师通过绘制详细的示意图，突出技术动作的关键要点，甚至使用不同颜色来标示需要强调的动作部位，如胸内侧踢球的触球部位，学生能够更清晰地理解和记忆技术动作的要领。图画的呈现应与实际示范相结合，同时辅以教师的指导和启发，从而使学生身临其境，体验到真实的场景，如果条件允许，使用人体模型进行示范会进一步提升体验效果。

（4）音乐渲染法。音乐在教育领域具有赋予美感的作用，能够营造教室氛围，有助于教学目标的实现。以课前准备为例，采用雄壮激昂的进行曲，可以促进学生大脑的兴奋，加快生理代谢，使情感快速融入课堂氛围中。在教学过程中，选择轻松明快的抒情曲作为背景音乐，被视作练习的"画外音"，有助于学生保持兴奋的状态、集中精力，从而减少错误发生的概率。在教学课程结束时，采用悠扬舒缓的音乐，能够对神经系统产生特殊调节作用，从而有助于学生缓解疲劳。

（5）模拟象征法。模拟象征法即借助巧妙设计，以模拟手法构筑一种特定情境，使学生进入一种崭新的境界。在耐力培养教学方面，教师得以在校园内运用自然元素构筑巅峰体验，让学生通过奔跑、缓行、越障、攀爬等展开障碍竞赛，激发浓郁的兴趣。或是融合体育赛事元素策划一场富有创意的"巅峰对决"。通过模拟与象征手法，高效组织教学，可确保体育课程的流畅推进，从而提升其教学效率。

2.课堂集中注意力的艺术

体育课是一个教育空间，其范畴广泛，伴随多种潜在干扰因素。在这种环境下，学生的专注力往往容易分散，如果不妥善引导和调控，将直接影响教学的有效性，甚至不能完成既定的教学任务。因此，体育教师需要掌握一门独特的技艺，能够迅速、灵巧地将学生的思维集中在课程内容上，并引导他们全身心地融入教育过程，这实质上是一门艺术。

(1)准备部分集中注意力的艺术。

①报数击掌法。体育教师下达报数口令后,要求特定一行学生按照其排列顺序依次进行报数,而其余学生则一同鼓掌并默数。每当数到3或3的倍数时,停止鼓掌,并齐声陈述该数;或者当全体学生共同报数至5或5的倍数时,立即中断报数,并进行鼓掌。

②目光运动法。体育教师可持一球或其他教辅工具,以娴熟的技巧在垂直与水平方向上进行有序运动,以引导学生的视线持续聚焦运动中的教具。体育教师还可巧妙地运用接力棒,在虚空中书写,要求学生准确而即时地识别并表达所书之字。

③信号辩答法。体育教师首先将多种体育动作以简洁的符号或手势进行表征;其次口头传授这些符号或示范手势,以使学生迅速模仿并执行相应的动作。或者体育教师亲自示范动作,随后要求学生立即用符号或手势进行回应,以展现对所示动作的理解与反应。

④成语接力法。在教学环境中,教师先说出一个成语,第一名学生以"顶针续麻"修辞法的方式立即说出下一个成语。此类游戏在学生中广泛流行,旨在培养他们的语言表达能力和创造性思维。若在5秒内未能连贯接龙,那么由中断的学生之后的同学来接龙,或者重新从中断处引出一个新的成语,以保持游戏的顺利进行。

⑤叫号赛跑法。教师应当使用多种方式来进行点名,包括出示数字卡片或者使用手势信号。学生一旦听到自己的号码被喊到,应当立刻按照要求迅速奔跑。这种多元化的点名方式不仅有助于提高教育过程的互动性与趣味性,也有助于高学生对课程的参与度与专注度。

⑥"照镜子"法。这一教育方法又被称为"跟我学"法,由教师或导师引领学生进行各类简单动作模仿,仿佛在面对一面镜子。引导者以敏捷而不断变换的动作进行示范,没有固定的时间节拍,使学生无法按图索骥,而要全神贯注地聚焦在这个模仿过程中。这种教学方式的目的是激发学生的注意力,使他们深度参与到"镜子"模仿中。

（2）课中集中注意力的艺术。

①以静制动法。在教学过程中，若学生表现出口头发言或执行小干扰动作的趋向，可采取以下教学策略以确保课堂秩序与学习效果的稳定。当遇到此类情形时，可立即引导所有学生集中注意力，通过闭目冥想，借助诸如"支撑跳跃：踏板、摆腿、推手、抬头、落地"等动作要领的默诵，以达到安静、冷静、聚焦的状态。这一方法能够在课堂中有效应对潜在的干扰因素，有助于学生更好地专注于教学内容。

②目光暗示法。当教师察觉到某些学生精神涣散，无法集中注意力时，可以采用亲近的方式，以严厉的眼神进行暗示，传递出"我已注意到你的思绪漫游"的信息。

③提问提醒法。在教学实践中，当教师察觉到有些学生不专注、不聆听讲解或忽略示范时，可有意地对这些学生提出问题，以引导他们关注关键的动作技巧或需要特别留意的练习要点。教师通过这种方式，能够巧妙地提醒学生，使他们更加专心，确保学习效率更高。

④信号刺激法。在教学过程中，当学生受到外界刺激而分散注意力，无法专注于教师的授课和示范时，教师可以采用一系列方法来引导学生集中注意力。

⑤变换条件法。在面对复杂环境和干扰较大以致无法有效完成教学任务的情况下，教师应该迅速做出决策，灵活调整教学工作或改变教学场所，并且及时采用紧急教学策略，从而转变处于被动状态的局面。

在体育课堂教学中，学生的专注力是重中之重，是师生互动与知识传授之基石。为此，教师应善于根据不同年龄段学生的生理、心理特征，挑选相应的教材，选择既吸引学生兴趣、又满足他们心理需求的练习内容，以确保学生聚焦课堂。

3.语言运用的艺术

在体育教学领域，"语言的技术"以及"技术的语言"被视为教师的重要工具。卓越的体育教师应当具备深厚的体育技术知识，同时需要精通语言艺术。就言辞表达而言，体育教师常常运用多种语言技巧，以确保教学的有效性，具体包括以下几种。

（1）开讲语言的运用。良好的开讲导语常常为后续教学奠定坚实的基础。在授课之初，教师的语言表达方式以及所选导语，对于激发学生学习的积极性、调节学生的情绪、引导学生的专注力以及促使师生之间建立深层次的心理联系，具有深远的影响和作用。在教学实践中，常见的开场方式包括以下几种。

第一，表扬式。在进行动作技术教学之前，教师应当采取积极的心理导向，对学生进行鼓励和表扬，以确保他们在学习过程中能够保持积极的学习态度，如对上一节课的学习表现进行评价和肯定，对学生在课外体育锻炼与竞赛活动中的杰出表现以及他们达标的简短赞扬和激励。

第二，检查式。教师于授课前对学生的准备情况进行检查，包括但不限于学生的着装及课后作业完成情况。此外，还可以鼓励学生自行检查其准备情况，并针对检查结果及时进行表扬或批评。

第三，引导式。教师应详尽地向学生介绍本堂课的学习内容、教学目标、任务安排以及授课方法，以便有效地引导学生将关注点集中于学习活动中。

第四，命令式。教师应当保持严厉的态度，以引发学生对体育课的高度重视。此举意在激发学生的专注力与热情。

第五，宣布竞赛式。教师于课程起始时便告知学生本次教学过程将举行一项竞技运动，胜负将视学生的纪律遵守情况、学习投入情况以及动作掌握速度而定。学生的行为往往受到直接激励的支配，提前公告竞赛活动的意图旨在激发其内在意愿。这一启发源自教育心理学和行为经济学的交汇。教师在教学开始前就明确了竞技的目的，这相当于在教育场景中进行了内在动机的引导。

（2）教育语言的运用。体育教师在培养学生的体育精神时，通常运用艺术化的语言来诠释体育竞技的激烈壮观场面和运动员坚忍、拼搏的精神，让学生身临其境，激发了他们内心深处的情感。

教育心理学与社会心理学均明确了积极沟通的重要性。当教师发现并肯定学生的长处时，意味着对学生自我价值的肯定，激发了学生的积极情感。这一过程涵盖了心理上的亲近感，标志着情感接纳的开端，这种肯定既是深刻的精神抚慰，也是探索潜能和价值的艺术。体育教师需要具备敏锐的观察力，能够捕捉到每个学生在课堂上偶然显现的思维闪光和智慧行为，及时给予赞扬和激励，营造出一种竞争激烈、激发所有学生追求进步的课堂氛围，对培养良好的个性和道德品质具有不可忽视的作用。

（3）讲解语言的运用。在体育教学中，巧妙地运用多元的教授方式，可激发学生的智慧，显著提升教育成效。

第一，形象讲解。在教学过程中，教师采用具象而富有深度的语言描述，对于动作的核心理念和技术要点进行深入解读，有助于学生对过去已经认知的物体或事件进行再次整合，而且能够产生别具一格且明确的新形象。例如，为了让学生更深刻地掌握支撑跳跃中"撑箱"这一关键动作，教师可以进行如下阐释："撑箱的瞬间，犹如手掌触碰到一块炙热的铁板。"在此类解释的引导下，学生会自然地将"炙热的铁板"这一形象与"支撑过箱"的动作相结合，从而在脑海中构建出一种迅猛且有力的支撑跳跃形象。

第二，联想讲解。为了更深刻地诠释所述概念，教师需要采用一种与主题相关联的阐述方式。例如，"站如松，行如风"用于要求学生培养出静态与动态之间的协调和神韵。在激发学生思考时，常常采用因果推理法。例如，在教学过程中，教师可能询问学生："如何才能实现远跳？"学生可能回答："这需要结合水平速度和垂直高度。"紧接着，教师可能进一步追问："结合的核心是什么？"学生随即联想到"踏跳"。这种因果联想的阐释有助于强化既有知识的牢固掌握，同时有助于理解新知识，从而使知识更为系统化。

第三，比较讲解。"比较"在教育中具有重要作用，它有助于学生通过对比同类对象，明确它们之间的共性与差异。以体育教学中的跑步后蹬动作为例，有两种教学方法：一是请两名学生同时进行演示，然后进行比较与评价；二是对同一名学生的练习过程进行前后阶段的对比，并进行分析。比较作为一种认知工具，是促进学生理解与思考的基础。

（4）单字讲解的运用。单字讲解技巧是体育教学中常用的一种形式，其特点是简洁、精练、生动、准确，能用最短的时间达到最佳的讲解效果。

第一，单字要合理筛选。体育教学的单字讲解，着重将每一项技术动作的核心要点凝练为一个独立的单字，以凸显关键动作元素，并能够巧妙地表达出其高度概括性和艺术性。这需要体育教师先进行慎重的单字选择，确保其精确而得体。以鱼跃前滚翻为例，其动作要领包括半蹲起始姿势、双臂前摆动作、双脚蹬地向前上方跃起等，其中，"蹬""跃"两个单字成为技术要点和精髓。

第二，单字要组成序列。复杂的动作要素往往难以用独立的单一字词准确而全面地描述，因此，教师需要先将这些复杂动作按照时间先后次序进行分解，其次根据各个动作要素的特征来选择相应的词语，最后将这些单词有机地连接在一起，以呈现一个完整的动作过程。以单手肩上投篮动作为例，教师可以将其分解为以下步骤：蹬（地）、举（球）、仰（臂）、压（腕）、拨（球）。而对于推铅球的最后用力动作，我们可以详细描述为蹬（地）、转（髋）、挺（胸）、推（球）、拨（指）。这两组由五个单词构成的序列，分别将完整的投篮动作和推铅球动作的各个要素有机串联在一起，学生通过这种方式，能够更加直观地理解、倾听、思考和实践这些动作要素，从而达到更快的学习速度、更牢固的记忆和更深刻的领悟。

第三，单字讲解要依赖动作示范。学生在学习体育动作技巧时，应深刻理解每个动作要领的单字来源。为了确保学生能够熟练掌握这些单字，教师在教学过程中需要进行详细的动作要领示范，以真正实现"教、学、练"的有机结合。如果教师要教授头手倒立动作，首要步骤是从蹲撑的动作要领入手，教师应当言传身教，详细演示每个动作要领，包括撑（手、前额）、提（臀）、举（一腿）、蹬（另一腿）、并（腿）、展（额）、挺（身）等环节。同样地，在教授俯卧式跳高过杆动作要领时，教师也应该采取类似方法，同时强调旋转、转身、腿部抬起、身体下压以及展示等关键要点。

第四，单字讲解体现精讲多练。学生在练习过程中，当面临疑惑和困难时，教师有必要采取单字详解的方法，并随时进行指导和点拨，以促进动作技巧的完善，体现深度教学原则。以练习双杠的动作为例，学生需要完成分腿坐前进至远端的要求。然而，当学生在跳上双杠并完成分腿坐后，却遇到身体前移的难题时，教师可以巧妙地采用口令形式来进行提示和引导，包括"推"（用双手推杠）、"挺"（调整身体位置）、"握"（双手握住杠杆前方）。

4. 过渡与结课的艺术

（1）分析性方法。分析性方法的核心应用领域在于教育环节的衔接，确保教育内容在逻辑上呈现出逐渐深化的关系。具体而言，后续教育环节应当在前一环节的基础上进一步深入，以呈现出一种渐进性的层次结构。在运用分析性方法时，关键在于清晰阐述前一环节教育内容的基本思想和内涵，这是进行分析性衔接的前提条件。体育教师应该向学生传达该环节的核心思想、内涵以及即将展开的发展方向，从而使他们对接下来的学习有所准备，并自然地引入下一个教育环节。例如，当教授"运动与健美"的知识时，可以将其分为五个要点：健美的本质和意义、健美的历史和文化背景、健康与健美的密切关系、衡量健康的标准以及如何进行健美锻炼。这五个要点之间存在着逐层深入的内在联系，比较适合采用分析性方法进行教学。运用这一方法，能够为学生提供更优质的学习体验，使整个教育过程变得更为连贯且富有逻辑性。通过这种方式,教育环节之间的过渡将更为顺畅,学生将更容易理解不同环节之间的关系,并且能够更好地吸收所学知识。

(2)演绎性方法。演绎性方法主要用于教学内容前后环节之间具备推论关系并需要实际应用的情况。当后一环节依赖于前一环节的逻辑结论或规律作为前提时,可采用此种衔接方式。其核心要点包括以下几个方面:首先,明确阐述前一环节所得的普遍性结论或规律,这是进行演绎式衔接的基础;其次,向学生揭示这一结论或规律将被用于推导或应用到哪些方面,让学生产生对"接下来"的期待;最后,顺势引出下一教学环节。这一教学衔接方法在体育基础理论教育领域得到广泛运用。前一环节可能是一些运动科学的原理,如运动生理学或生物力学的基本概念,而后一环节则可能涉及这些原理在实际运动训练中的应用。教师通过使用这一衔接方法,能够将抽象的理论知识与实际运动训练相连接,使学生更好地理解理论的实际应用,从而增强他们的学习效果。

(3)启发性类比方法。启发性类比方法适用于教学内容前后环节,虽然性质各异,但具备类比关系的衔接。启发性类比方法的应用旨在引导学生沿着联想之路,从一个教学环节顺畅地过渡到另一个教学环节。其关键在于充分阐释前一环节中的相似特征,以激发学生进行类比思维,从而顺利引入下一环节的内容。启发性类比方法的核心要点可以概括为以下两点:其一,需要对前一环节中的同类特征进行深入讲解,以便唤起学生的类比联想能力,使他们更容易理解并接受新的知识;其二,在运用启发性类比方法时,可以采用提问、分析、对比等教学策略,有针对性地应对技术动作之间的矛盾、难易度转换的矛盾以及学生的预期与能力之间的矛盾,通过巧妙地引导和点拨,常常能够让学生豁然开朗,领悟到知识的深刻内涵。

二、体育教师的执教能力

（一）组织教材的能力

组织教材的能力是教师的基本素养之一，其核心在于依据教学大纲的要求、学科内容、教学环境以及学生特点，有针对性地设计课程，确定教学的难点、重点以及讲解示范的深浅程度，需要对教材内容进行精心筛选，教师的这一技能在教育领域扮演着至关重要的角色。

因此，在教育实践中，教师应深入研究体育教学大纲，深刻理解各项教育任务的目标和要求。此外，教师需要了解教材内容的内涵，同时考虑具体的授课任务、学生的个体差异以及教学环境等方面的因素，以便更好地制订每节课的教学计划，要求教师将学年和学期的教育内容融会贯通，并明确每一堂课在整个课程体系中的位置和作用。同时，教师应熟练掌握所教授的动作技巧，强调教学的重难点，以达到高效教学的目标。

（二）选用教法的能力

在教学过程中，选择并妥善运用适当的教学策略对提高教学效率至关重要。当教师在筛选教学策略时能深入思考多个角度，所施行的教学往往能展现出更佳的成效。考虑到现代体育教学所拥有的方法种类繁多，对于体育教师而言，对各种策略应进行深入研究并综合评估，从而确保选择到较为优质的策略。在这一决策过程中，其选项的标准应深刻反映对教学原则、教学目标、教材性质、学生的学习能力、教师的教学能力、学校所提供的教学资源以及既定的教学时长的理解和尊重。

当确定了教学策略后，体育教师同样面临着如何将其切实地融入教学的挑战。为了确保所采用的方法能够达到预期的效果，体育教师需要确保教与学的同步性，确保体育教师与学生的互动是和谐而高效的。此外，对学生的表现与其内心的转变都应给予足够的关注，以促使他们更为积极地参与学习过程。基于学生掌握知识与技能的各个阶段，体育教师应确保所选方法能够体现出连续性和差异化的特征，实现教学的连贯性与针对性。

（三）教学组织能力

在体育教学领域，教师的课堂教学组织能力尤为关键。鉴于体育课常在户外进行，其中的外部环境变数较多，同时学生的数量、兴趣和偏好都有所差异，这使得强化教师的组织管理能力成为至关重要的任务。具体而言，体育教师的组织管理能力涵盖如下领域：对课堂教学的精细管理、课程后的训练安排、各种体育活动与竞赛的筹办和执行以及对学生心理的引导和教化。

（四）语言表达能力

体育教师课堂上的语言表达能力主要体现在他们流畅的讲解、精确的口令、清晰的吐字和音调的起伏上。此外，"表情、姿势和手势"也是其重要组成部分。若体育教师具备这些技能，那么他们便能够显著提高教学或训练的效果。特别是教师在语言上展现出的形象性、生动性、准确性以及幽默感，都能有效地提高学生的认知能力，促进学生身心两个方面的发展。

体育教师的教学语言应力求无声语言和有声语言的结合。无声语言主要是目光和表情的传达、充满情感的微笑交流、适时得当的手势描述以及规范化的身体示范动作。同时，有声语言的质量和效果也不容忽视。这主要是指口头交流，包括标准普通话的运用、发音的清晰性、声调的明确性、口令的响亮度以及词汇的准确选择。进一步说，指示应该清晰，讲解、比较、评估和结论的呈现应恰到好处。

在体育课堂教学中，利用无声语言对提高学生的学习动力，鼓励他们自信地参与各种体育练习具有不可替代的作用。正因如此，教师在运用语言时，应避免冗余，如经常出现的"嗯""啊""这个"等词汇。这些冗余词汇不仅会影响课堂教学的效率，还会使学生产生困惑。因此，体育教师有必要对自己的语言技巧进行持续的培养和精进，从而确保体育教学过程的流畅和高效。

（五）动作示范能力

在体育教学领域，动作示范能力被视作教师的专长，为他们区别于其他学科的教育者所独有，是直观性原则在体育教学中得到落实与体现的一种方式。在技能习得的初始阶段，体育教师为学生提供的示范应展现出动作的准确性、协调性及连贯性，以促进学生建构准确的动作认知和概念，同时提高他们的学习兴趣和积极性。随着教学的深入，进入技能形成的中期，体育教师根据教学目标和学生的需求，可以采用不同的示范策略，如分段演示、动作的正确与错误对照或缓慢展现。

在整体技能示范中，体育教师需要确保学生能够清晰地洞察整个动作流程，包括其各个环节及环节之间的连接。而在针对某一技能细节或分段动作示范中，体育教师需强调技能的执行方法、关键点以及身体各部位的协同配合。为使学生能够更好地理解，体育教师在展示之前应详细阐述动作流程、阶段划分及其关键要点。对于那些可以缓慢执行或暂停的动作，体育教师在讲解的同时可以边示范边提问，促使学生思考并回答动作的关键要点和方法。此外，鼓励学生模拟体育教师所示范的动作，实现"听、看、思、做"的联动学习，有助于他们更加专注技能的掌握。

体育教师在进行动作示范时，选择合适的时机与地点至关重要。根据实际环境与需求，可能需要从正面、侧面或背面展示动作。此外，体育教师还需要注意学生的站立位置，避免他们面对阳光、逆风或其他可能导致注意力分散的因素，确保在最佳的条件下进行示范，有助于学生更有效地学习和模仿。

（六）教学保护与帮助能力

在体育教学过程中，预防伤害与提供必要的辅助是至关重要的两个维度。为了确保学生的安全及教学目标的顺利实现，教师应当深入理解与掌握如何为他人提供防护、个人的自我防护措施以及在特定情境下给予直接或间接的帮助，并有效地运用相关器材。此外，选择最佳的教学地点和把握恰当的教学时机也至关重要，只有深入整合上述元素，才能在实际教学中最大化地减少伤害，确保体育教学的高效与完善。

在技术训练过程中，由于学生的生理条件与心理状况存在差异，这可能导致他们在执行某些动作时出现误差。另外，由于内心的焦虑与担忧，部分学生可能会选择回避某些练习，或在极端情况下，可能会导致伤害事件的发生。为此，教师在课堂上的专业干预与指导尤为关键，以确保学生的身体安全，关心学生的心理健康。教师通过给予学生恰当的关心与支持，可以助力他们战胜内心的恐惧，培养其自信心，进而确保他们更为专注地参与到每一个技术练习中，从而避免可能的事故。

此外，也存在这样一种情境：某些学生在练习中或许可以完成任务，但由于对动作的认知不够精准或对身体的感知不足，他们展现的动作标准与质感均未达成教学目标。面对此种状况，教师应迅速提供必要的指导与反馈，帮助学生更为准确地掌握动作的核心，确保他们能够真实、准确地体会到每一次动作的关键点。毫无疑问，这种及时的教学介入能为学生精确掌握技能提供有力的支持。

（七）教学评价的能力

教学评价作为教育领域的重要组成部分，关乎教师对学生学习进程的精准把握和导向，大致分为"课中评价"与"课后整合"两个主要领域。在课程进行中，教师对学生活动的实时评价尤为关键，通过及时而适切的言辞反馈，学生能够迅速地掌握自己的学习成果，进而从中汲取反馈信息，进一步激发学习热情并优化学习成果。正面的评价更能够帮助学生获得心理的正向反馈，确保其保持较高的学习热情和积极态度。

"课后整合"则进一步深化为"课堂回顾"和"教学复盘"两个维度。课堂回顾的核心是对学生课程中的表现进行细致评估，归纳其表现亮点，同时明确其待改进之处并提供指导方向。而教学复盘则更多地集中于对教学方法、课程执行情况以及整体教学效果的深入解读和评价。此外，教师还需要根据这一分析，提出具体的教学策略调整建议与实施方法。

（八）评析教学活动的能力

在对体育教学进行深入评析时，应视之为一个完整的教育过程，而非局限于单一课堂的考查。评析体育教学的能力主要涵盖两个维度：一是教师的教学成果；二是学生的学习成效。体育教育评析的专业性不仅仅体现在对整体教学流程的把握上，更体现在对教学与学习效果的准确判断上。

在对体育教学过程进行深度评价时，首先，需要明确单一课程在整个教学序列中的定位及其与各个教学环节的互动性。其次，针对教学目的与所选取的教学行动是否契合，需要深入探讨。在教学中，是否恰当地实施了"因材施教、区别对待"的策略，是否充分考虑了学生的主观参与，激发其学习兴趣，适应其独特性，这些均为评价的核心内容。另外，教学方式是否适应人体的生理机制及学生的身心属性，也是评价的关键点。最后，通过学生的学业评价，进一步探析学生实际学习成果与初始教学目标间的偏差。教育者应借此进行自我反思，汇总并吸取前期教学实践中的知识，不断完善教学策略，从而优化教学品质。

对学生学习效果的检查、分析和评定所得的各种数据十分重要。通过这些数据，教育者能够洞察学生的学习成效与设定的教学目标之间存在的偏差，进一步识别出教育过程中遇到的障碍及其根源。基于此，教育者能制定出相应的优化策略。当进行学生学习成果的评价时，应全面考查学生在整个教育活动中的演进与成果。教育者应积极激励学生深入学习、持续实践，进而催化教学与学习的交互互动，确保教学目标与学生的学习追求保持一致。

（九）电化教学能力

随着科学技术的日新月异与社会进程的推进，体育教学领域已开始融入众多尖端的电子化教育工具。例如，投影技术、录像设备及多媒体平台逐渐被纳入体育课堂的教学策略中，先锋的电子化教育工具展现了创新的形态，展示了内容的丰富性和深厚的知识体系，为学生提供了强大的学习吸引力，促使他们在课堂上更为专注，更深入地吸收相关知识。在这样的背景下，广大教育者迫切需要提升其电子化教学的专业能力，努力推进体育教学的全方位提升。

第三节 高校体育教学中教师与学生的关系

一、师生在教学内容上构成授受关系

（一）从教学内容的角度来说，教师是传授者，学生是接受者

在高校体育教学中，教师与学生的互动是核心的一环，主要在教学内容上表现为授受关系。当涉及教学内容时，教师成为专业知识与技能的传授者，而学生则成为这些知识与技能的接受者。

高校体育教学内容丰富多样，从基本的体育技能、运动规则到健康与健身的概念都是其组成部分。每一个知识点、技能或概念，都是经过深入研究与实践，积累起来的宝贵资产。对于教师来说，每一个细节都需要深入理解、反复实践，才能准确、有效地传达给学生。与此同时，

教师在教学中不只是传授固定的知识与技能，更要注意如何让这些内容活灵活现地融入学生的日常生活和实际体验中。例如，当教师教授某项运动技能时，不应该只停留在技巧的演示和指导上，更要引导学生理解其背后的原理，感受其带来的健康益处以及如何在实际生活中应用。而学生在这一过程中，则扮演了知识与技能的接受者。面对海量的信息和复杂的技能，学生需要积极吸收、理解并应用。每一项技能的习得、每一个概念的理解，都需要学生付出时间、精力和毅力。学生的努力不仅仅是为了满足课程要求，更是为了自身的身体健康、生活质量和未来的职业生涯。另外，学生在接受知识与技能的过程中，也会产生自己的见解和想法，往往是基于自己的经验、体验和对所学内容的深入理解，教师应该鼓励这种主动性，不是让学生被动地吸收，而是积极地参与、探索和创新。

（二）学生主体性的形成，既是教育的目的，也是教育成功的条件

在高校教育体系中，学生的主体性不仅被视为教育的核心目标，还被视为教育过程中取得成功的关键条件。主体性涉及学生作为一个独立的个体，在学习过程中能够主动地参与、思考和表达，而不仅仅是被动地接受信息。

高校体育教学是一个相对特殊的领域。与传统的教学科目相比，体育教学更注重学生的参与和实践。在这种背景下，学生的主体性尤为重要。传统的体育教学可能侧重技能的传授和固定的教学模式，而现代体育教学则更注重培养学生的创造性、自主性和合作性。学生主体性的培养对于教学的成功至关重要。主动参与、独立思考的学生更能够在学习过程中发现自己的兴趣和潜能，从而更深入地探索和研究，使得学生更容易适应不断变化的社会环境，因为他们已经习惯独立地寻找答案和解决问题。

然而，培养学生的主体性并不是一件容易的事，需要教师有深厚的专业知识、良好的教育方法。教师需要创造一个开放、包容的学习环境，鼓励学生提出问题、发表意见和分享经验，时刻准备好改变自己的教学方法，以满足学生不同的学习需求。此外，学生的主体性还与他们的心理和情感状态密切相关。充满自信、乐观向上的学生更容易主动参与学习，而缺乏自信、沮丧的学生则可能变得被动、消极。因此，教师在教学过程中还需要关注学生的心理健康，帮助他们培养积极的自我形象和自信心。教师与学生的互动尤为重要。教师通过与学生的沟通和交流，可以更好地了解学生的需要和兴趣，从而提供更有针对性的教学内容和方法。同时，学生可以从教师那里获得支持和鼓励，进一步增强他们的主体性。

（三）对学生指导、引导的目的是促进学生的自主发展

对于体育教学来说，促进学生的自主发展意味着帮助他们树立正确的体育观念，形成健康的生活方式，养成持续锻炼的习惯。而这一切，都需要教师进行恰当的指导与引导。高校体育教学的核心目的之一是使学生能够在未来的生活中，独立地进行体育锻炼，积极地参与各种体育活动，而不是为了完成学分或是应付考试，需要学生具备一定的自主性，即在没有外部压力的情况下，仍然能够坚持进行体育锻炼，享受运动带来的乐趣。要达到这个目的，教师的职责就不仅仅是传授技能，更多的是激发学生的兴趣，帮助他们认识到体育锻炼的重要性以及如何将其融入日常生活中。教师需要具备一定的心理学知识，能够洞察学生的内心，找到他们的需求，并给予恰当的反馈。此外，在体育课程中，往往需要进行各种团队活动，如球类比赛、接力赛等。而在这些活动中，教师需要确保每个学生都能够参与其中，体验到成功的喜悦，从而激发他们的兴趣和动力。这不仅需要教师具备一定的体育技能，也需要他们具备组织与管理的能力，确保活动的顺利进行。

例如，在一个完整的篮球教学周期中，假设教师选择以"运球与突破技巧"为主题。在初始阶段，教师可以先演示基本的运球步伐和突破动作，然后让学生模仿。此时，教师的作用主要是提供模型和给出技术要点。为了促进学生的自主发展，教学的深入不应只停留在模仿阶段。教师可以设计一系列的小组练习和对抗赛。例如，设计一个三对三的半场对抗赛，规则是通过至少两次突破后才能射篮。这样的设计，不仅让学生有机会实际运用运球和突破技巧，还鼓励他们在场上不断观察、判断和决策，寻找突破的最佳时机和路线。在这一过程中，学生会自然地对自己的技能进行反思和调整，也会学会如何与队友进行沟通和合作。教师在此过程中，更多的是观察、提示和反馈。例如，当某个学生在突破时总是选择同一方向，或是在面对防守时容易失误，教师可以在活动中适时地给出建议或提问，帮助学生认识到自己的问题，并鼓励他们尝试用不同的方法解决。此外，教师还可以引入一些现代篮球战术的视频片段，让学生观看并分析顶级球员如何运用运球和突破技巧来应对不同的防守策略，拓宽学生的视野，激发他们的学习兴趣和动机。

二、师生关系在人格上是民主平等的关系

（一）学生作为独立的社会个体，在人格上与教师是平等的

每个学生都是独立的社会个体，拥有自己的思想、情感和价值观。在这种背景下，学生在人格上与教师是平等的，这种平等不仅仅是一种教育原则，更是教育实践中的必然要求。高校学生正处于人生的关键阶段，他们对于自己的身份、价值和未来有着强烈的探索欲望。因此，他们更加渴望得到尊重，被视为一个独立的、有思考能力的成年人。在这种情境中，教师如果不能真正做到人格上的平等对待，就很难建立起与学生的信任关系，也难以达到教育的真正目的。

对于体育教学来说，这种平等对待体现得尤为明显。因为体育本身

就是一种强调个体差异、体现个体特点的活动。每个学生在体育技能、体能和体型上都有所不同，这些差异是他们独特的个性标签。如果教师不能真正尊重这些差异，只是机械地、"一刀切"地进行教学，那么学生就会感到被忽视、被轻视，他们的学习动机和兴趣也会随之降低。以篮球教学为例，假如班上有一个学生身高略低，但他的速度和灵活性比较出色。如果教师只看到他的身高不足，而忽视他的其他优点，那么这个学生在篮球课上就可能被边缘化，失去参与的机会。如果教师能够真正尊重他的个性，发掘并培养他的速度和灵活性，那么他就可以在场上自由发挥，成为一个出色的后卫或小前锋。

此外，在高校体育教学中，教师与学生之间的互动也较为重要。这种互动不仅仅体现在技能传授上，更体现在情感、信任和尊重上。当学生感受到教师真正尊重他们，认可他们的价值和贡献时，他们的自信心、自主性和学习兴趣都会得到显著提高。而这也是高校体育教学中真正实现师生人格上的民主平等关系的关键。

（二）严格要求民主的师生关系，是一种朋友式的友好帮助的关系

朋友式的友好帮助关系意味着，教师不再是单纯的指导者和命令者，而是变成了学生的合作伙伴和支持者。在这种关系中，教师与学生共同探索、共同成长，相互尊重和理解。例如，在一次高校篮球教学活动中，教师发现某个学生在进行投篮训练时，总是无法将球投入篮筐。传统的教学方式可能会要求学生按照教师的指导进行调整。但在朋友式的友好帮助关系中，教师会选择与学生进行深入交流，了解学生的感受和困惑，然后提供个性化的建议和指导。这种方式不仅能够帮助学生快速改进不足，还能够增强学生的自信心和动力。

这种关系的建立，需要教师具备一定的人文关怀和专业素养。他们需要深入了解每个学生的特点和需求，以及如何与不同的学生建立有效

的沟通和联系。同时，教师需要不断更新自己的知识和技能，确保自己能够为学生提供最新、最有效的教育资源和方法。但这并不意味着，在朋友式的友好帮助关系中，教师就失去了权威和影响力。相反，当教师与学生建立了深厚的信任和合作关系，他们的建议和指导往往更容易被学生接受与实践。因为学生知道，这些建议和指导都是基于对他们的关心与支持。此外，这种关系还能够培养学生的自主性和责任感。当学生感到被尊重和理解时，他们会更愿意主动参与到学习活动中，寻找解决问题的方法，而不是等待教师的指导和帮助。这种自主性和责任感，对学生的未来发展至关重要。

三、师生关系在社会道德上是相互促进的关系

（一）师生关系本质上是一种人与人的关系

师生关系作为教育领域中较为核心的互动关系，从其深层次的本质来看，超越了简单的职责与角色划分，它是一种人与人之间的真挚关系。体育不仅仅是技能的传授，更是对生命、健康、合作和人性的教育。当一个学生在体育课上挑战自己，试图超越自己的极限时，背后是对生命的热爱和勇敢面对挑战的勇气。当教师看到这样的学生时，他不仅仅看到了一个运动员，更看到了一个勇敢的人。反之，学生也会从教师的引导中，感受到尊重和关心。在社会中，人与人之间的关系经常受到各种外部因素的影响，如权力、利益和地位等。但在教育领域，特别是在体育教学中，这些外部因素应该被淡化。因为真正的教育是不带有任何前提和偏见的，它是纯粹的人与人之间的交流和互动。教师和学生之间，不应该存在任何隔阂和偏见，只有真挚的人与人的关系，才能达到教育的目的。另外，这种人与人之间的关系也为教师和学生提供了一个共同成长的机会。在体育教学过程中，教师不仅是知识和技能的传授者，还是学生成长过程中的伙伴和引导者。他们可以从学生的进步中获

得成就感，也可以从学生的反馈中不断反思和进步。同样地，学生也可以从教师的引导中，学习到更多的人生哲理和价值观，为自己的未来做好准备。

比如，在某高校体育课中，教师决定通过足球教学强调人与人之间的关系。虽然课堂中有些学生具备基本的足球技巧，但大多数学生对足球并不熟悉。教师认为，足球作为一项团队运动，为展现人与人之间的真挚关系提供了完美的舞台。

在课程开始阶段，首先，教师对所有学生进行基础的技能培训，如传球、接球和射门。在这个阶段，他鼓励每个学生表现自己的特长和风格，而不仅仅是模仿他人。其次，教师将学生分为几个小组，并让他们自行讨论、制定自己的比赛策略。这个过程不仅加强了学生之间的沟通和合作，还强调了每个学生在团队中的角色和价值。

当比赛开始时，教师更多的是观察者，而非指导者。他希望学生能够理解并实践之前制定的策略，同时发现并利用每个团队成员的优势。在比赛过程中，当某个学生犯错误时，他不会立即进行批评，而是等待其他团队成员的反应。这样，学生不仅学会了如何为自己的错误承担责任，还学会了如何相互支持和鼓励。

比赛结束后，教师与学生分享他的观察。他强调，无论比赛结果如何，重要的是每个人都在场上尽了最大的努力，并且相互之间展现了真挚的关心和支持。他还指出，真正的成功并不仅仅是获得胜利，而是在过程中与他人建立起真实、深厚的关系。

通过这次足球教学，学生不仅提高了自己的足球技能，还深深体会到了人与人之间的真挚关系的价值。这种关系基于相互尊重、理解和信任，它超越了比赛的胜负，成为他们珍贵的人生经验。

（二）教师对学生的影响不仅仅是知识上的、智力上的影响，更是思想上的、人格上的影响

教师和学生之间的关系往往超越了简单的教与学，这种关系中蕴含的深度和广度，涉及人与人之间的信任、尊重、理解和共情。特别是在体育课堂上，师生互动更是直接、密切，时常需要教师对学生进行鼓励、激励，甚至在必要时给予情感上的支持。

对于学生来说，体育课程是一个特殊的课堂。它不同于其他学科，更加注重实践和体验。在这样的课堂中，学生可能会经历挫败、焦虑、自我怀疑，也可能会感受到成功、自信和自豪。在这一过程中，教师的角色尤为重要。他们不仅要指导学生如何完成各种技能动作，还要教会学生如何面对挑战、如何调整心态、如何与人合作、如何树立目标并为之努力。正因为这样，教师对学生的影响远远超越了知识和智力的层面。他们在无形中塑造了学生的世界观、价值观，影响了学生的人生观、道德观。比如，教师通过体育竞技，可以传递给学生公平竞争、尊重对手、团队合作等核心价值观。同时，教师通过实践活动，可以培养学生的责任感、自律性、毅力和韧性。

对于教师来说，与学生的深入交往也是一个宝贵的学习机会。学生的反馈、问题、挑战和成功，都会促使教师不断反思自己的教育理念和方法。这种反思不仅仅是对教育实践的思考，更是对自身人生经验、价值观念的再认识。在这种相互影响和促进的过程中，教师和学生共同成长、共同进步。

作为教育者，教师有责任严格要求自己的言行。因为他们的每一个举动，都可能成为学生学习和模仿的对象，只有当教师具备高尚的人格品质，才能真正对学生产生积极的影响，引导他们走向健康、正直、有品质的人生道路。

第四节 高校体育教学中教师与学生的发展

一、体育教师的发展

当前，我国应积极采取有效的措施提高体育教师的素质，促进体育教师的进一步发展。具体措施有以下几点。

（一）积极培养体育教师的自学能力

终身学习理念的核心观念是学习应涵盖人的一生，而提升自学能力是体育教师终身学习的基础。首先，应从思想和观念上认识到自学的重要性；其次，要掌握科学的自学方法；再次，要充分利用网络资源、同伴资源和专家资源进行知识扩展，了解体育学科的最新发展动态或学习他人的优点；最后，要养成良好的自学习惯。只有这样，才能不断提升自己的专业素养和学术水平。

（二）有效开展体育教师教育

教师作为专门化的职业，提高其专业化水平是未来教师教育发展的关键趋势。这意味着，在未来的体育教师教育中，应将教师的专业化发展作为首要目标，同时要着重关注以下两个方面。

1.更新体育教师教育观念

传统的体育教学范式侧重以课堂、教材、教师为核心的"知本位"教学模式，着眼于体育知识的传授。传统观念普遍认为，体育教师的主要职责在于传授相关的体育知识和技能，这被视为体育教学的核心任务，只要体育教师具备一定的体育知识和专业技能水平，即可胜任教学工作。然而，在现代体育教学理念的推动下，体育教师的职责迎来了一次革命性的转变。

当前的体育教学理念要求体育教师不仅要传播知识，还要积极促进学生的全面发展。换言之，体育教学需要由"知本位"向"人本位"的教育范式转变，确保体育教师具备综合素养，以推动学生的全面、健康成长。

2.建立一体化体育教师教育模式

一体化体育教师教育，是为了顺应学习化社会的需求而设计的教育体系。它以终身教育理念为指导原则，根据教师专业化发展理论，全程规划和设计教师的职前、入职和在职教育。其核心目标是将基础教育师资的培养与在职教师的培训渠道有机结合，使之融为一体，构建一个有机衔接、各具侧重、内在联系紧密的教师教育体系。

为建立一体化的体育教师教育模式，应特别强调以下几个方面：首先，教育目标应该实现一体化，即在教师培训和教育政策中要保持一致性；其次，教育内容应该实现一体化，确保培养出来的教师具备综合性的体育知识和技能；最后，教育管理与评价体系应该实现一体化，以确保教师的培训和教育在各个阶段都得到妥善管理与评估。

（三）加强体育教师教学技能的考核

体育教师专业技能的考核对促进体育教师的职业成长具有重大意义。体育教师应具备坚实的基本技能，这些技能在培养高素质体育师资队伍方面扮演着关键角色。体育教师教学技能的重要性在于，为体育教师提供了必要的工具，使其能够教授学生基本运动技巧，并使他们养成持续锻炼身体的习惯，既是合格体育教师的核心要求，也是全面推动素质教育的基本前提，更代表了高水准体育教师的真正素养。因此，加强体育教师教学技能考核，不仅是检验和评估学校体育教学质量以及体育教师综合素质的重要举措，也是推动体育师资不断进步的关键手段。

（四）加强对体育教师的管理

加强对体育教师队伍的管理，旨在通过竞争机制挑选出优秀人才，并在不断变化的环境中保持体育教师队伍的稳定。这一管理目标强调自我约束和竞争激励，以有效推动体育教师队伍的健康发展。

在体育教学管理中，体育教师的有效管理被视为关键环节。其主要任务在于贯彻体育教学方针，通过对体育教师的全面管理，不断提高他们的思想和专业素质，并激发他们的工作热情。体育教师管理的具体内容包括体育教师的规划、选拔、聘任、培训、考核和评价等方面。首先，对于体育教师的规划管理，应明确其发展方向和职业路径，为其提供明确的发展框架。其次，体育教师的选拔管理至关重要，通过竞争性选拔，能够从众多申请者中选出较有潜力和能力的人才。再次，体育教师的聘任管理应当建立公平的制度，确保合适的人员得到适当的聘用机会。体育教师培训管理是另一个关键领域，有助于不断提升教师的教育水平和教育方法。最后，体育教师的考核与评价管理是持续改进的关键，通过建立科学的评价机制，可以更好地了解教师的工作表现，并提供必要的反馈。

二、学生的发展

开展现代体育教学，归根结底是促进学生的全面发展，要达到这一目的就应采取一些促进学生发展的措施。

（一）以先进的教学思想为指导开展体育教学

体育教师在进行体育教学时，应以先进的教学理念为指导，以确保体育教学能够取得显著成果，从而有助于学生的全面成长。在我国的体育教学领域，"以人为本"和"终身体育"已经成为重要的教育理念。受到"以人为本"理念的启发，体育教学应树立以学生为核心的教育观念，使学生能够依据个人兴趣和需求自主选择教学内容，并将培养学生的综合素质作为主要教育目标。

"终身体育"理念强调将体育活动融入学生的日常生活。通过改变教育观念，激发学生的主动性和积极性，促进学生的智力发展。这一方法鼓励学生自主学习和富有创新性地学习，同时激发学生的学习热情，使他们达到最佳学习状态，从而实现教育的最佳效果。

（二）不断深化体育教学改革

为了促进学生的全面发展，需要根据社会发展的现实情况改革体育教学。在进行体育教学改革时，最关键的是不断丰富和完善体育教学内容，并在教学过程中主动运用新的教学方法和现代化的教学工具。

丰富体育教学内容意味着教师要将一些新兴且受欢迎的体育项目纳入教育体系，这样不仅能有效激发学生参与体育运动的兴趣，提高他们学习体育的积极性和主动性，还能促进这些体育项目更好地发展，进而推动全面健康运动和终身体育的兴起。为了实现这一目标，教师需要在教学方法和教学工具方面不断丰富与完善。

在丰富与完善教学方法和教学工具时，关键是在借鉴传统教学方法和教学工具优点的基础上，积极应用新的体育教学方法和现代化的教学工具。这样可以使体育课堂教学变得更加生动、直观，充满趣味，从而有效提高体育教学的质量。

（三）不断提高体育教师的综合素质

在当代体育教学实践中，教师的全面素养显然对教育成果具有重大影响。体育教师的职责涵盖了知识的传授和解答学生的疑问。同时，他们在学生学习过程中扮演着潜在的引导者和示范者的角色。教师综合素质水平的高低，决定了他们能否及时、高效地向学生传授体育领域的专业知识和技能，以及能否引领学生实现全面发展。

第四章　当代高校体育教学方法与发展之道

第一节　体育教学方法概述

一、体育教学方法的概念

目前，国内外相关领域的研究人员及学者对体育教学方法概念的诠释存在差异，对教育一线体育教师的理解和应用以及高校学生的体育教学能力提升产生深远影响。本书认为，体育教学方法是指在体育教学过程中，为实现特定的教学目标和任务，由教师和学生共同参与的、具有指导性和可操作性的教育模式、教学方法和教学手段的综合体，包括教师的引导方式和学生的学习与练习方式。

一般而言，广义的体育教学方法可以分为以下三个层面。

首先，是"教学模式"层面，又被称作"教学战略""教学策略""教学方式"，其中包括快乐体育教学模式和探索型体育教学模式。

其次，是"教学方法"层面，也被称为"教学技巧"，本质上与传统教学方法的定义相符。比如，语言法和直观法便属于此类。

最后，是"教学手段"层面，又被称作"教育工具"。这是"教学方法"层面的一个组成部分，是指教师在教学中主要采用的工具和手段，如黑板、挂图、模型、秒表、哨子、节拍器、录音机、学习卡片以及多媒体演示等。

二、体育教学方法的类型

从研究整体来看，广大学者对体育教学方法的分类因其研究视角而异，多有不同侧重。根据体育教学方法的外部形态以及该形态下学生的认知活动，对体育教学方法进行系统分类，将体育教学方法划分为五大类，即以语言传递信息为主的体育教学方法、以直接感知为主的体育教学方法、以身体练习为核心的体育教学方法、以比赛活动为焦点的体育教学方法、以探究性活动为主的体育教学方法。根据信息获取方式将体育教学方法分为三类：视觉和听觉信息类体育教学方法、动觉和触觉信息类体育教学方法以及本体感觉信息类体育教学方法，该分类方法从信息感知的角度出发，为本书提供了更深入的理解。

然而，体育教学方法的多样性使其体系复杂多变，为了帮助高校学生更好地理解和掌握一般体育教学方法的类型及其运用要求，可以从以下几个方面进行分析。首先，从体育知识教学的角度来剖析不同的教育方法。其次，关注体育技术技能教学，探讨不同方法在技能培养方面的应用。最后，关注个性心理教学，了解不同方法对学生心理素质的塑造作用。

（一）体育与卫生保健知识指导法

体育与卫生保健知识指导法包含以下几种方法。

1. 讲授法

讲授法是指体育教师运用精练明晰的措辞，按照教学计划，传授体育与卫生保健知识。在运用讲授法时，需要遵循几个原则。一是确保所传授之知识既具有科学性，又有深刻的思想内涵。二是应不断提升授课语言运用的巧妙性与艺术性，以更好地引导学生理解所学内容。三是板书质量亦应予以精心打磨，以便学生的视觉学习与信息吸收。四是体育教师应调动学生学习的主动性，激发其求知欲望。唯有如此，方能有效实施讲授法，达到教育的预期目标。

2.谈话法

谈话法是教育体系中一种口头交流的形式，师生间运用学识经验互动，旨在启迪学生智慧，拓展其知识领域。此方法在实际应用中需谨慎权衡三大要素：一是在实施谈话法时，要审慎挑选话题，确保其切题并贴合教学目标；二是提问之方式应得宜，应根据学生年龄、认知水平等因素，采取不同形式进行提问，如开放性、封闭性或引导性提问，以促使学生深度思考与回答；三是务必在互动中激发学生积极思考，引导他们自主追求知识，从而积累知识，拓宽视野。

3.演示法

演示法在教学中意味着教师运用实物、模型等直观教学工具，或借助多媒体、投影技术、幻灯显示等先进设备，使学生更深入地理解或掌握体育领域的知识。在实施演示法时，几个关键步骤需要仔细考量：首先，明确演示活动的主旨和目标；其次，确保物资与工具的完备；最后，挑选恰当的时刻，采用最佳的教学策略。

4.讲练法

讲练法是教师在体育领域中，融合知识讲授与技能培训的独特方法。在实施过程中，首先，需要对照教学目的及内容，精准选择应用形态。其次，应为教学工具做足前期筹备。最后，对于学生的实践操作，加强教导和指引尤为关键。

（二）体育技术与技能指导法

体育技术与技能指导法是指根据运动动作技能形成的规律，加以教师的引导，使学生熟练运用体育技术并提升其技能素养。此策略主要分为语言法、直观法及完整法。

1.语言法

在体育教学中，语言法主要采用多样的语言手段，引导学生深入理解与掌握教学内容并进行相应的实践。其具体方式涵盖了讲解、口令与指示、口头评价、口头汇报、默念与自我暗示等多种形态。

（1）讲解。教师的教学职责之一是进行讲解，这一过程旨在向学生详细介绍教学目标、学习要求、所使用的教材、动作要领以及动作方法等方面的信息，以便有效指导他们掌握运动技能。然而，在进行讲解时，有几个关键方面需要特别注意，以确保教学的质量和效果。

第一，教师在讲解时应明确讲解的目的。这意味着教师需要清楚地了解自己的教学目标以及期望学生在课程中完成的具体任务。只有在明确了这些目标后，才能有效地传达给学生，使他们理解并牢记。

第二，讲解的内容应准确无误，同时要考虑学生的接受能力。这意味着教师需要使用清晰、简洁的语言，避免使用过于复杂或抽象的术语，以确保学生能够轻松理解所传达的信息。此外，教师还应根据学生的年龄和知识水平来调整讲解的内容，以确保其与学生的实际情况相符。

第三，讲解应该生动形象且简明扼要。这意味着教师需要通过生动的语言和实际示范让学生更好地理解与记忆所学的内容。精简扼要的讲解能够避免信息过载，使学生更容易吸收知识。

第四，讲解应具有启发性。这意味着教师不仅要传递基本信息，还要激发学生的思考和学习兴趣。教师通过提出问题、引发讨论或分享实际经验，可以帮助学生更深入地理解课程内容。

第五，教师需要注意讲解的时机和效果。讲解不应该是单一的信息传递，而应该是与教学过程紧密相连，确保学生能够在实际运动中应用所学的技能和知识。此外，教师还应该不断评估讲解的效果，根据学生的反馈和表现进行调整，以提高教学的效率和质量。

（2）口令与指示。口令是采用简洁的措辞以命令的形式引导学生完成集体活动，它在多种情境下发挥作用，包括但不限于队伍协调、基础体操训练等。指示则是另一种教学方法，其特点在于采用简明的语言以较为温和的口吻传达指令。例如，当学生的动作不够规范时，教师可能会以平和的语调指导学生"请再尝试一次"。又如，在学生进行双杠支撑摆动时，若其肩关节感到紧张，教师可能会用指示语言要求学生"请放松你的肩膀"，并重复强调"继续保持放松"。

（3）口头评价。口头评价是指在教学过程中，教师根据教学目标和学生的表现要求，以口头方式及时对学生的学术表现进行评估的一种教育方法。例如，当教师目睹某个学生成功完成肩肘倒立动作，确保双膝贴近，双脚尖保持张力，身体保持一条笔直的线时，教师即刻以口头形式赞誉："好，很不错！"

（4）口头汇报。口头汇报作为一种教学方法，要求学生根据课程要求和个人动作体验，以简明扼要的方式表达其观点。

（5）默念与自我暗示。学生的体能练习常借助默念与自我暗示，这是一种不同于口头表达的无声语言方式，以引发大脑中的有意识活动，促进其对动作技术的领悟与调控。默念即在进行动作之前，通过内在思维呈现整个动作流程及其关键要素，用默语来再现动作过程，以达到自我调控练习的目的。而自我暗示则涉及用简洁有力的指示性词句，在关键时刻激发自身的内在动力，以更好地完成动作。例如，在支撑跳跃的关键瞬间，通过暗示自己"稳住"，有助于维持平衡。

2.直观法

"直观法"是一种通过实际演示或外部辅助手段，利用学生的视觉、听觉、触觉以及肌肉本体感觉器官，直接感知并建立正确动作表现的教育方法，这一教育方法的实施形式多种多样，包括动作示范、直观教具、模型演示与视听手段，助力与阻力，以及定向与领先等技巧。

（1）动作示范。动作示范是指教师或由教师指定的学生，以具体的动作为范例，使学生能够深入理解动作的形态、结构以及技巧的要点。

在进行动作示范时，有几点需要特别注意。

第一，示范的目的应明确。每次示范都应该有特定的教学目标。这包括让学生全面理解动作的整体结构和节奏，或者关注特定的动作技术细节或难点。通常情况下，教师会对整个技术动作或某一特定技术环节进行示范，次数一般为 1~2 次，最多不超过 3 次。

第二，示范应准确无误。教师的示范应准确、熟练且具有良好的动作表现。

第三，动作示范的位置和方向应选择得当。示范的方向通常有四种选择：正面示范、镜面示范、侧面示范以及背面示范。教师应根据动作的结构和教学需要来选择适当的示范方向。如果教师需要向学生展示跳远的腾空步技术环节，那么最合适的示范方式就是侧面示范。

第四，示范与讲解应有机结合。为了充分利用学生的视觉和听觉，教师应该将示范与详细的讲解相结合，以确保学生能够理解动作的各个方面。

（2）直观教具、模型演示与视听手段。直观教具、模型演示与视听手段主要是在具体的教育场景中，借助多种教学工具，包括但不限于黑板、挂图、模型、秒表、哨子、节拍器、录音机、学习卡片、电影和录像等教学辅助设备，以直观而生动的方式呈现动作过程，从而实现教学内容的有效传达。

（3）助力与阻力。助力与阻力是两种力量，它们在塑造学生动作概念的过程中，通过引导外部干预和抵制外部干扰来实现，侧重通过触觉和肌肉感知使学生理解动作要领。例如，为了延长跳远中的"腾空时间"，可以采用改变起跳板的方式，将其替换为斜踏跳板，以增加垂直方向上的起跳力量，这就是助力的运用。在执行前滚翻技巧时，同伴可以用手推动练习者的后背，以帮助其完成动作，同样也是助力的一种体现。而在进行标枪投掷的关键步骤时，同伴则可以站在练习者身后，轻轻拉标枪的尾部，以协助练习者完成"鞭打"动作所需的背弓动作，这就是阻力的应用。

（4）定向与领先。定向是指通过使用具体的或形象的标志物，向学生传达执行动作的方向、幅度等信息，以促进他们对动作的直观理解和准确执行。以跳远为例,教师可以在助跑道上放置一个标志物,帮助学生掌握起跳和落地的位置,从而提高技能的执行效果。领先是指利用提前给出的信号和各种视听手段来激发学生的兴趣并引导学生完成特定动作,通过提前给出信号或使用视听辅助工具,吸引他们的注意力,使学生更容易掌握关键技巧和动作要领。

3. 完整法

"完整法"是一种传授运动动作的方法,其特点是不将动作分解为部分或段落,而是将其作为一个整体来传授,确保动作从开始到结束都得到完整展示和教授。

(三)以身体活动为主的指导法

以身体活动为主的指导法包含以下几种方法。

1. 游戏法与竞赛法

游戏法的特点是在规则允许的情况下,充分激发学生的主动性和创造性,以完成预定的任务。游戏法常常融合一定的情节和竞争元素,呈现出多样化的内容和形式。游戏法涵盖了游戏中的情节、竞争以及合作等要素,这些要素有助于培养学生的思维和判断能力,陶冶学生的情感,培养他们的心理承受能力。

运用游戏法时应注意以下几个方面。

第一,应谨慎选择游戏的内容和形式。需要考虑体能发展的需求以及明确定义的教育目标,然后制定相应的规则和要求,确保游戏达到预期的教育效果。

第二,强调教育学生严格遵守游戏规则,并在这些规则的范围内鼓励他们充分发挥自己的主动性和创造性,培养他们的纪律性和团队合作能力。

第三,在规则的执行过程中,公正、公平和严格至关重要,有助于激发学生对游戏的兴趣,并确保他们都有机会参与和竞争。

第四，应重视游戏的组织工作，包括精心布置游戏场地和提供必要的器材设施，确保游戏的顺利进行，并提供安全的环境。

第五，在游戏结束后，进行讲评是不可或缺的一部分。通过指出游戏中的优点以及存在的不足，可以帮助学生更好地理解他们的表现，从而提高他们的学习和发展能力。

竞赛法亦称"教学竞赛法"，是一项以组织学生参与比赛来促进体能、技能、心理素质和社会适应力的教学方法，广泛应用于体育教学领域。

在运用竞赛法时，应注意以下几点。

第一，竞赛法的运用应与教学目标、教材性质、学生的技能水平以及场地器材等因素相协调。不合理的竞赛安排可能对教学质量产生负面影响。因此，教师应当仔细考虑这些因素，以确保竞赛法的有效实施。

第二，合理的教学组织形式至关重要。通常情况下，比赛双方的实力应相当，比赛场地、器材和设施等条件应当尽量保持一致，以确保学生在公平的竞争环境中发挥自己的最佳水平。

第三，教师在使用竞赛法时，需要注重学生体能和技能的提高，强调体育的人文价值观，包括尊重对手、合作精神、公平竞争和道德行为等方面的教育，以培养学生的综合素质，使其在竞争中不仅能取得成功，还能在人际关系和社会中有出色的表现。

2.循环练习法

循环练习法是一种针对教学需求的方法，其核心理念是在选择若干练习手段后，设置相应的练习站点，学生按照特定顺序和练习要求，循环依次进行练习。循环练习法可有效控制与调整练习的密度和运动负荷，合理安排学习过程，并且能够激发学生的练习兴趣，促进体能的全面发展。需要明确的是，循环练习法实质上是一种练习方法，而非教学方法。然而，它同样可以作为一种教学组织方法被加以运用。在实际应用中，循环练习法存在多种变体，其中主要包括分组轮换式和流水式两种方式。

（1）分组轮换式。为了提高学生的学习效果，可以采取将学生分成多个小组的方法，使他们能够在不同的作业点上进行练习。在一定时间后，可以进行轮换，让每个小组都有机会参与不同的学习任务。

（2）流水式。在组织学生进行循环练习法时，需要注意以下几个关键方面，以确保教学的有效性和学生的全面提高。

第一，应根据教学任务、教学条件、学生特点以及场地器材等实际情况来确定循环练习的内容、数量和方式。不同作业点的要求应作为考量的重要因素之一。建议限制练习站的数量，通常控制在3～5个为宜。

第二，练习内容应控制在学生可以完成的水平，合理结合基本活动技能、身体素质、心理素质以及兴趣激发的要素，有助于学生的多方面发展。

第三，练习站的负荷大小应在学生最大负荷承受能力的1/3～2/3，而且这些负荷大小应该轮流安排在不同练习站上。此外，应根据学生的具体情况，在循环练习之间合理设置间歇时间，以确保他们能够得到适当的休息。

三、体育教学方法的特征

（一）强调学生的创新性

传统的体育教学方法主要着眼于传授学生基础知识和基本技能，而现代体育教学方法则以激发学生的创新潜能为核心理念。未来社会渴望拥有创新能力的人才，这使得现代教育不可避免地专注培养学生的创新能力。

深厚的创新意识有助于培养学生强烈的求知欲望。基于已获得的知识和经验，学生将能够多角度审视问题，并积极探索问题的解决途径。学生通过不断积累成功经验，逐渐养成了研究问题的习惯，进一步巩固了创新思维，促使创新能力得以发展。然而，若忽视了创新能力的培养，将限制学生的思维空间。此时，学生可能会沦为教师知识的机械复制者，无法培养出具备创新精神的未来型人才。

（二）师生活动的多边性

近年来，学术界对教学方法的理解和研究经历了深刻的变革。传统观念认为，教学是教师与学生之间的单向互动，教师扮演主导者的角色，学生则扮演被动接受者的角色。然而，现代教育范式引入了一种全新的理念：教学不再局限于简单的线性互动，而是变成了一个多元交流的体系。这一体系不仅包括教师与学生之间的互动，还深入挖掘了学生与学生、教师与教师之间的互动关系。换言之，学生不再仅仅是知识的被动接受者，他们可以通过与同学互动获得更多启发和灵感。同样地，教师之间的合作和交流也为提升教育质量提供了新的视角。基于这一观点，现代教育范式强调，各个学科的教育和培训都应该在这种多层次的交流框架下展开，这一理念的演进在一定程度上有助于优化教育资源的配置、减轻教学压力，并提高学生的创新思维能力。

（三）突出学生的主体性

在现代体育教学理念中，教师的引导者角色备受认可，同时强调了学生的积极参与和主动地位。教育方法的核心理念体现了教师与学生之间协同互动的精神，教师与学生相辅相成。相对而言，传统的教育模式常常使学生过于依赖教师，在某种程度上限制了学生的自主性和创造力。学生通常是被动地遵从教师的指令，执行教师布置的任务。

（四）注重学生学法的指导性

在体育教育领域，人们可以明显察觉到教育过程中涵盖了两个核心要素，即"教"与"学"。基于此认知，教学方法论的设计应该全面考虑与教育和学习相关的策略。教育的首要目标在于促进学生的学习过程，因此确保学生学习的质量和效果至关重要。为了达到教育活动的预期成果，教师应深入研究学生的学习需求和方式。在现代教育方法中，学生的学习策略备受重视。这一关注点的背后是协助学生掌握更为系统化和科学化的学习技巧。因此，对于学习计划的制订、课程内容的组织以及教学方法的应用，都需要提供深入的指导和建议。

（五）美育的融入性

体育教学的核心理念强调采用战略性手段，深入挖掘并应用体育教材和实践活动中蕴含的审美元素。这一理念旨在建立一个充满审美特质的教学背景、行为方式和环境。与此同时，教师的关键任务是深化学生对各种美的认知，包括但不限于时代美、社会美、艺术美、人体美以及运动美。这一努力的目标是确保学生在体育活动中能够感受到审美的魅力。

美的探索并不局限于简单地理解和欣赏，还包括对其内在结构、普遍规律以及价值的深入研究。因此，体育教学需要着重关注这些要素，并将其纳入教学策略和方法的范畴。这些要素不仅仅是学校体育教学目标的一部分，更是其不可或缺的组成部分。总之，当代体育教学需要采用多角度、多维度的方法，以确保"美育"与体育教学紧密结合，共同推动学生全面发展。

第二节 体育教学方法选择及应用

一、选择体育教学方法的主要依据

（一）依据教育理念选择

教学方法的选择深受教学理念的影响，其中，现代体育教学的指导原则尤为关键。明确的指导原则如下。

（1）在当今体育教学领域，素质教育受到了广泛关注，特别是学生的全身心健康成长。因此，体育教学方法应秉持"以人为本"的理念，确保在学习和参与中坚持"健康第一"的教育理念。此外，体育教学方法还应激励学生提高其体育学习的热情，从而鼓励他们长期参与"终身体育"活动。

（2）体育教学方法应确保学生在体育学习中占据核心位置，强化学生的核心地位，激发其学习的热情和积极性。

（3）在设计体育教学方法时，体育教师应注重培养学生的体育意识和能力，这为学生毕业后更好地参与社会体育活动提供了坚实的知识和技能支持。

（二）依据教学目标选择

选择适当的教学方法与前期所确立的一系列教学目标和教学任务有密切的关系。教学目标作为体育教学方法选择的主要指引，对于实现有效的教学过程起到了决定性作用。针对体育教学的目标，有以下几点关于教学方法选择的建议。

（1）所有的教学方法应当基于体育教学的宏观目标，确保每门课程的独特教学目标与长期的整体目标均得以满足。

（2）在确定教学方法时，应深入分析教学媒体的适应性。考虑其能否达到所定的教学目标，并根据具体目标灵活运用各种教学媒体。

（3）针对具体教学活动，选择的教学方法应当反映出对其微观教学目标的关注。例如，为了帮助学生巩固已有技能，推荐采用练习法和比赛法。而对于新技能的传授，应偏向采用讲解、示范、分步教授及模仿练习等策略。

（4）当代体育教学的主要目标是"促进学生体魄强健、身心健康"。因此，每一种教学方法的选择都应当与这一核心标准相符，而非仅仅侧重短期目标的达成。需要强调的是，即便是短期目标，其最终目的也应当是支持和服务于长期的教育目的。

(三) 依据教学内容选择

在体育教学领域，教学内容和方法是系统的两大核心要素，两个要素相互关联，选择合适的教学方法，应深入分析和理解教学内容，确保内容的准确传达，提高教学效果和学生的学习体验。因此，教学方法的选择应充分考虑教学内容。操作要求如下。

（1）针对不同的体育教学内容，其实施方法应有所不同。例如，对于技术动作的教授，推荐使用示范法。因为这种方法允许教师为学生展示具体的动作流程，有助于学生形成清晰的技术动作模型。而对于理论知识的传授，则更倾向于语言讲解，通过逻辑串联和概念解读，使学生对体育学原理有更深入的认识。

（2）在选择教学方法时，教师应从学生的接受角度出发，判断哪种技术手段能更有效地呈现教学内容。例如，有些教学内容通过图片展示能够更为直观地传达给学生，简化复杂的知识结构。而多媒体教学方式，如视频、动画等，能够为学生提供更为细致和生动的学习体验。因此，教师在确定教学方法时，不仅要考虑教学内容，还要根据内容的特性和表现形式，进行综合判断。

(四) 依据学生特点选择

体育教学的核心目标是学生，因此，任何相关的教学活动如果摒弃了学生，其存在将失去内在价值。对于从事体育教学的教师而言，选择科学且适当的体育教学方法，是为了更有效地加强学生在体育领域的学习经验。因此，在教学方法的决策过程中，首要任务是认真分析学生的特质。

在整个体育教学领域，选择适当的教学方法不仅需要基于学生群体的整体特性，也需要深入挖掘学生个体的独特属性。具体而言，教学方法的制定应紧密围绕以下两个重要的维度。

（1）当考虑学生群体的整体特性时，重要的是识别并把握该群体的共同属性，并据此选择既全面又有针对性的体育教学方法。例如，对于低年级的学生，游戏式的教学方法可能更为合适，因为这更能引起他们的兴趣；而对于高年级的学生，他们可能更倾向于探索性和发现性的学习方法。

（2）考虑学生个体的特质也至关重要。认识到每个学生的独特性并基于此选择教学方法是至关重要的，每个学生都有其独特的学习方式和兴趣，对于体育教师来说，灵活调整教学方法以适应个体差异是提高教学效果的关键。

（五）依据教师条件选择

在体育教学领域，教师的角色被赋予了较为关键的地位，是教育活动的组织者和导引者，肩负着选择并执行恰当的教育方法的任务。在此过程中，对于教育方法的选择，教师的个体条件至关重要。以下为该选择过程中的关键要素。

（1）当考虑采用某一体育教学方法时，应确保该方法能够为那些具备特定素质、知识体系、教学能力及经验的教师所掌握，并能够科学和高效地发挥其潜在优势。

（2）在筛选教学方法时，应重视教师的个人教学风格和性格特点。

（3）教师在选择教学方法时，还应对照其设定的本课目标以及预期的课堂管理方法。

总之，在体育教学方法的选择过程中，教师应深入反思，综合自己的特点和实际情况，确保所选方法既能发挥其优势，又能具有明确的目标导向性。

(六)依据教学环境与条件选择

特别是与客观教学环境和条件紧密关联的要素，这些环境和条件因素，不受人们主观意志的影响，对确定具体的教学策略起决定性作用。

具体来说，教学环境的构成包括场地设备、学生数量和课时安排。从宏观层面来看，社会文化背景对教学环境也有着显著影响。同时，与体育教学相关的条件可以分为硬件设施和软件资源两大类。

为了确保教学方法的有效性和适应性，体育教师应深入评估上述客观因素对特定教学方法的支持度。在决策过程中，教师需要充分考虑所选方法是否与现有环境和条件相容，并确保所选方法能够在实际操作中得到恰当的实施。总之，体育教师在选择教学方法时，应将注意力集中在与教学活动相关的各种客观因素上，并确保教学方法的选择与相关因素紧密联系，以实现教学目标的最优化。

二、体育教学方法选择和应用的原则

(一)目标性原则

选择适当的教学方法是为了达到预定的教学目的。教学目的为教学方法的选择提供了明确的指导，而有效的教学方法则有助于这一目的的成果化。因此，当选择采取何种教学方法时，需要确定预定的教学目标，思考如何通过该方法达成这些目标，只有确保所选择的方法与预设目标高度契合，才能确保教学过程的卓越性，并成功执行相关的教学任务。

(二)有效性原则

在选择教学方法时，不得忽视其对完成教学目标的影响。具体来说，所选择的教学方法应当具备促进教学品质并成功实现教学目标的能力。然而，某些教学方法的步骤可能相对复杂，需要更长的时间来执行，可能对其他教学内容造成干扰，从而降低全局的教学表现。如果教学方法引发此类后果，其有效性就存疑，有可能妨碍教学流程的正常进行。例如，某高校体育教师在引导学生进行跑步锻炼时，结合了多媒体教学与实地训练的方法。然而，跑步在教学上是一个相对直接且简单的项目。过多地依赖多媒体教学可能会浪费宝贵的时间，并对教学表现产生不利影响，从而影响教学的整体效果。

（三）适宜性原则

体育教学中各种教学方法的采纳并非随意而为，而是依赖特定的教学环境及目标受众。关于这些方法的适用性，可以从两个维度进行深入探讨。首先，需要考虑教学方法与学生的匹配程度。具体来说，教学方法能否适应学生的身心特质，是否与其发展阶段高度契合。其次，教学方法与教师之间的协同性也同等重要。所选择的教学方法不仅要与学生相契合，还要与教师的专业能力和教育经验相协调，只有当教师和教学方法之间达到平衡，才能充分利用教学的潜在优势。例如，在针对低年级学生的体育教学中，选择与学生当前认知和身体成长相一致的教学方法尤为关键。对于这一特定群体，讲解法、动作示范法等方法可能会更为适宜，因为这些方法与他们的认知和身体状况更为接近。

（四）多样化原则

体育学科的内涵较广，其配套的教学方法也颇为众多。每种教学方法都承担着特定的功能与角色。为了充分发掘体育教学的潜能，应综合运用多种方法。采用多元化的教学方法不仅有助于充实体育课堂的内容，也有助于调整课堂的环境，激发学生的积极性和自我驱动力，促使学生更加专注，从而提升教学品质。

（五）统一要求和因材施教相结合原则

在高校中，体育教学的目标主要是根据每个学生的特点进行个性化培养。为了达到这一目标,体育教学方法应综合考虑学生的整体属性及需求,即体育教学应从学生的共同性出发,确保其教学方法对大多数学生均具有吸引力和可行性。在选择教学方法时,应确保其实用性和易用性,确保不会给学生带来过高的学习难度,并充分利用各种体育器材和资源,根据学生的特性为学生提供指导的同时,需要考虑他们的特殊需求、生理差异和个性化发展。

在体育教学过程中,教师应对教材进行深入分析,掌握其核心思想和潜在的挑战,深入研读教材,采用具有实证效果的教学手段和方法,关注教学内容的重点、难点,并寻找突破这些难点的方法,是提高体育教学水平的关键。另外,教师还需要深入探讨知识、技能、技术与身体能力提高、体能锻炼之间的相互关系。此外,教育的目的不仅是满足基本的教学要求,还包括根据学生的个性、特长和兴趣进行培养。在这个过程中,教师需要详细了解学生的性别、年龄等特点,并在此基础上采取有针对性的组织措施和策略。综上所述,为确保教学方法的针对性和实效性,促进高校体育教学发展,应综合运用统一标准与因材施教的策略。

三、有效应用体育教学方法的具体建议

(一)注意影响体育教学方法的因素

为了实现最佳的教学效果,体育教师应善于综合运用不同的教学方法。在体育教学领域,专业理论知识至关重要,尤其是与教学法相关的知识。若体育教师拥有丰富的专业理论知识,就能够在选择和运用体育教学方法时获得更好的效果。在实际的体育教学实践中,体育教师的教学经验、教学技巧(包括应变能力)以及教学艺术(包括语言表达艺术、动作表演艺术以及组织艺术等)都会对体育教学方法的运用产生重大影响。因此,提升体育教师的素质,尤其是提高他们运用体育教学方法的

水平，是提高体育教学方法有效性的关键因素。

然而，体育教学呈现为一项双方互动的活动，其教学方法之成效紧密依赖于学生的多种因素，有时甚至可以被视为决定性因素。例如，当学生缺乏对体育课程的兴趣或无法集中注意力时，即便体育教师提供了准确、生动的解说，以及卓越的动作示范，教学效果亦不见得有所提升。学生的学习动机、积极参与度、自发性和创造性思维，以及他们独立分析和评估知识与方法的能力，乃至运动技巧水平、生理成熟度、人际关系（包括师生关系和同学之间的互动）等因素，无不对教育成果产生深刻的影响。

体育教学的物质技术条件、周边环境等要素，在学习过程中具有重要作用。以体育馆内的授课为例，这一环境有助于降低外部环境因素的干扰，从而对体育教学的效果产生积极影响。因此，除了强调个体的影响因素外，也不可忽视物质层面的因素。

教育过程本身具备动态性质。考虑到这一动态性，教育方法的应用要求教师在备课阶段应充分估计可能出现的新情境，为应对不同情况做好充分准备。此外，在实际授课中，教师应以灵活性和创造性来主导教育过程，以最大限度地提升教育效果。

（二）注意运用体育教学方法的有关理论

尽管理论源自实践，但其地位超越实践，为实践提供了指导。运用体育教学方法既是一个实际问题，又是一个深刻的理论难题。条件反射与学习理论精确地勾勒了人类行为的某一侧面，或者说是一个关键部分，然而，将其奉为唯一的理论视角显然是不妥的，因为将人类视为机械的观点更加不切实际。在探讨体育教学方法的应用时，需要建立坚实的理论基础，这个基础不仅局限于生理学领域，还需要充分借鉴唯物辩证法的基本原理、系统论的理念、教育学和心理学等与体育教学密切相关的学科理论知识。只有在这种跨学科的基础上，才能进行创新性的研究，为高校体育教学方法的改进提供理论支撑，使其更加系统化和专业化。

（三）注意体育教学方法的有效配合

体育教师在其日常教育工作中，需要涵盖相关领域知识，并传授学生学习技巧。教师还需要不断进行创新性研究，不断实践，并总结出一套独特的教育方法，以适应不断变化的教育需求，提高自身的专业水平，同时为后代教育者带来实际益处，对学生的成长和社会的进步具有积极意义。

第一，无论采用何种体育教学方法，都应确保教师和学生之间的活动协调一致。在运用体育教学方法时，需要综合考虑体育教师的教授方式以及学生的学习方式，需要在教学过程中提高教师与学生之间的协调性，教师应该思考如何有效地传授知识，而学生则需要思考如何更好地吸收和理解所教授的内容。

第二，在实施体育教学方法时，教师需要综合考虑学生的外在行为和内在状态。学生的外在行为包括关注度、情绪状态、动作技巧、出汗情况以及面部表情等方面。教师通过观察这些外在表现，可以获取有关学生学习积极性、主动性、体力水平以及学术成果等方面的反馈信息。学生的内在状态和变化在心理、生理、生物化学方面得以显现，这些内在活动与变化通常在提高学习效率和学术成果方面具有至关重要的作用。因此，在运用体育教学方法时，教师需要将引导学生外在行为的策略与激发学生内在状态的方法相结合。更重要的是，教师应不断保持两者之间的平衡，以适应学生内外在活动的不断变化，确保学生在学习过程中充满活力，积极主动。

第三，在体育教学领域运用体育教学方法时，应特别关注学生在不同学习阶段的知识和技能的协调发展。初学阶段的学生通常依赖模仿学习，他们可能会模仿教师的示范，或者模仿其他同学的动作。学生通过反复练习，逐渐掌握了运动技巧后，就能够摆脱单纯的模仿，开始根据个人的特点创造新的动作，标志着他们进入了"创造型"学习阶段。因此，在运用体育教学方法时，应敏锐地捕捉学生学习方式的演变，促使他们从"模仿型"向"创造型"转变，同时巧妙地将这两种学习方式有机地结合起来。因为每个学生的学习速度和方式有所不同，在教育实践中，要注重考虑学生的个体差异，确保他们在学习体育时能够充分发挥自身的潜力。

第三节　符合现代教育理念的体育教学方法

一、现代创新体育教法

（一）探究教学法

探究教学法也被称作"指导发现教学法"，凸显了学生的主观能动性。在体育教育领域，教师精心设计了各类教学环节，使学生在这些环节中得到启发，进而逐步寻找、讨论并解决相应的问题。探究教学法与现代教育的理论要求相契合，体现了新体育课程中对学生主体性的强调。基于此，探究教学法在体育教学实践中得到了的关注，并在体育运动教学中进行了实证，显示出了其出色的教学效果。

探究教学法的体育教学应用形成了一种独特的教与学相结合的模式。该模式强调了教师的"教"与学生的"学"之间的深入互动。该教学法在战术以及攻防技术要点的教授中尤为适用。其具体的实施过程如下。

（1）学生应对即将学习的教学内容进行预习，并在此过程中识别出现的疑难问题。

（2）教师需要运用指导语言对教学内容进行适当的调整。同时，为了帮助学生更好地理解和解决他们在学习中遇到的问题，教师应提供一些相关的观察数据和分析材料，使学生直观地感知。

（3）在体育教学实践中，注重创建特定的教学环境至关重要，鼓励学生积极探索和研究，从而更好地吸收知识和技能。

（4）教师应对整个教学过程进行深入分析，然后进行综合归纳，总结关键点与要义。

（二）合作学习教学法

合作学习教学法是将学生分成不同小组，让其以团队形式完成指定的学习任务。合作学习教学法能够有效培养学生的合作和竞争意识，对于强调团队合作如足球这样的团队运动，起到了至关重要的促进作用。

在当代体育教学环境中，大量的教学活动强调学生的集体参与。即使是注重个人技能的体育项目，在技能训练的实施过程中，与其他参与者的协同合作也成为关键。例如，运动员在进行某一技能的训练时，往往需要队友的配合或教练的指导。由此可见，合作学习教学法在增进学生间的协同合作、提高其团队协作的意识与能力上扮演了关键角色，同时对优化教学环境和提升学习氛围起到了积极的作用。

（三）多元反馈教学法

新的课程标准强调了学生在体育教育领域的核心位置，和谐的师生互动也受到了越来越多的关注。多元反馈教学法正是基于这样的背景下，提出了一种推崇教师和学生在学习阶段形成紧密合作的方式，此方法尤为注重教师与学生以及学生与学生之间信息交流和反馈的实时性。在整个教学流程中，激发学生的积极性、主动性以及创造力是关键，确保教学信息的多维度流动，有助于学生在吸纳系统知识的过程中，进一步实现个人的全面成长。

在高校体育课程开展过程中，多元反馈教学法被视为一种先进的探索。为确保此方法的有效性，应考虑以下几个要点。

（1）信息交互应被视为关键通道。在整个教学流程中，教师与学生之间，学生彼此之间，还有学生与教材媒体之间，都需要确保信息的反馈是及时且有效的，以信息的相互反馈作为主要的线路能增强沟通，提升体育教学成果的核心要素。

（2）为保障教学的连续性与一致性，教师需要有能力迅速并准确地识别各类反馈信息。在捕获到数据后，要进行归纳和分析，根据反馈对教学进程进行适时调整和修正。

（3）面对从各方获取的反馈信息，教师应具备准确评估其正负影响的能力。对于庞杂的信息，教师不仅要进行整合，还要及时将相关的、对学生有意义的信息传递给他们，使学生对自身存在的问题和不足有更深入的了解，并针对性地进行调整，从而确保教学的过程和结果都能受到有效的监控与管理。

（四）多媒体技术教学法

随着计算机信息技术的逐渐壮大，多媒体技术得以突破和成长。多媒体技术在教学领域的应用已经历时较长，并因其独特的可嵌入性和卓越的交互性得到广大师生的积极反馈。随着多媒体技术的逐步进化，体育教学手段也愈发多样化。实际上，这项技术在体育教学中，尤其是在体育理论课程的教学中，已经被广泛采用。

与传统的教学手段相比，多媒体技术成功地将体育运动的相关视频、图片和 Flash 等视听资料融入课堂，丰富了学生的视觉和听觉体验，还为包括体育运动在内的各个体育教学领域提供了一种全新的教学模式。学生通过这种综合的方式，可以更加直观地理解和掌握相关知识，从而确保教学过程的效果达到一个新的高度。

在当今的教学领域，随着多媒体设备和软件的逐渐增加，输出设备的便携性也在持续提升，为学生提供了更为便捷的学习资源，如随时观看的视频或图片。移动设备如手机、平板电脑和笔记本电脑的广泛应用，已成为体育教学中课件展示的核心工具。

传统的教学工具，如收录机、播音机、手鼓和节拍器，已逐渐被多媒体教学手段所取代，使得体育教学变得更为智能化。相较于传统方法，多媒体教学展现出了集成性、便利性、生动性、立体性、交互性、即时性和长期储存的优势。

（五）计算机网络教学法

在当代的计算机科技与网络通信技术的支撑下，体育教学呈现出生动、互动及高交互性的特征。计算机网络教学不仅对传统的课堂教学模式进行了颠覆性的改变，还为教学赋予了更为广阔的时间和空间维度。

当前阶段，体育教学领域主要利用计算机网络技术来构建学习平台。回顾历史，可以看到早期的网络论坛系统主要由教研机构进行管理和维护。然而，随着技术的进步和应用的普及，众多知名高校已经在其官方网站上搭建起了专属的网络论坛系统，以此作为与互联网连接的桥梁，实现教学的网络化。借鉴校园计算机网络的建设以及学生网络设备的广泛使用，可以预见，未来有望构建起一个包含多样化教学内容的综合性体育网络课程体系，如图4-1所示。

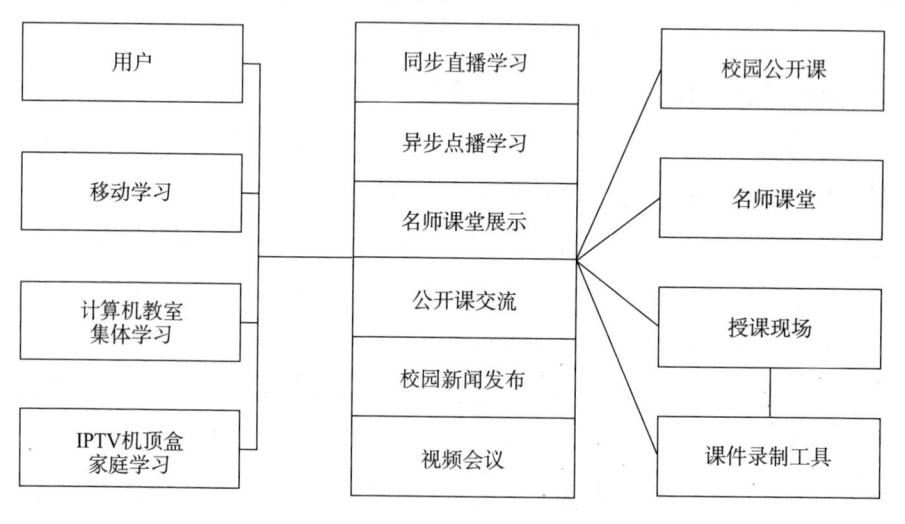

图4-1 高校计算机网络教学系统

与传统体育教学方法相比，在新的依托计算机网络的"教"与"学"的交互平台上，师生及学生彼此间得以借助在线对话、电子邮件、在线留言等手段实现深度互动。这样的交互不仅打破了时空的束缚，还进一步拓展了教学的维度，为优化教学成果提供了可能。

相较于多媒体技术，网络教学展现出更高的智能化特点，在这一模式下，教师依赖的教学资源和工具均已数字化和集成化。课程材料主要以电子格式出现，如此设计的好处在于，网络课程中的即时模拟教学、在线作业批改等功能，能够确保课程的连续性。此外，师生间的交互性得到了显著增强，这样的教学环境注重针对性、实际应用价值及吸引力，为学生提供了一种与众不同、趣味横生的学习体验，推动学生在体育运动领域的学术进展，有助于教师在体育教学领域内的教学技能提升，形成一种互补与共同成长的积极循环。

二、现代创新体育练法

（一）模式训练法

基于规范模型的训练称为"模式训练法"，该训练法与其他训练手段存在明显的差异性，主要表现在以下两个方面。

（1）信息化。模式训练法对信息的需求度较高，即在针对特定情境和环境进行训练之前，首要的任务是对相关信息进行深入收集和整合。

（2）定量化。模式训练法强调对训练内容、方法和步骤的精准度管理。具体而言，所有的训练环节都应受到定量的监控，这样才能确保在整个过程中，可以根据实际情况灵活进行调节和优化。

（二）动作组合训练法

动作组合训练法是一种综合性的训练方法，旨在将多项技术动作有机地结合起来，特别适用于操类运动和球类运动的基础技术动作练习。教师通过这一训练方法，可以使训练内容更加丰富且多样化，为学生提供更全面的训练体验。

1. 动作递加法

动作递加法是通过将两个或多个动作相互连接以进行练习的方法。在教授一个特定的动作或一系列动作时，必要时需要将它们迅速与之前已学过的动作或组合相结合，以进行有机练习。这一训练方法可以分为以下几个步骤。

（1）掌握 A，随后学习 B，并将其与 A 进行整合形成 A+B。

（2）学习 C，并与前面的组合相连形成 A+B+C。

（3）学习 D，然后将其与前述组合相结合，形成 A+B+C+D。

2. 过渡动作法

在教学过程中，为了使学生更容易掌握新动作或各种组合，引入了一个简易过渡动作的练习作为连接手段。具体的教学步骤如下。

（1）先让学生学习 A，接着掌握 B，并将两者进行结合形成 A+B。

（2）继续让学生对 B 进行深化训练，并与新动作 N 进行结合，形成 B+N。

（3）进一步推进，引导学生练习 A+B+N 的完整组合。

（4）在学生熟悉 C 动作后，将其与先前的组合 A+B+N 连接，形成 A+B+C+N 的组合。

（5）当学生学会 D 动作时，再与 A+B+C 进行结合，从而实现 A+B+C+D 的完整组合。

3. 动作组合层层变化法

在动作组合的逐步调整中，层层变化法是一种系统化的方法，其核心理念在于每次仅对单一动作进行微调，从而实现从一个动作组合向另一个动作组合的平滑过渡。该方法具体描述如下。

（1）开始学习和练习动作 A、动作 B 以及动作 C。当对这三者有所掌握后，针对动作 A 进行微调，得到其变化后的形式——新 A，并随后学习和练习动作新 A，同时继续练习动作 B 和动作 C。

（2）对动作 B 进行相应的调整，从而得到动作新 B。在此基础上，继续学习和实践动作新 A、动作新 B 以及原先的动作 C。

（3）对动作 C 进行修改，得到动作新 C。此时，便可以学习和练习动作新 A、动作新 B 和动作新 C。

（三）信息化虚拟训练

在体育训练领域，通过信息技术构建的虚拟环境起到了至关重要的作用。信息化虚拟训练主要涉及利用现代的生物力学技术和计算机技术去模拟特定的视觉效果，为运动员在这种模拟的环境中提供一个真实感强烈的体育训练体验。

例如，篮球作为一项需要高度战术配合与团队协同的运动，对运动员的战术感知、决策能力和反应速度提出了较高的要求。传统的篮球战术训练主要通过现场模拟、视频分析等方式进行，但在某些方面仍存在局限性。然而，随着技术的发展，尤其是3D游戏技术和虚拟现实技术的崛起，为篮球战术训练带来了前所未有的机遇。为了更接近真实比赛的场景，3D游戏技术能够详细再现国际比赛的环境，如球场的布局、球迷的氛围、对手的战术布置等，高度仿真的场景为运动员提供了一个沉浸式的训练环境，使他们能够在虚拟情境下进行战术演练。利用虚拟现实技术，学生可以戴上VR眼镜，身临其境地参与到这个模拟的比赛环境中，不仅增强了训练的真实感，还使得学生能够从多角度去观察和感知场上的战术布置。例如，他们可以从球员的第一视角去观察对手的布局，或者从高空视角去全局考虑如何布置战术。

又如，蹦床训练在体育领域是一项高度技巧性的项目，其中，身体的协调性、精确的跳跃与降落技巧以及掌控复杂动作的能力是至关重要的。利用虚拟技术，蹦床训练可以在模拟的比赛场景下进行，为学生提供了一个真实感强烈的环境，使得训练更接近实际比赛的条件。更为重要的是，这大大减少了学生受伤的风险，因为他们可以在没有物理冲击的情况下模拟跳跃和降落。在这种虚拟环境中,学生可以重复练习特定的动作,直到达到理想的标准,也可以从多个角度对自己的动作进行判断和调整。例如,学生可以观看自己的跳跃轨迹、身体姿势和动作的细节,从而对其进行改正。此外,虚拟蹦床比赛场景还可以为教师提供丰富的数据和学生的反馈。通过分析学生在虚拟环境中的表现,教师可以更准确地判断学生的技能水平、潜在的问题以及需要改进的地方。

第四节 当代高校体育教学方法的创新与发展

一、当代高校体育教学方法的创新

(一)高校体育教学方法创新的背景

当前,社会的各项发展均已迈向全新的阶段。作为国家人才培育的基石,高校教育应与时俱进,按照当下的社会要求进行教学创新。在这个时代,培养出的人才应当与"德智体美劳"教育原则相协调,旨在达到"全面发展"的标准。而在新的背景下,对人才的基本素质提出了更为严格的要求,除了对"德智体美劳"的知识和技能进行培养外,对核心素养的关注也尤为重要。从体育教学的角度来考量,体育素质是指通过体育训练实现学生在身体、心理、体育文化以及终身体育能力等方面的全面发展。然而,当前我国高校的体育教学实践,仍然局限于基础的身体训练、理论知识授课以及体育技能的教授。终身体育的理念尚未被广大学生普遍认同和接受。基于上述现状,高校亟须对其体育教学方法进行改革创新,通过更新教学方法助力高校体育教学完成从传统模式向现代理念的转型,不仅对于推进高校体育教学实践具有关键性的意义,而且有助于构建完善、切合现代需求的教育体系。

另外,高校体育教学方法创新也十分必要。例如,随着我国进入新的发展阶段，体育教学的重要性受到了前所未有的关注。为此，我国相继推出了"阳光体育理念"以及培养学生的"终身体育意识"。并且，国务院办公厅发布了《关于强化学校体育促进学生身心健康全面发展的意见》。因此，在这样的教育政策环境下，对于高校来说，更新其体育教学观念已成为当务之急，有助于推进高校教育教学的现代化进程，将为我国培育出更具现代化特质的体育人才奠定坚实的基础。

（二）高校体育教学方法创新的重要意义

高校体育教学方法创新是在政策背景以及时代发展背景下提出的重要教学改革意见，对高校教育的开展与实施产生了深远影响。高校体育教学方法创新在教学领域的积极效果并不止于此，它对学生个体的成长和体育事业的进步均产生了有益的推动作用，成为驱动教学及相关领域向前发展的关键因素。

第一，体育教学方法的创新在一定程度上提高了高校体育教学的效率，是高校体育教学的一次显著进步。体育教学方法的创新深度探索了教育的相关理论层面，而且从目标和方法上进行了革新，从而确保了高校体育教学更为科学地展开，满足了当代社会对教育进步的期望，且与学生对体育教学方式的期待相一致。正是由于教学方法上的创新，高校体育教学得以更好地适应现代学生的体育心理与需求，回应他们的体育兴趣，并采取有效的预防措施。因此，体育教学不再是浅层地传授知识，而是深入地培育学生的体育精神和觉悟，对于推进学生的体育教学，此类方法同样具有深远的影响，显著提高了体育教学的成效。

第二，从学生个体角度来说，对体育教学进行优化与创新可以对学生的身体健康、体育知识与技能的掌握、体育意识的塑造以及在体育领域内的进一步成长产生显著的正向效应。创新的教学方法使知识与技能传授变得更为高效，有助于学生更好地吸收并产生对体育学科的浓厚兴趣。培养学生对某一学科的兴趣乃是提高学科素养的关键，只有当学生对体育产生浓厚的兴趣时，他们才能更深入地接受体育精神教育和体育意识教育。而通过体育教学的创新手段，旨在塑造学生的终身体育观念。在体育学习中，学生不仅可以学到体育技能，还可以学到勇敢面对困难的精神，这一精神被很好地体现在"不怕困难、迎难而上"的理念中，从精神层面为学生带来了价值，并为他们的未来生活提供了坚实的基础。

（三）高校体育教学方法创新路径探索

1.高校重视体育教学方法创新，应落实具体举措

高校只有重视体育教学、重视体育教学方法创新才能确保高校体育教学方法优化，最大限度地提升高校体育教学质量。实际上，对于体育教学方法的优化，关键在于高校对其重视和投入程度。此外，持续的教学方法革新也成为确保教学改革顺利推进的关键要素。因此，为了在体育教学方法创新实施中取得最佳效果，高校应加强对体育教学核心环节的重视。具体而言，推进体育教学质量的提高可以从以下几个维度进行。

第一，高校应该致力创新体育教学方法的规划，这一创新的过程应该以"自下而上"的方式展开，注重改革教学方法，以提高整体教学质量和效果。在实施教学计划时，应从多个方面入手，包括教学方法、教学质量以及教学效果，这些方面应该得到全面的优化和升级，旨在最大限度地确保高校教育教学达到最佳状态。

在高校教学方法创新过程中，需要特别关注与体育教学相关的问题，针对性地提高教育教学质量。在这一过程中，应对本校的体育教学方法现状进行深入调研，以了解问题所在；审视当前国家和地区提出的体育教学方法改革策略，以确保对其有透彻的理解；旨在实现高校体育教学的全面优化与改善，以确保教育教学实践更具积极性与合理性。高校在体育教学方面的创新教学重点应该着眼于"自下而上"的方法改革，综合优化教学环节，提升教学质量，以实现预期的教育教学效果。

第二，高校对于创新体育教学方法的重视，迫切需要得到综合而有

力的支持。这种支持涵盖了财政、政策和技术等方面，旨在促进体育教学方法的现代化创新。在体育教学方法的创新过程中，引入先进的器材、设备等新兴工具，无疑需要大量的财政投入。因此，高校在进行体育教学创新改革时，各有关部门应提供必要的财政支持，以便通过财政手段优化和促进高等教育中的体育教学方法创新，确保高校体育教学的发展更为积极合理，提升教育创新的质量和效果。除了财政支持外，高校还应提供先进的技术支持。以信息化教学为例，当高等教育领域需要采用现代教育理论以改变体育教学方法时，高校的信息技术部门应当提供必要的支持，包括设备设施的革新、教学技术的支持等，确保体育教学方法的创新更加合理，提高高校体育教学的创新效果。

2.教学方法持续优化创新

高校体育教学方法的创新，旨在重构传统、僵化的教育范式和教育法则，致力解决传统教育中普遍存在的学生主体性的缺失问题，将其转化为一种教育范式，通过持续不断地优化和创新高校体育教学方法，应对传统教育方法所带来的问题，从而提升教育质量。

（1）新方法应更具实效性。传统高校体育教学方法的实效性较差的问题备受关注，对高校体育教学产生了负面影响。因此，在引入新方法时，迫切需要强调提高体育教学的实效性。

在建立现代高校体育教学体系时，应以多维度的视角来规划体育教学目标，考虑当前社会、体育和教育的整体发展趋势，以实现体育教学目标的创新。现代高校体育教学方法的实施应以多元化的目标为核心，包括体育知识传授、体育技能培养、体育精神和意识的培养，从而弥补了传统教学方法过于强调体育知识传授的不足，实现高校体育教学的升级，对于改进现代体育教学方法至关重要。

在提升现代高校体育教学方法的实效性过程中，有必要探索创新的教学策略。例如，在当今教育领域，信息化教育和数字化教育被认为是新兴教学理念，同时被证明具有广泛的教育效益，这些新思路在高校体育教学中同样具有重要作用，可以显著提高教学质量，确保体育教学的实施更具合理性，从而提升高校体育教学的效果。

在当前高校体育教学过程中，信息化教育方法被视为一项重要而具有突破性的创新。采用信息化教育方法给传统的体育教学模式带来了革命性的改变，推动了高校体育教学水平的提升。同时，信息化教育方法还提高了学生对体育学习的兴趣，而兴趣则被认为是学习的关键因素之一。当学生对体育学习产生浓厚兴趣时，高校体育教学效果将得到显著提升，这对于全面管理和监管高校体育教学具有积极意义。信息技术教育不仅能够将更多的教育资源有机地融入高校的体育教学中，还有助于实现高校体育教学质量的提升。

（2）新方法应该完成教学主体的转变。学生的核心地位常常被边缘化，导致体育教学大多时候是以教师为中心进行的，为了确保体育教学方法的持续创新与升级，关键在于重视并实现教学主体的转化，提高教学效果，满足学生的实际需求。因此，在高校体育课程中，为了实现这一教学主体的转变，有必要探索并采用以下教学方法。

①小组合作教学方法的应用。小组合作教学方法在当代教育领域得到了广泛的应用，这对于提高教学效果具有积极的作用。小组合作教学方法的核心在于将学生置于中心位置，强调学生的主体性，特别是在体育教学环境下，教师通过将学生划分为不同的小组，可以促进他们在团队中进行体育知识的探索和技能的培养。在此基础上，教师的角色转变为指导者和协助者，鼓励学生进行自主学习，促进小组内部的交流与合作，为学生的体育自主学习打下了坚实的基础。

例如，在篮球教学中，小组合作教学方法比较合适，教师可以在篮球课程中按5人一组的模式对学生进行划分，允许每个小组在指定的任务下进行自主学习与实践。在具体课堂教学中，如练习投篮技术时，教师可以为每个小组分配明确的学习任务。每个小组可以独立开展投篮实践活动，并通过比赛或休闲娱乐的方式对投篮技巧进行学习与研究。此外，小组成员之间也有机会对投篮技巧进行互动和交流。

在教学活动进行中，体育教师应密切关注各小组的学习进度，一旦发现某些教学难点或问题，应及时采用小组教学手段进行干预，从而确保教学的顺利进行，不仅能提高篮球技术教学的有效性，还能确保教学计划的合理实施。小组合作的教学方法为教师提供了更多的灵活性，除了常规的篮球技巧训练外，还可以组织与篮球相关的比赛和其他教学活动，通过这些教学活动的安排，不仅可以确保教学目标的达成，还可以进一步提高教学的整体质量。

②凸显学生主体地位。在体育教学过程中，应坚持以学生为中心，考虑学生的兴趣和需求，对体育专业和内容进行合理规划与调整，提高教育质量和效果。事实上，根据学生的兴趣进行教学，被认为是现代高校优化体育教学方式的核心策略。例如，某高校在体育教学改革中，把助力学生在锻炼中发掘乐趣、增强体魄和塑造健全人格作为其主导目标。为此，其率先推出了"体育运动健康超市"，包括校园路跑、太极拳、花样跳绳、篮球、排球和足球在内的15个运动项目。同时，结合"慕课＋体育健康超市"的创新方式，为学生提供了26门体育课程，其中包括15门在线开放课程、3门双语课程、2门跨领域的课程以及2门使用英语授课的课程。这种结合兴趣导向教学的方法，使得教学内容和方式更为精准、有效。

3. 新方法应该注重"理论＋实践"合理分配

在高校实施新的教学方法时，应确保理论与实践之间分配的合理性和均衡性。传统的教学模式体现了理论与实践相结合的价值，通过适当地对理论与实践教学方法进行优化，可以有效增强教学效果，特别是在当今教育环境下，"理论＋实践"的模式不仅可以促进学生深入理解，还可以确保教学目标的高效实现。

在理论教学方法创新实施过程中，应注重深化理论教学的内涵，积极引入体育文化的精髓，培养学生的体育意识和体育精神。将体育精神与理论教学手段有机结合，不仅满足了现代体育核心素养教育的基本标准，还构成了体育课程思政教学的核心部分，对于优化高校体育理论教学方法亦具有深远的意义。为确保教学方法的创新与实施更具针对性，当前在体育理论教学的实践中，务必重视方法的创新和升级。例如，建议在体育理论教学中，整合微课、多媒体等现代教学工具，充实教学资源，为学生提供多样化的理论知识和技能训练，其中，新媒体的介入使得教学内容更为丰富，有助于进一步优化教学流程，从而更好地提升教学效益。以篮球教学为例，在进行篮球理论教学时，教师可以采用视频教学工具，帮助学生深入体会篮球运动的历程、篮球文化背景以及篮球所体现的坚韧不拔的运动精神。这种教学方式不仅让学生更加了解和热爱篮球，还让他们深刻体验和理解体育精神，为他们的体育学习和人生成长带来深远的影响。

在体育实践教学过程中，教师不仅要注重体育技能的设计训练，还要深化其在实践中的体育教学和训练的应用。例如，在篮球、足球和排球教学中，可以定期组织小组比赛和各学院间的竞赛，不仅能够增强学生的身体技能，还能够提升学生的实践能力和体验。

二、当代高校体育教学方法的发展

（一）多元化

体育教学领域的复杂性催生了多种教学方法的涌现。从体育教学初始阶段至今，已经广泛应用多种教学方法，在未来体育教学领域，将继续创新出更为丰富的教学方式。

考虑到体育的理论知识结构与运动技能的深度和广度，加上技术与战术的繁复性，客观上推动了对多种教学方法的需求与发展，单一的教学方法显然难以满足教育目标。为了适应新课程改革的要求，也为了更好地实施体育教学，教学方法应不断更新与优化，仅仅固守已有的少数方法显然是不够的。多元化的教学方法不仅仅赋予体育教师更多的选择权，更能帮助他们以科学、系统的方式组织和进行体育教学，特别是在现代体育教学的背景下，与新课程改革相伴随的不仅是方法的更新，也包括对各种影响因素的综合权衡。为实现教学目的与目标，追求教学方法的多元化、创新与优化已成为体育教学领域发展的必然方向。

（二）现代化

体育教学领域的多样性和复杂性催生了各种教学方法的涌现。迄今为止，已经形成了众多体育教学手段，并预示着未来将会有更丰富的方法推陈出新。随着科学技术的进步，人们的生活更加便利，尤其是在教育领域，新的科技为教学模式与方法的创新提供了坚实的技术基础。事实上，教学设备的现代化可以视作体育教学技术进步的显著标志。体育教学的技术手段逐步完善，预示着其教学手法也将朝着更为现代化的方向发展。

随着现代体育教学的蓬勃发展，先进的教学工具和技术在体育教学领域得到广泛应用。这些现代化设备不仅赋予教师对学生身体素质更深刻理解的能力，还有助于更科学地制订运动训练计划。在教学管理方面，这些工具还能够提供更为便捷的学习和生活支持服务。此外，在体育理论教学中，多媒体和计算机软件等技术的运用使得教学更加生动。

在科技高速发展的大环境下，科学技术的进步对体育教学方法产生了深远的影响。诸如多媒体技术教学、移动通信教学以及网络教学等现代体育教学方法的优化和创新，充分融合了当代先进科技，为学生提供了更加便捷、生动、形象、多维的学习环境。这些方法不仅符合学生当前的学习习惯和需求，还经过了学习实践验证，确实提高了学习效果。

（三）民主化

民主化教学代表了现代体育教学改革中的一项创新思维，呈现两个核心要求。首先，体育教学应面向广大学生，确保每个学生的体育参与都具有民主性质。其次，体育教学需要倡导师生之间的民主合作。因此，民主化已成为体育教学领域不可逆转的趋势。

随着体育教学中民主意识的不断升温，民主化的体育教学方法也经历了迅猛的发展。在选择适宜的体育教学方法时，应特别关注创造民主化的教育条件和氛围。这样，学生才能在良好的环境中积极学习和参与体育活动。

民主化教育并非简单的概念，它代表了一种更广泛的价值观，强调平等、参与和个体权利。因此，教师应该积极寻求方法，以确保每个学生都能够充分参与并受益于体育教学的过程。

（四）合作化

在当代体育教学实践中，单一教学方法的独占并不能充分满足整个教育过程的需求。因此，应采取综合应用多种教学方法的策略，以实现体育教学的全面发展，这正体现了合作化在体育教学中的关键作用。

体育教学方法的合作化，代表着体育教学领域的一项重要创新。目前，在我国高校中，民主教学方法如自主学习、合作学习等已经被引入，并得到了广泛应用，有力地推动了教育目标的实现，促进了学生的多方面发展。

一方面，在选择教学方法时，着重考虑学生间的协作是至关重要的。这一举措有助于培养学生的体育合作意识，为实现学生社会性能力在体育学习中的培养与拓展提供了科学有效的途径。通过巧妙地组织教学活动，能够更好地实现体育的社会性教育功能。

另一方面，通过综合运用多种具有各自特点的体育教学方法，人们能够最大化地发挥不同教育方法的优势。这种多元方法的优化合作不仅有效地提升了学生的技术水平和知识水平，还强调了道德品质的培养。这种教育方式有助于促进学生技术与战术的学习和提高，培养学生的合作意识以及塑造良好的品格。事实上，这种方法可谓将多元体育教学方法的"优势放大"，对于提升体育教学效果以及提高教学质量具有很大益处。

（五）个性化

体育教学方法旨在服务广泛的学生群体，然而，学生之间存在多样化的特征和差异，因此，人们应重视体育教学方法的个性化选择。根据学生不同方面的变化进行灵活选择，包括他们所处的时代背景和独特的个性差异。个性化的教学方法改革与创新对学生和社会具有重大意义，有助于满足不同学生的需求，促进每个学生的全面发展和进步。

随着现代高校体育教学改革的不断深入与发展，以及现代社会对个性化发展的日益关注，学校对学生个性化的培养也逐渐受到重视。同时，在新兴的体育教学理念推动下以及现代科技在体育教学中的广泛应用，个性化体育教学方法的发展变得切实可行，其科学操作路径逐渐清晰，可以有效促进体育的个性化教学。

学生的个性化发展要求教师根据不同学生的具体情况，灵活采用各种适宜的体育教学方法，提升学生对体育学习的兴趣，充分调动学生的学习积极性和主动性，具有至关重要的意义和作用，从某种程度上看，体育教学方法的个性化发展趋势势不可当。

第五章　当代高校体育教学模式与发展之道

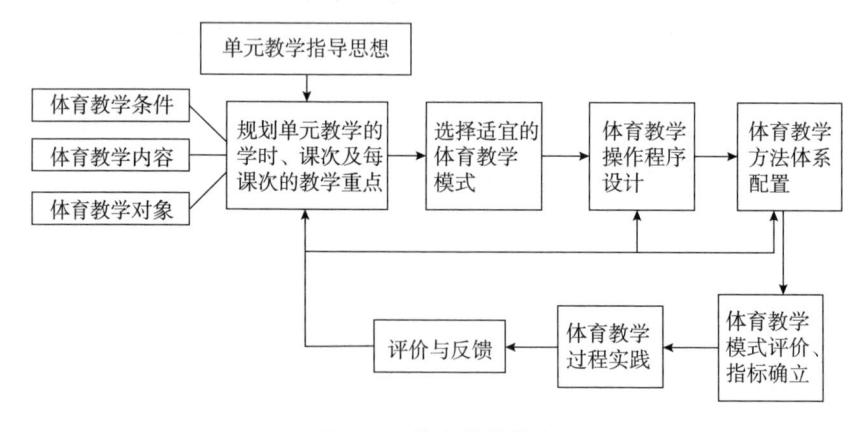

第一节　体育教学模式概述

一、体育教学模式的概念界定

由于人们对体育教学模式的概念尚未形成共识，本书将对各种观点进行深入分析、综合概括，并最终明确定义体育教学模式。笔者将其界定为"具备特定的体育教学理念，旨在达成体育教学单元目标相对稳定的教学程序"。对完整的体育教学模式进行详细探讨，具体如图 5-1 所示。

图 5-1　体育教学模式

二、体育教学模式的构成要素

体育教学模式的构成要素涵盖了多个方面，各个要素之间相互交织、相互干预，在不同程度上塑造了体育教学模式的综合特征。在体育教学模式的构成要素中，以下几个要素较为重要。

（一）体育教学思想

在体育教学模式的多元组成要素中，体育教学思想占据了重要的理论基础地位。具体地说，体育教学模式的成功建构应受到严谨的理论知识的科学引导。值得强调的是，在不同理论指导下形成的体育教学模式呈现出显著的多样性和差异性。

（二）体育教学目标

在体育教学中，教学目标占有至关重要的地位，其主要价值在于提升体育教学的质量。通常情况下，明确的教学目标可引导体育教学朝着正确的方向发展。科学构建体育教学模式、合理选择教学方法以及着手对教学模式进行改革与创新，旨在推进教学计划的顺利实施，实现预期的教学目标，从而取得卓越的教学效果。如果教学目标不明确或不切实际，那么构建和实施体育教学模式将毫无意义，也不值得进行模式改革。缺乏明确的教学目标将剥夺体育教学模式的存在意义与必要性。评估体育教学模式的效果主要依据学生在体育学习中取得的成果。在教学之前，体育教师会预设期望的变化，即确立一个基本的目标。然后，在课堂教学中，通过实施体育教学模式达成这一目标，确保学生在每节体育课上都能有所收获，包括增长知识、提高技能以及增强身体素质。

体育课堂的组织和实施不是盲目进行的，每堂课都有一个核心主题，教师需要围绕这一主题来组织教学活动，这一主题的具体表现就是教学目标。在体育教学模式中，教学目标因素占据核心地位，其影响力必然会波及其他非核心因素，只有确立明晰、可行的教学目标，才能有效引导体育教学模式的设计与实施，确保学生在体育课程中实现综合发展，为学生提供清晰的学习方向，从而使教学过程更具效益和针对性。

因此，体育教学的成功不仅仅依赖于教学模式的创新，更是建立在明确的教学目标基础上。教学目标的明确性和实际性是体育教学模式的前提与保障，它们共同促使体育教学向更高质量发展。在体育教学领域，应该时刻牢记，只有通过明确的教学目标，才能取得教学的最佳效果。

（三）操作程序

无论何种学科的教学活动，都应遵循特定的操作程序。具体而言，就是按照科学合理的步骤进行操作，以确保教学活动能够顺利进行并取得有效的教学效果。在体育教学过程中，教师应巧妙地安排和衔接每个教学环节，这些环节不仅在时间上具有连贯性，还在内在逻辑上具有清晰性，展现了体育教学模式操作程序的合理性。在体育教学中，不同的教学模式需要根据不同的步骤和程序实施。重要的是，要注意不同教学模式之间的操作程序存在差异。在此需要强调一点，尽管每个教学模式的实施程序通常是相对稳定的，但不能盲目套用，而应根据教学实际情况灵活调整个别环节，否则将无法充分发挥教学模式的作用。

（四）实现条件

无论采用何种体育教学模式，都应依靠明确的教学方法和手段来实施。在实施体育教学模式的过程中，各个环节都需要应用一种或多种教学方法和手段，这是确保体育教学模式真正得以贯彻的关键，这些具体的教学策略、方法以及手段不仅构成了体育教学模式实施的前提条件，也构成了推进操作程序的具体途径。体育教学模式的操作程序为体育教师选择适当的教学方法提供了指导，避免了体育教师在面对多种多样的体育教学方法时感到迷茫或者随意选择的情况。

体育教学模式的实施前提包括以下几个方面：首先，物质条件，具体包括体育教学所需的基础设施；其次，人力条件，具体涉及体育教学的两个主要参与者，即教师和学生；最后，动态条件，具体包括体育教学内容、体育教学场地以及体育教学时间。

（五）评价方式

在体育教学领域，构建、执行及创新各种教学模式的核心目标是达到既定的体育教学目的。这些教学目标呈现出层次性的特点，每一个目标都需要一个特定的教学模式来实现。因此，当考虑如何选择合适的教学模式来进行体育课堂教学时，应明确体育教学目的的具体内容和所属的层次。基于所选教学模式的特点，教师需要制定合适的教学程序，确保每个教学环节都能得到妥善执行，并为之创设适宜的教学环境。

为确保所选择的体育教学模式能够达到预期效果，对其进行科学的评估是至关重要的。这样的评估可以揭示采用特定教学模式后，实际教学效果与期望教学目标之间的差异性。在评估体育教学模式的过程中，明确评估准则和采用恰当的评估方法是两个关键环节。需要注意的是，不同的体育教学模式可能需要有针对性的评估准则和方法。若盲目地将同一评估标准或方法应用于所有的体育教学模式，可能会导致评估结果的偏差，进而影响其可靠性和说服力。

三、体育教学模式的基本特征

（一）整体性

体育教学模式与体育教学体系在基本内容上展现出较高的一致性，主要表现在两个方面。一方面，其对体育教学中的主体、客体及其他相关因素所处的地位与角色进行了明确的界定。具体来说，这意味着对于如何定位教师、学生以及其他教学元素在整个体育教学结构中的位置及其产生的效果进行了深入阐述。另一方面，着重强调了影响体育教学活动实施与结果的各种因素，并对因素背后的理论基础及其在教学中的实际作用进行了详尽的解读。其中，教学物质环境、教学时空背景以及师生间的相互关系等均被视为对教学过程与成果产生显著影响的内隐要素。考虑到体育教学模式与体育教学体系之间的紧密联系，学术领域经常借助"体育微型教学论"的框架来解读体育教学模式的深层含义。

体育教学模式具有整体性特征，为确保体育教学过程的连贯性与系统性，教师需要基于一系列要素，选择合适的模式。在选择过程中应考虑到以下几点。

第一，体育教学模式的实施效果受到众多因素的影响，如体育教师的教学素养、学生的学习特征以及课堂教学内容等。因此，应全面考虑这些因素的作用，并采取措施来优化它们，以充分发挥积极因素的作用，同时减少消极因素的影响。

第二，体育课堂教学效果的影响因素存在明显的层次差异。前面提到的主要因素包括教师的专业素养、学生的学习特征以及教学内容。然而，除了这些主要因素外，还存在一些次要因素，其影响相对较小，如气候条件、教学环境、授课方式等。尽管这些次要因素的影响力较小，但不容忽视它们对体育教学模式实施的潜在影响。体育教师应全面考虑这些因素，深入理解主次因素之间的内在联系以及各要素之间的逻辑关联，在优化主要因素的基础上，优化各个次要因素，以确保主次因素的协调和衔接，为体育教学模式的实施提供充分保障。

需要强调的是，体育教学模式的整体性特征不是简单地将各种因素和多个环节相加得来的。相反，各种因素之间以及各个环节之间的内在关系是值得深思和探究的，需要促进各种因素的协同优化组合，有序推进各个环节，以确保前期工作环节的落实能够为后续实践操作提供便利，实现各个环节的有效衔接。

（二）针对性

体育教学模式的确立并非任意而为，而是针对特定方面的考虑进行的。在此过程中，主要关注以下几个关键因素。

首先，需要针对具体的体育教学问题进行深入思考，包括对教学方法、课程设计和学生需求等方面的详细研究与分析，以确保能够针对性地解决现实中面临的教育挑战。

其次，应致力拓宽和丰富体育教学内容，不仅要关注传统的体育运动，还要注重新兴体育运动和身体素质的培养，以满足学生多样化的兴趣和需求。

再次，考虑到学生个性的显著特点以及学生的年龄、能力水平、兴趣和学习风格等，应制定个性化的教育策略，以确保他们能够获得有效的教育体验。

最后，灵活应对不同场景和条件下的教育需求，如学校课堂、体育场馆、户外环境等，以确保教育模式的有效性和适用性。

在体育教学领域，不存在一种教学模式能够适用于所有的教学环境。纵观各种教学模式，每一种都具有其特色和优势，同时存在明显的局限性。当某一教学模式在各类体育课程中得以应用，并且按照其设计的操作流程去实施时，实际的教学成果可能并不符合初衷或预设的期望，因为各种教学模式都有其独特的适用背景和环境以及特定的受众群体。为了确保教学效果的最优化，教师需要对所教内容与学生特性进行深入分析，进而选择恰当的教学模式。

（三）有效性

在构建体育教学模式时，应建立在坚实的理论基石上，遵循一定的准则和标准，显然，确立和完善模式构建的理论框架对于促进模式实践具有深远的指导作用。除此之外，每个教育模式都需要在实际应用中进行验证，以确保其合理性和实效性，在检验过程中应当对其进行透彻地审查，从而及时识别并解决其中存在的问题。在这一过程中，基于科学的理论提供的洞察和指导将成为关键，并且确保模式的持续实践和改正是至关重要的，这样才能最大限度地利用各种教学模式的潜能。通过采用最佳的教学模式，可以提升体育教学的效果并优化资源的分配，从而避免浪费。

四、体育教学模式的具体分类

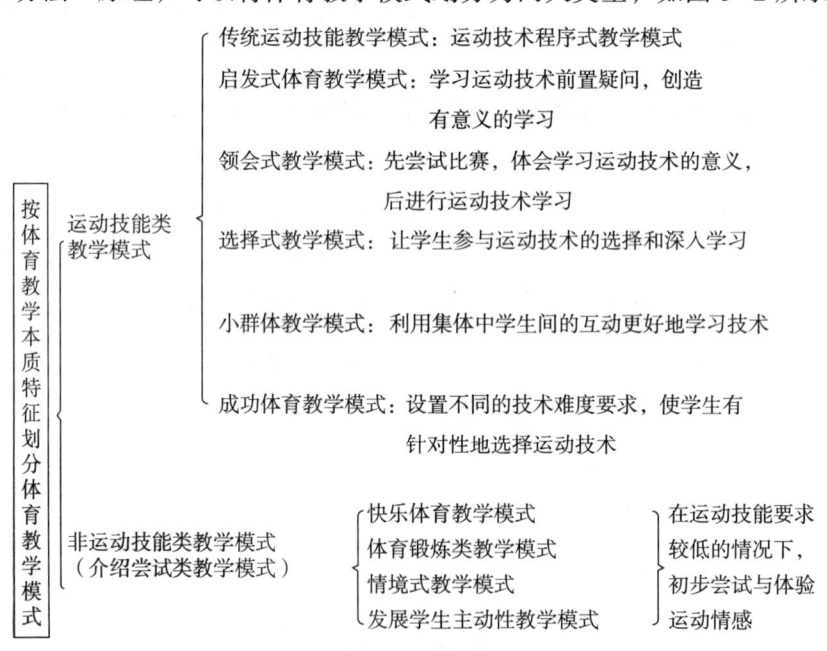

（一）按体育教学本质特征划分

体育教学本质特征是"运动技术的学练"，依据这一特征，并结合"二分法"原理，可以将体育教学模式划分为两大类型，如图 5-2 所示。

```
按体育教学本质特征划分体育教学模式
├─ 运动技能类教学模式
│   ├─ 传统运动技能教学模式：运动技术程序式教学模式
│   ├─ 启发式体育教学模式：学习运动技术前置疑问，创造有意义的学习
│   ├─ 领会式教学模式：先尝试比赛，体会学习运动技术的意义，后进行运动技术学习
│   ├─ 选择式教学模式：让学生参与运动技术的选择和深入学习
│   ├─ 小群体教学模式：利用集体中学生间的互动更好地学习技术
│   └─ 成功体育教学模式：设置不同的技术难度要求，使学生有针对性地选择运动技术
└─ 非运动技能类教学模式（介绍尝试类教学模式）
    ├─ 快乐体育教学模式
    ├─ 体育锻炼类教学模式        在运动技能要求较低的情况下，
    ├─ 情境式教学模式            初步尝试与体验运动情感
    └─ 发展学生主动性教学模式
```

图 5-2　按体育教学本质特征划分体育教学模式

（二）按体育教学要素划分

根据体育教学的多元要素，体育教学模式可以分为多种独特的类别。在此领域，有些学者为其分类提供了具有代表意义的视角，具体细节如表 5-1 所示。

表 5-1　按体育教学要素划分体育教学模式

学　者	分类依据	类　型
胡庆山	教育理论	发现学习教育模式
		掌握学习教育模式
		俱乐部型教育模式
	教学目标	以掌握"三基"为主的教育模式
		以激发学生运动兴趣为主的教育模式
		以培养学生运动能力为主的教育模式
		以丰富学生情感体验为主的教育模式
	教学方法	运用现代教育技术的学习模式
		传授—接受教育模式
		自主学习模式
		策略学习模式
		情境教育模式
		交互式教育模式
	教学组织形式	集体学习模式
		合作学习模式
		个别化学习模式
		课内外一体化教育模式
		俱乐部型教育模式

续 表

学 者	分类依据	类 型
邹师	教育理论	现代教育理论模式
		心理学理论模式
		系统科学理论模式
		社会学理论模式
		素质教育理论模式
	教学目标	掌握技能教育模式
		提高素质教育模式
		激发学生学习兴趣的教育模式
		培养学生学习能力的教育模式
		自我健身体验乐趣的教育模式
	教学方法	运用现代教育技术的学习模式
		自主学习模式
		策略学习模式
		交互式学习模式
		讨论式教育模式
		情境式教育模式
	教学组织形式	技术辅导教育模式
		集体学习模式
		个别化学习模式
		合作式学习模式
		课内外一体化教育模式
		俱乐部型教育模式

（三）按体育教学多元目标划分

依据体育教学在功能上的差异性，其教学目标可以从五个维度来描述，即"身体健康目标""心理健康目标""社会适应能力目标""运动参与目标""运动技能目标"。针对这五个维度的目标，体育教学模式可以被分为三大类，具体的分类模式如图 5-3 所示。

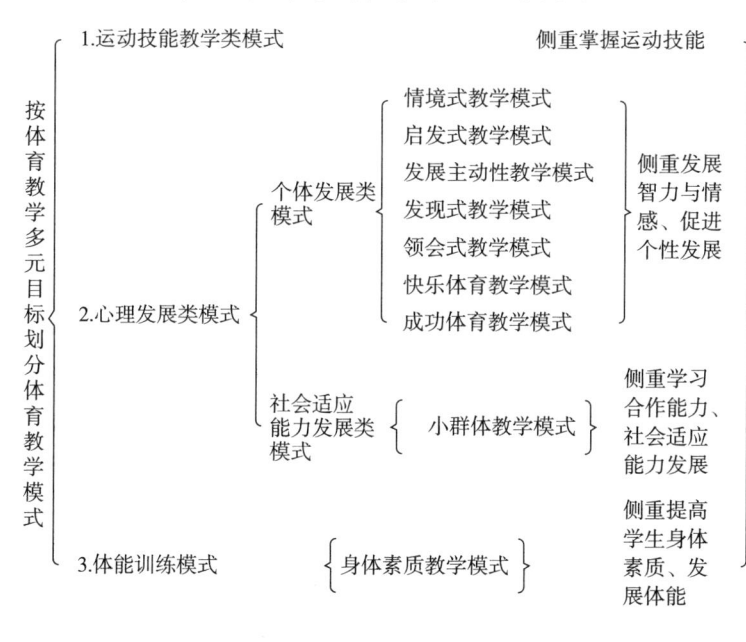

按体育教学多元目标划分体育教学模式
- 1. 运动技能教学类模式 —— 侧重掌握运动技能
- 2. 心理发展类模式
  - 个体发展类模式
    - 情境式教学模式
    - 启发式教学模式
    - 发展主动性教学模式
    - 发现式教学模式
    - 领会式教学模式
    - 快乐体育教学模式
    - 成功体育教学模式
    - → 侧重发展智力与情感、促进个性发展
  - 社会适应能力发展类模式
    - 小群体教学模式 → 侧重学习合作能力、社会适应能力发展
- 3. 体能训练模式
  - 身体素质教学模式 → 侧重提高学生身体素质、发展体能

总体：运动参与、运动技能学习、身体健康、提高社会适应能力

图 5-3　按体育教学多元目标划分体育教学模式

第二节　高校体育发展中所形成的教学模式

一、运动处方教学模式

（一）运动处方教学模式概念

运动处方教学是指为了取得预期的教学效果，教学方法与学员的认知规律相适应，以身体锻炼为主要手段，以增进学生健康为主要目的的教学方式。运动处方教学注重以学生为中心，强调实际效果，并充分展现人的主体性。此外，运动处方教学不仅是体育教学理论的实际应用，还是体育教学经验的系统化与理论化。在胡晓彦、巴特尔和崔磊合作撰写的论文《处方教学模式在高校体育教学中的实验研究》中，详细探讨了体质健康评价与运动处方系统在高校体育教学中的应用，该研究是在河北省内的八所高校中部分教学班级进行的。研究重点为"处方教学模式"的实际应用。根据研究结果，运动处方教学模式在高校体育教学中的应用确实展现出了教学的多样性以及实际、有效和适用的特性。此模式强调根据学生的实际情况制定科学的运动处方，进一步为他们提供了进行体育锻炼的有利条件。

在邓耀凯的《大学生健身运动处方教学模式的研究》中，采用了多种教学方法来综合评估健身运动处方教学模式的科学性、可操作性、可行性以及独创性。该研究表明，运动处方教学模式确实能够根据学生的身心发展规律以及不同年龄和性别的差异性来进行定制。这样的方法不仅注重学生在德、智、体三个方面的均衡和全面发展，而且能够针对性地弥补他们在身体和心理上的不足，为他们构建一个既能够促进其个性化发展，又能够为其终身体育打下坚实基础的体育教学模式。事实上，这种教学模式由于其科学性和实用性，已经赢得了学生的广泛认可和热烈欢迎。

在倪向利的《运动处方研究进展》中，详细探索了运动处方在国内外的研究现状、发展方向及我国在此领域所面临的挑战。首先，从系统科学的角度来看，关于运动处方的研究在我国尚显不足。很多研究存在样本数量偏少、研究期限短暂、规模有限和指标不高的问题。其次，跨学科之间的合作也没有达到理想的水平。再次，针对特定人群的运动处方个性化研究在国内尚属于起步阶段。特别是对于高血压、骨质疏松等疾病的相关研究，其精确性和科学性都亟须加强。另外，运动处方的推广工作亦面临挑战，需要在简化与实用性方面进行更为深入的探索和改进。最后，关于运动处方的专业人才短缺也是一个不可忽视的问题，人才培养和队伍建设亟须加大力度。

经过众多研究与实验验证，相较于传统的高校体育教学模式，我国的运动处方教学方法在提高学生健康水平、增强学生身体素质方面具有显著优势，这一方法对于促进学校体育向健康体育的转型起到了关键作用。从微观角度分析，运动处方教学有助于学生养成持续的体育锻炼习惯，进而促进他们的身体健康。从宏观角度分析，运动处方教学方法与高校的改革目标及其发展趋势紧密相关，使体育锻炼内容与传统体育教学内容得以高效整合。总之，运动处方教学代表了体育教育改革的创新实践，涉及教学指导理念、目标设定、教学架构及方法以及实际应用的教学体系的完整构建等诸多方面的内容。

（二）运动处方教学模式的特点

运动处方教学模式呈现出科学性、个性化和实用性等特点，该教学模式建立在学校和学生的具体需求基础上，是一种循环式的体育教学方法，充分体现了不断自我完善和发展的科学本质。更为重要的是，运动处方教学模式强调学生的主体性，培养他们自主学习的能力。在这种模式下，学生在教师的指导下，根据自身情况制定并实施适合自己的运动处方，从而养成体育锻炼的良好习惯并培养终身体育的意识。

第一，运动处方教学模式具有较强的科学性。在运动处方的执行过程中，对每一位运动参与者的测试数据均进行了系统统计和分析，严格遵循了运动处方实施的原则和要求。因此，这一教学模式表现出了高度的科学性。

第二，运动处方教学模式具有较强的针对性。设计和制定运动处方教学模式的过程建立在对学生体质状况进行深入分析与全面评价的基础上。由于学生的体质各不相同，需要为每个学生制定个性化的运动处方。运动处方教学模式的制定过程主要考虑学生的体育兴趣以及他们的体育需求，因此该模式的制定具有高度的个性化和针对性。

第三，运动处方教学模式具有较强的实效性。运动处方的制定及执行过程，是一个在学生个体和多样环境下展开的过程，依赖于对学生身体数据的深入分析，并根据学校的特殊情境、环境条件以及气候等因素来予以制定。这一过程的执行需要在教师的指导下，学生自主监控并付诸实践。值得强调的是，在运动处方的执行中，及时的调整和反馈机制得以贯穿，同时学生在整个过程中具备不断自我调整和提高的能力。由此可见，运动处方教学模式在体育锻炼指导方面发挥了积极作用，其实施效果显著。综上所述，运动处方教学模式表现出卓越的实用性与有效性。

（三）运动处方教学模式在大学体育教学中的实验过程

为了开展一项针对大学生的分组对比实验，总计招募了240名学生，这些学生都参加了体育必修课程。将240名学生随机分成两组，每组120人。一组被指定为实验组，他们选择参加一门名为"运动处方课"的选修课；另一组被指定为对照组，他们则没有选择这门选修课。

实验组在教学过程中采用了运动处方教学模式，该教学模式具有其特征和教育方法。与此同时，对照组则按照普通高校体育课程的教学大纲要求，依照传统的课程进度进行了常规教学。

1. 实验组教学过程

首先，在实验组中，学生根据他们在实验前进行的身体素质和体质测试的结果，按照运动处方的设计原则，在教师的指导下制定了适合他们个体特点和实际情况的运动处方，关键在于运用科学的方法根据学生的身体状况和需求来制定个性化的运动方案。

其次，学生在教师的指导下开始实施他们的运动处方。在运动处方实施过程中，学生需要与教师保持定期的沟通，并及时向教师反馈他们的运动情况和感受，确保运动计划的有效性和安全性，使学生更好地理解和掌握运动技能。

最后，为了不断提高运动处方的实施效果，学生需要及时检查、评估自己的运动计划，并根据实施过程中可能出现的问题做出相应的调整，这一过程需要教师的指导和专业知识技能的支持，以确保学生能够达到他们预期的运动目标，并最大限度地改善他们的体质和健康状况。

2. 对照组教学过程

依据学校体育教学大纲的规定，对照组将按照正常的教学进度进行常规体育教学。

3. 实验周期与内容

为了对两种教学模式进行实验，本书规划了一个为期18周的实验周期。在实验开始前，对两个班级共计240名学生进行了体质测试，旨在评估他们的身体素质水平，测试包括3个方面的指标，即12分钟跑、立定跳远以及100米跑，分别用来评估学生的耐力、速度和下肢力量。在体质测试中，将《国家学生体质健康标准》中所规定的标准作为评价依据，根据这一标准，学生在各项测试中的成绩如果达到或超过80分，则被定为"优秀"。实验主要关注的是实验组和对照组学生在体质测试中获得优秀成绩的比例。实验周期结束后，对实验组和对照组学生的体质测试数据进行仔细比较和分析,以得出相应的实验结果。

4.运动处方教学模式在大学体育教学中的实验分析

对于240名学生的身体测试结果,实验前的情况如下。首先,在12分钟跑方面,实验组有50名学生表现卓越,占总人数的42%;而对照组则有55名学生表现卓越,占比为46%。其次,在立定跳远方面,实验组有68名学生达到卓越水平,占比达到57%;而对照组有62名学生达到卓越水平,占比为52%。最后,在100米跑方面,实验组有62名学生达到卓越水平,占比为52%;而对照组有64名学生达到卓越水平,占比为53%。总体来看,240名学生实验前的身体素质和体质测试结果表明,实验组和对照组学生在各项身体指标上均没有显著差异,如表5-2所示。

表5-2 240名学生的实验前身体测试结果

测试项目	实验组卓越学生人数(名)	实验组卓越率(%)	对照组卓越学生人数(名)	对照组卓越率(%)
12分钟跑	50	42	55	46
立定跳远	68	57	62	52
100米跑	62	52	64	53

(1)经过为期18周的运动处方教学实验,笔者对学生在不同体能测试项目中的表现进行了详细的分析。在12分钟跑方面,实验组的表现比较出色,有101名学生达到了优秀水平,其优秀率高达84%;而对照组只有75名学生达到了同样的水平,其优秀率为63%。在立定跳远方面,实验组的学生表现出色,有106名学生达到了优秀水平,其优秀率达到了88%;相比之下,对照组中只有69名学生达到了这一水平,其优秀率为58%。在100米跑方面,实验组的学生中有89名达到了优秀水平,其优秀率为74%;而对照组中只有67名学生达到了这一水平,其优秀率为56%,如表5-3所示。

表 5-3　240 名学生为期 18 周的运动处方教学身体测试结果

体能测试项目	实验组优秀学生人数（名）	实验组优秀率（%）	对照组优秀学生人数（名）	对照组优秀率（%）
12 分钟跑	101	84	75	63
立定跳远	106	88	69	58
100 米跑	89	74	67	56

综合实验结果可以看出，实验组和对照组的学生在身体素质方面都有所提高，然而，实验组学生各项身体指标的增长幅度明显高于对照组学生。这一实验证明了运动处方教学模式和传统体育课教学模式都能够有效促进学生的身体健康，提高学生的身体素质。然而，值得注意的是，运动处方教学模式在这一过程中表现出更为显著的效果。这一结果意味着采用运动处方教学模式的学生更容易获得更好的身体素质，从而有助于促进他们的身体健康。

（2）根据实验结果，实验组学生在身体素质方面表现出色，包括 12 分钟跑、立定跳远以及 100 米跑等项目，明显优于对照组的同学。这一显著差异的主要原因在于实验组的学生采用了以有氧运动和速度力量练习为主要内容的运动处方。实验组的学生在制定运动处方时，充分考虑了个体差异，经过教师的指导，遵循了运动处方制定的原则和方法。教师通过与学生的积极交流和深入沟通，了解了学生的具体情况。鉴于普遍存在的耐力和速度力量较弱的问题，教师将全身耐力和速度力量素质作为优先关注的方向，为学生提供全面的身体锻炼建议。在运动处方的实施过程中，有氧运动和速度力量练习被视为主要手段，并取得了显著效果。这一结果表明了运动处方教学模式的灵活性，能够促进师生之间的密切互动与沟通，营造了融洽的教学氛围，有效提升了教育质量和学术成绩。

（3）通过对实验组与对照组学生在实验前后各项数据和成绩的比较

分析，发现实验组学生在实验之后各项指标取得了明显进步，而对照组学生的成绩则没有明显变化。这一差异的主要原因在于实验组学生在接受运动处方模式的教学过程中，掌握了根据个体体质制定个性化的运动处方的技能。在运动处方的实施过程中，实验组学生有效管理了体育锻炼的强度和频率，并特别关注了他们的弱点，通过有针对性的练习实现了身体素质的提升，这表明实验组学生不仅在理论上理解了运动处方的概念，而且在实践中展现出了对于运动处方的深刻理解和运用。由于实验组学生掌握了运动处方的相关理论和技能，他们在体育锻炼中表现出更高的主动性和自主性，相对于对照组的学生而言，具有明显的优势。这一结果表明了运动处方教学模式在实践中具有一定的可行性和科学性。

（四）运动处方教学模式的发展趋势

当前，高校在运动处方教学领域的研究和应用已取得巨大进展。研究方向包括提高学生身体素质、肥胖管理以及增强学生的运动能力等。这一领域的研究持续推陈出新，扩展至新的领域。尽管如此，运动处方教学仍有较大的发展潜力。经济发展、科技进步以及学校教育环境的改善为其未来发展提供了有力支持。人们的思维观念已经发生了深刻变化，更加愿意接受前沿教育理念，这是改变运动处方教学模式现状的关键因素。

人们有理由相信，在未来的发展中，高校将广泛采用运动处方教学模式。这一模式将覆盖更广泛的领域，应用程度将更加深入，效果也将更为显著。

二、高校体育俱乐部教学模式

（一）高校体育俱乐部教学模式的定位

1.高校体育俱乐部教学的含义

体育俱乐部作为高校教学模式的一种，主要建立在体育练习者的主动参与基础上，依托学校的运动场馆，以特定运动项目为核心，采用俱乐部的组织形式，将体育教学、课外体育、运动训练以及集体竞赛等元素融为一体，构建了一种新的体育课堂教学模式，其根本目标在于促进师生身体素质的提升，加强体育文化素养的培养，深化师生间的友情，最终促使个体养成终身体育锻炼的习惯，并追求健康、科学、文明的生活方式。

2.高校体育俱乐部教学的类型

高校体育俱乐部可以归纳为三大类，即课外体育俱乐部、课内体育俱乐部以及融合了课内外元素的综合体育俱乐部。课外体育俱乐部的主要使命在于延伸和丰富学校体育教学的领域，以培养体育习惯和行为为核心目标，旨在推动学校体育功能的拓展。与此不同，课内体育俱乐部根植于现代教育理念和教育理论，强调人本主义的教育观念，着眼于构建符合当代大学体育需求的学习方式，其目标在于为学生提供更为综合的教育体验，促进其全面发展。而融合了课内外要素的综合体育俱乐部，则是随着终身体育观念的兴起应运而生，其宗旨在于建立一种一体化的体育管理模式，契合了培养全面人才的整体教育理念，该俱乐部以终身教育理念为指导，旨在培养学生适应学习型社会所需的能力。

3.高校体育俱乐部教学的特征

（1）内容的丰富性。体育俱乐部项目不仅包括传统的篮球、足球、排球、网球、羽毛球、乒乓球、武术和游泳等课程，还提供了一系列在学校教育环境下难以展开的运动项目，如登山、定向越野、野外生存、攀岩、轮滑、射击、拓展训练和大型游乐项目。与传统学校体育课程的教学方式相比，体育俱乐部项目在教育体系中具有特殊的地位，旨在延伸和丰富学生的体育锻炼内容，更好地激发他们对运动的兴趣，促进学生身心素质的全面提升。

（2）过程的主动性。学生可以依据个人兴趣和爱好自主选择适合的体育项目。在这一背景下，兴趣被视为学生内在的激励力量，鼓励他们主动学习、积极思考和大胆探索。当学生对某项运动产生浓厚的兴趣和热情时，才会积极参与并努力提升自身的技能水平，其不仅能够带来较大的满足感和愉悦体验，还能够使他们养成终身锻炼的习惯。只有通过这种深刻的体验和逐渐积累的锻炼经验，终身体育理念才能深入人心，特别是对于大学生而言。然而，许多学校面临着一些挑战，如班级规模庞大、体育教师短缺以及场地和器材不足，因而无法根据学生的兴趣进行班级分组或分组练习。为弥补这一不足，发展体育俱乐部变得尤为重要。

（3）目的的多样性。在选择参加俱乐部运动项目时，个体有自主权，可以依据个人偏好选择适合自己的项目，每日坚持至少一小时的锻炼，并逐渐递增运动的强度和时间，以渐进方式提升自身的运动水平。在不断的自我提高过程中，个体会受到他人的认可或满足自身成就感，进一步激发他们对运动的热情，逐渐形成一种良性的循环机制。

4.体育俱乐部教学模式与传统教学模式的区别

（1）传统教学模式。传统教学模式以教学大纲规定的内容为基础，迫使学生被动接受知识，教学的主要目标仍然是规范化的动作练习，传授体育知识、技能以及技术，旨在提高学生的体质，传统的教学方法仍然保持着僵化和封闭的状态，缺乏灵活性。教学的主体关系明显倒置，过分强调教师的主导地位，忽视了学生的主动参与，导致课堂教学的标准化和强制性，教学方法呆板，不仅难以激发学生学习的积极性和主动性，也无法激发学生的学习兴趣，阻碍了学生个性的发展；并且在这种传统教学模式下，不同学生之间存在着各种矛盾，包括个性差异、兴趣不同以及身体条件的多样性，对学习内容产生了负面影响。同时，传统教学模式无法有效解决理性教育与学生个性发展之间的矛盾。

（2）俱乐部教学模式。根据学生的兴趣合理安排教学内容，学生根据兴趣爱好选择项目，教师能够激发学生的求知欲，提高学习积极性，产生积极的认知倾向；强调以人为本的理念，将学生放在主体地位，使学生立于有尊严、有个性、有较大发展潜能的活的生命体的位置上；在教学观念上由"教授"向"学习指导"转化，在内容构造和顺序排列上尊重学生对运动的求知欲，实现学生自主自发的学习，认识运动项目和体会运动内涵，逐渐形成终身体育行为，以培养学生终身体育意识、增强体质、提高综合能力为核心，以启发学生学习的自主性和创造力为重要内容，以全面提高学生素质为目的。

（二）高校体育推行俱乐部教学模式的实际意义

1.有助于建立终身体育思想

高校推广体育俱乐部不仅补充和完善了现有体育活动，还为学术体育实践注入了终身体育的理念，高校体育工作的持续发展至关重要。体育俱乐部的引入提供了一个超越传统体育课程框架的平台，其不再受到教学大纲和计划的限制，扩展了体育教学的范畴，覆盖了大学教育的整体流程，其形式的多样性和内容的丰富性确保了学生体育兴趣的培育与发展，有助于强化学生的体育认知，实现高等教育体育与社会体育之间的无缝对接，进而鼓励学生养成终身参与体育活动的习惯，从而使他们终身受益。

2.确立了健康体育思想

在学校教育中，体育课程应坚持"健康第一"的核心理念。遵循此核心理念，俱乐部体育项目在教学过程中，对传统的教学策略、技巧与工具进行了革新。其不仅关注大学生从基因、营养、生活背景、运动经验到生理和心理多方面的个体特征，还调整了课程内容，减少了对运动技能的过度侧重，增添了提升学生健康的活动，如瑜伽、毽球、攀岩等。

3.有助于更好地激发学生对体育的兴趣

在课程设计方面，体育俱乐部已经迈出了一大步，打破了传统模式的束缚，为学生提供了多样化的俱乐部课程，允许学生根据个人兴趣自主选择专项，打破了以往存在的系别、班级甚至年级的界限，重新组合技能课程，以满足不同层次、不同水平学生的需求，该举措的意义在于提高学生的健康水平、增进他们对娱乐活动的享受以及培养他们的竞技精神。因为学生在体育俱乐部活动中分享着共同的兴趣和爱好，他们更容易进行沟通和互动，学生间互相学习，取长补短。相较于传统的体育教学方式，互动学习模式显然更加多样化和富有趣味性，从根本上改变了体育教学的单调和乏味，进一步激发了学生对体育的浓厚兴趣。

4.有助于充分结合体育教学与课外体育活动

高校引入体育俱乐部在解决体育课程和课外体育活动之间的脱节方面展现了其前瞻性。体育俱乐部将传统的体育教学方式与现代俱乐部活动有机地融合在一起，形成了一种全新的综合教育模式。在这种模式下，学生有自主选择体育项目的自由，而教师则提供更有针对性的指导和辅导。此外，体育俱乐部还被纳入高校体育教学管理系统，以有计划、有目的的方式组织学生参与体育活动，引导和规范大学生的体育生活，以确保高校中的体育教学与课外体育活动之间的连贯性和一致性。

5.有助于促进校园文化建设

近年来，高校内涌现出一种崭新的校园体育文化活动，即体育俱乐部。这一新兴的体育教学模式已逐渐获得高校的认可和广泛应用，与当前形势及高校实际情况相契合。体育俱乐部的兴起，迅速成为校园文化的亮点。

体育俱乐部的活动开展掀起了校园体育热潮，充分利用了学校的体育场馆和设施，呈现出蓬勃发展的体育活动景象，体育俱乐部具备无形的凝聚力，将许多志同道合、兴趣相投的学生联系在一起，开展了各种有益于身心健康的竞赛、健身活动以及娱乐消遣，成功地激发了学生参与体育活动的积极性和主动性。

正是在体育俱乐部的引领下，校园体育文化迈向了新的高度，为其注入了新的内涵。此外，体育俱乐部还为整个校园文化的繁荣做出了积极贡献。这一发展趋势意味着，只有通过体育俱乐部的发展，高校才能更好地推动校园体育文化建设，进一步促进校园文化的全面发展。

6.有助于促进社区体育的发展

社区体育作为一种区域性体育活动，以社区为范围，以辖区内的自然环境和体育设施为支撑，以社区成员为主体，旨在满足他们的体育需求并促进社区内人际情感的发展，这一体育形式强调近距离、就地取材，具有广泛的社会价值。社区体育辅导员的角色至关重要，值得注意的是，大多数社区体育辅导员并没有接受过系统的专业培训，而是从社会待业人员中招聘而来，导致他们在科学锻炼知识和正确指导方法方面存在不足，为了适应社会发展的新要求，有必要加强他们的专业知识培训。

（三）高校体育教学推行俱乐部模式的发展策略

高校体育俱乐部模式独具特色，具有显著优势，有利于培养学生终身体育意识、激发学生体育兴趣以及帮助学生养成持续参与体育锻炼的良好习惯。高校体育俱乐部模式在未来高校体育发展中将占据主导地位，成为发展趋势。因此，有必要大力推广高校体育俱乐部，使其在全国各大高校广泛开展，同时积极总结运作经验，并逐步完善其运行机制。

1.以学生为中心的体育俱乐部教学模式

体育俱乐部的教学组织形式应当追求以学生为中心的学习环境。以学生为中心的环境创设旨在鼓励互动，满足个体不同的学习兴趣和需求，促进学生的深度理解。以学生为中心的体育俱乐部在教学组织形式上展现出相当大的灵活性，学生享有选择上课时间和任课教师的自由权，强调了学生兴趣的多样性，尊重个体差异。在教学组织方面，以学生为中心的体育俱乐部强调多样性，以最大限度地满足学生的体育兴趣，特别强调师生关系的协作性和双向发展。

以学生为中心的体育俱乐部教学模式的特点主要表现在体育俱乐部不仅强调教育的时代性，还强调教育的社会性，更注重教育的针对性、适应性以及实际操作的可行性，为学生提供了更大的自主权，使他们能够更好地追求自己的兴趣爱好，有利于尊重个体差异。

2.课内外一体化体育俱乐部教学模式

在"健康第一"和"终身体育"教育理念的引导下，课内外一体化体育俱乐部教学模式以学校体育设施为基础，旨在满足学生的生理、心理和社会层面的需求，这一模式强调学生主动选择俱乐部，并巧妙地融合多种教学策略与方法。课内外一体化体育俱乐部将课内体育教学与课外体育活动融为一体，既履行了课内体育课的职责，还关注了学生的课外体育锻炼、团体竞技和业余训练。课内外一体化体育教学模式的实施具有以下优势：首先，我国的学校体育教学改革为这一模式提供了有力支持；其次，一些高校已经积累了课内教学俱乐部和课外体育俱乐部的实践经验，为其提供了保障。此外，这一模式的特点，即内外贯通、紧密结合、相互统一，最大限度地提高了教学效果，实现了教学目标，必将成为我国高校体育改革的主要方向。

3.完善管理体系

高校体育俱乐部应该建立健全运营机制和管理体系，以确保俱乐部的目标、管理结构、组织机构、约束措施和经营运作之间的职责分工，从而形成一个科学完备的规范框架。为此，需要采取一系列措施。

首先，应根据实际需要设立不同类型的组织机构，并选举产生俱乐部学生领导，这有助于确立俱乐部的治理框架。俱乐部应拥有完善的章程，以规范其运营经费管理等相关制度，并实行清晰的分工责任制。其次，体育部门在尊重俱乐部自主管理权的前提下，提供指导、监督和评估，以确保各俱乐部的活动得以顺利进行。俱乐部需要按照章程执行各项工作，编制年度工作计划和工作总结，并按计划完成各项活动，还需要建立详细的管理规定和严格的考勤制度，以提高管理效率。最后，高校体育俱乐部应该在学生充分自主管理的基础上，持续、规范、科学地发展，不断完善其运行机制，确保各项工作能够有序推进，从而实现可持续发展。

4.项目设置的非竞技性

高校体育俱乐部的教育目标主要聚焦于提升学生的整体健康水平，而非专门培养竞技体育选手，因此需要与体育专业院校的竞技体育课程区分开来。在选择体育项目时，需要精心考虑，避免过于单调的技术训练项目，如中长跑或竞走等，但也不宜过于随意，需要确保所选项目具有一定的吸引力，能够引发学生的兴趣，具有适度的挑战性。例如，女生通常倾向于参与运动强度较低的休闲项目，如乒乓球、羽毛球和游泳等；而男生则更多地偏好参与网球、篮球、足球等较为激烈的体育项目。高校应当设立多样化的专项体育俱乐部，以满足不同性别学生的需求，让学生能够在娱乐活动中保持身体健康，通过娱乐锻炼的方式提高体能水平。这些体育项目具有广泛的受众基础，不仅在校园内受欢迎，在学生毕业后，也仍然可以作为一项健康的终身运动，成为他们工作和生活中不可或缺的健身方式。

5.获取体育赞助

高校可通过体育赞助活动获得来自赞助企业的资金和实物支持，以弥补俱乐部活动所需资金的不足，推动高校体育活动的开展，并提升其水平。体育赞助是指企业与体育组织（受赞助方）之间的合作，企业向体育组织提供资金、物资、劳务等支持，而体育组织则以广告、冠名、专利等无形资产作为回报，实现双方平等互利的商业活动。对于高校体育俱乐部的发展而言，体育赞助扮演着资金保障的重要角色，不仅有助于扩大体育部门的财政资源，增强体育运动的活力和动力，还能够促进经济增长，提升企业的竞争力和影响力。体育赞助对高校体育事业发展至关重要，应加大政府对高校体育资源市场的宣传推广力度，积极支持体育赞助，鼓励企业、公司以及个人对高校体育事业进行商业性赞助，并给予相应的优惠政策，在确保双方皆获益的前提下，最大限度地让利于公司和企业。

三、产学研用合作教育模式

(一) 产学研用释义

产学研用合作教育模式,是一种系统性的协作方式,将生产、教育、研究以及用户需求紧密结合在一起。"产"指特定产业的生产过程,体现了经济和社会发展的需求及方向;"学"则关联知识的传授和教育行为,代表着教师将知识和技能传授给学生,为生产培养和输送专业技能人才;"研"则涉及科研活动,其科研目标在于为生产服务,确保科研与实际生产密切相连;"用"则指应用和用户需求,体现了"产""学""研"具体落地的实践,实现了与实际应用相结合的目标和意义。

通常情况下,学校需要以产业的进展和企业的需求为指导方针,以创新人才培养方式;以实现学校和企业之间的人才资源共享为目标,从而实施产学研用合作教育模式。并且,学校应当以产业进展和企业需求为起点,通过创新高校科研管理模式,与企业共同建设各类产学研用合作机构。学校也应当着眼于提高就业者的素质,为此需要构建多样化的高校教育培训体系,与企业展开联合专业人才培养计划,共同建设实习和实训基地。此外,学校还应当着重解决地方经济发展中的实际问题,以实现教学成果的转化。

总之,产学研用合作教育模式是一种创新合作模式,是企业、学校以及科研机构为实现各自的目标而构建的,这种合作模式具体体现在"应用"领域,不仅仅是理论上的合作模式,更是注重实际应用的合作模式。

(二) 体育教学中运用产学研用合作教育模式的意义

1.满足我国社会经济文化建设与发展对不同体育人才的需求

产学研用合作教育模式可以为高校体育专业提供坚实的理论指导和

实践场所，助力高校体育教学方法创新，从而为提升体育教学的品质创造有利条件。因此，构建一个结合产学研用的高校体育教学模式，无疑成为提升我国体育教学人才培养水平的一条关键路径。

2. 有助于提高高校体育教师的综合业务能力

在高校体育教学工作中，教师的综合职业技能对确定教学的标准与品质起着决定性的作用。加强体育教师这方面的能力，对于提升教学效果具有重要作用。产学研用的协同教育策略为教师提供了实践场所。在此基础上，教师可通过不断实践丰富其经验，确保他们在实践过程中能够深入理解体育教学的专业性、与时俱进的特质及其创新精神，有助于增强教学的品质，加快学生在专业及应用技能上的进步。

3. 有助于实现体育人才培养的量与质的提升

在产学研用协同的教学框架中，其核心参与者主要包括用户与应用端。用户的实际反馈为体育教学领域中的课堂教学提供了宝贵的建议。此模式有效地整合了学术研究与实际应用，不仅对课程进行了有逻辑的布局，也融入了实践环节，确保学生在掌握理论知识的同时，积累实际操作经验，从而为培养高质量人才奠定了坚实的基础。

4. 有助于体育专业学生社会实践能力的提升

在实践活动中，学生能够展现其应用技能，其中，产学研用教学模式不仅有助于学生深入了解与掌握理论内容，还有助于提高其实践、研究与创新的技巧。通过这种合作式的教育策略，强调学生在理论学识、操作技能以及综合素质方面的核心价值，进而为其提供了一个优质的实践场景，使他们更早地与社会互动，并做好由校园至职场的转换。此外，当学生参与到这种实践中，他们有机会提前了解到与其专业相关的工作流程，集体实践项目也锻炼了他们的团队合作和协同作战的能力，种种实践经验都对提高学生的应用技能具有推动作用。

（三）体育教学运用产学研用模式的思路

1.为了培养新型应用型体育人才，需明确学校定位以及体育教学定位，并结合社会需要制定合理的体育人才培养方案

制定体育人才培养方案需要综合考虑多个因素，包括市场调研、专家建议以及用户反馈，确保该方案具有一定的特色，以便在教育计划中有针对性地培养应用型体育人才，实现学校培养与社会需求之间的紧密衔接，增加实践教育在体育课程中的比重，以提高学生在体育领域应用知识的能力，并提升其在体育行业中的操作技能。学校还可以根据专业方向的特点，精心设置一些实用性强的课程，重点培养学生的社会适应能力。除此之外，许多高校都与特定地区有一定的联系，因此，可以鼓励体育教师和专家积极参与当地经济的发展，为地方体育产业的发展提供理论和技术支持，构建起多元发展的体育产学研用模式。

2.将课堂延伸到社会和将社会资源引入校园相结合，形成产学研用的动态合作

为了使学生突破课堂教学的局限，拓宽他们的视野，深入了解体育产业的多个领域，如体育管理和体育训练，人们需要将教育延伸至社会领域，将社会资源有机融入学校教育，以丰富课堂教学内容。将社会资源引入校园是指将外部社会资源引进学校，作为体育教学的有益补充。例如，定期邀请体育俱乐部的管理人员来学校举办讲座，或者聘请社会上知名的教练和裁判员来学校为学生授课，帮助学生更好地将理论知识运用到实践中。此外，还可以聘请经验丰富的专家来分享体育营销和赛事策划方面的经验，有助于更新教学内容，使学生更好地了解所学知识。通过将课堂教学与社会资源引入校园相结合，有助于解决体育课堂教学存在的问题，并更好地实现体育教学的动态培养。

3.体育学生的毕业设计由校内教师和用人单位同行共同指导

体育专业学生的毕业论文设计是考查其综合素养和体育专业知识应

用能力的重要体现，在产学研用合作教育模式下尤为重要，可视为对学生综合水平的全面评估，展示体育专业人才培养目标的综合性和实践性，要求学生在选题时充分考虑体育产业的实际需求。学生应在细节方面精益求精，深入研究小问题，这样的方式有助于校内教师和校外体育从业者更好地指导学生，引导学生从社会实践的角度深入挖掘问题，帮助学生拓展研究的广度，从而拓宽其毕业论文的研究方向和视野，为学生的毕业论文提供多方面的支持，包括方法论、实践经验和理论知识等。

4.体育课程设置应满足不同用人单位对不同体育人才的需要

从当前体育专业课程设置的角度来看，部分课程方向已经与社会对体育专业人才的需求逐渐脱节，因此，应根据社会的体育需求来调整体育课程的设计，以便向学生传授实用的实践知识。理论上，一个完善的体育专业课程体系应该包括两个方面，即理论和实践。实践方面涵盖了毕业实习、社会实践等多个领域，而理论方面则主要包括基础课程和技能专业课程。为了弥补实践教育的不足，有必要让学生接触更广泛、更新颖的信息。通过学习体育理论知识以及收集体育产业案例，引入案例教学方法，可以在一定程度上缩小这一差距。

总之，通过优化体育教育资源，采用新型的体育人才培养模式，有助于促进体育产业的发展。因此，采用产学研用教育模式，以合理方式结合产业、学术界、研究机构和教育机构的合作，是较为必要的。

第三节　当代高校体育教学模式的发展与改革

一、高校体育教学模式的发展

（一）教学目标越来越情意化

通过对教学理论研究和教育实践的深入分析，可以明确，在体育教学活动中，学生的智力因素和非智力因素都具有重要作用，在构建现代教育模式时，应纠正传统教学活动中过分强调智力因素而忽视非智力因素的问题，不应将教育模式的目标局限于知识的增长和能力的培养，而应将情感教育、人格培养、品德塑造与知识传授相融合。

情感活动往往与心理活动紧密相连，因此，这种综合性教育模式可以有效培养学生的自主性、情感智慧和创造性思维。例如，情境教育模式、体育教学模式等通常设计具有挑战性的情境，从而凸显了教学过程的复杂性、新颖性和趣味性等特点。在激发浓厚的兴趣、强烈的动机和坚定的意志状态下，通过学习并掌握体育知识和技能，学生的求知欲得以最大限度地释放。现代教育模式应以全面的视角看待学生的成长，将智力因素和非智力因素有机结合，以培养具备知识、情感和品德全面发展的学生，不仅有助于学生更好地适应现代社会的要求，还有助于提高他们的综合素质和创造力，使教育更具人性化和情感色彩。

（二）教学形式越来越综合化

综合性教育模式的演进意味着在体育教学领域更加侧重课内外一体化。由于受到诸如课堂时长等因素的制约，培养学生自主运动技能和养成锻炼身体的习惯变得至关重要，也有助于终身体育的发展，然而，这些目标不能仅依赖于课堂内的教育时段。因此，在课外的时间段内，积极进行强化练习和过渡性练习，对已学的知识和技能进行系统的复习与巩固，以养成经常锻炼的习惯，从而使运动技能真正达到自动化的水平。

（三）实现条件越来越现代化

当前的课程改革较为重视信息技术在教学过程中的积极运用。这意味着需要将信息技术与学科课程相融合，以推动教学内容、学生学习、教师教学以及师生互动等方面的变革，充分发挥信息技术的优势。唯有如此，学生才能在学习和发展过程中受益于多样化的教育环境，同时获得实用的学习工具。现代信息技术在课堂教学中的广泛应用，能够改善教学模式，使其向现代化迈进，推动体育教学的变革。在体育教学中，结合现代教学工具，学生能够更好地融合视觉和听觉，从而提高教学效果。

（四）评价标准越来越多元化

不同的教育模式需要以多样化的方式进行评估。这种多样性的需求由于教育模式的理论基础日益牢固，以及教学实施目标呈现情感化趋势，尤其是在体育教学领域，评估方法势必会发生改变。传统的单一评估方法已经不足以反映教育模式的科学性，因此，多元化的评估标准不可避免地取代传统单一的方式。

当代的体育教学模式逐渐关注多元化的评估方法，更加注重对学生学习过程的评估、自我评估以及单元评估等方面。

（五）相关研究越来越精细化

进行理论研究的目的在于为实践研究提供指导，同时有效地总结实际经验。理论脱离实践将使其失去意义，目前许多理论研究都面临这一困境。因此，应加大研究力度以获得更好的效果，将理论研究与实践相结合被视为一种高效的方法。

融合理论与实践有多重益处。首先，能够使教学模式研究与理论研究同步发展，从一般教学模式研究逐步演化为学科教学模式研究，进而推动课堂教学模式研究取得显著进展。其次，这一趋势使课堂教学模式研究更加细致入微。例如，教学模式可以细分为学期教学模式、单元教学模式、课时教学模式等，促使现代教学模式研究朝着更为精细化的方向发展。

二、高校体育教学模式的改革

目前，常见的学校体育教学模式比较有限，但随着体育教学改革的不断推进和创新还会涌现出更多的教学模式，并且在学校体育教学中得到应用。而关于未来学校体育教学模式的改革，其侧重点与趋势主要表现在以下几个方面。

（一）重视学生的主体性

在传统教学模式中，教师的角色比较突出，强调了教师的主导作用。它单纯地将教学过程归因于教师的"教"，而忽略了学生的"学"。这种偏向导致学生在教学过程中处于被动的地位，阻碍了他们主观能动性的发挥和自主能力的培养。

随着以"学"为核心的教学理念的兴起，传统的师生关系发生了巨大变革，他们的地位和作用也发生了根本性的变化，逐渐有人开始摒弃"教师中心论"，转为教师为主导、学生为主体的教育理念。在这一新教学观念的影响下，体育教学模式也需要进行相应的改革。具体而言，主要改革方向在于从教师为中心的教学模式向教师为主导、学生为主体的教学模式转变。这一教学模式有利于培养学生的创新能力、自主学习能力和探究精神。在一定程度上，这能够激发学生学习的积极性和主动性。除此之外，这一模式与现代人才培养理念高度契合，因此可视为体育教学模式的重要改革方向之一。

（二）保留演绎型教学模式

教学模式的形成涉及两种方法：归纳法和演绎法。前者源自概括实践经验，后者是基于逻辑推理的产物。在设计教学模式时，从某一思想或理论假设出发，生成的模式被称为"演绎型教学模式"。20世纪50年代之后，许多教学模式属于这一范畴。演绎型教学模式以理论假设为起点，通过演绎推导形成，对科学理论基础较为重视。

演绎型教学模式的显著特征是它不仅能使人们自觉地运用科学理论进行指导，还为积极设计和构建特定的教学模式以达到预期目标提供了坚实的基础。因此，演绎型教学模式的发展成为教学模式演进的重要趋势之一，这一趋势与教学理论的研究方向相契合，强调了科学理论在教学中的关键作用。

（三）注重学生能力的培养

当代社会科学技术蓬勃发展，知识体系不断扩张，终身教育的推广以及竞争压力的不断升级，对个体能力提出了更高的要求。传统的知识积累已不再满足当今社会的多元需求。因此，人们要在体育教学领域对教学模式进行革新。唯有如此，方能有效地培养学生的体育素养、综合能力、创造潜能、自主学习技能以及人际交往技巧。

此外，自九年义务教育实施以来，一直强调学生的全面发展，包括道德品质、智力水平、体育素养、劳动技能等各个方面。随着实践活动的不断增多，人们更加深刻地认识到个体能力的关键作用。在这种背景下，体育教学模式的改革逐渐由知识传授向能力培养转移，这样一来，学生在参与实践活动的同时，能够更全面地了解自己，从而不断挖掘和培养潜在的各项才能。

第六章　当代高校体育教学管理与发展之道

第一节　体育教学管理概述

一、体育教学管理的概念

根据教育与体育的基本原理，运用管理学的前沿理论与手段，在人力、物力和财力资源有限的情况下，对学校体育事务展开规划、执行与评估的一系列行动，该流程是持续且有规律的，表现为周期性循环。管理周期可以明确地划分为规划、执行与评估三个关键环节。

规划环节，作为体育教学管理流程的开端，其主要任务涉及诊断问题、前瞻性预测、确立目标和做出决策；执行环节，作为流程的核心部分，旨在实现前一环节的规划，关键活动包括组织、指导、审查、监控和协同等；评估环节，作为整个管理流程的终结，核心职责在于比对、评鉴和整合。这三个环节并非孤立存在，而是彼此相互关联、相互催生，依照既定的顺序，构建密切且带有高效反馈机制的循环体系。

二、体育教学管理的组织

学校的体育行政管理工作是在学校党组织的统一领导下，由校长或主管副校长负责，进行分级管理。

（一）校长或主管副校长

校长或主管副校长在上层行政机关的指导下，对学校中与体育相关的事务进行综合性管理，需要严格遵循来自政府、教育委员会以及体育委员会的行政指导、法律规定和制度框架，并以此为依据，制订学校体育的长期规划。在制定完策略后，需要在校务会议上进行讨论并做出相应的决策，策略确定后，领导层人员需要确保工作的具体执行，监控项目的进度，并对其进行适时的调整和检查。在各个项目完成后，他们负责进行综合评估与总结。除了直接的体育管理工作，管理者还需要对教育指导部门、行政部门、青年团体和教育工会中与体育相关的项目进行督导和指导。例如，与青年团体合作，确保体育活动的有效宣传；与教育指导部门协同，保证教学质量、业余训练和集体活动的顺利进行；通过行政部门确保体育经费的合理分配。较为重要的是，为了确保学校体育工作的成功开展，需要激发校园内师生的热情和关心，具体涉及日常的体育锻炼和教学，需要为师生的思想政治教育、业务培训、日常生活中的问题提供必要的指导和支持，从而与各部门共同推进学校体育工作的全面发展。

（二）教导处（体卫处）

与体育研究部门协同合作，确保对年度及学期的体育教学、比赛和运动员训练的策略进行初步规划，随后提交给校长或主管副校长进行审核。进一步的职责包括监管体育教师的专业培训与进修、确保合理的体育教师人员分布，并参与体育研究部门主管的选拔与任命过程。对于关键的决策或任务，应向校长或主管副校长汇报和请示。此外，对日常体育活动和健康事务的检查和监督也必不可少。

(三)体育教研室

根据党的教育和体育指导原则以及高级行政部门的工作方向，与各相关单位共同策划学校体育的长远规划与短期计划，制定相关的管理条例，为学校的体育方向提供建设性的意见；积极聚合教师团队对体育教学大纲、教材以及教学手段进行深入研究，在学校管理层的支持与指导下，持续开展学校的群体活动，并对业余训练团队进行有效组织。

(四)体育教师

在体育教学领域，体育教师担负着重要的职责，其工作受体育教研室主任的直接指导和任务分派，体育教师需要以高度创造性和责任感履行自己的工作职责。首先，体育教师应深刻领会党的教育和体育政策，精研专业知识，全身心致力学校的体育工作。其次，体育教师应精心策划学校体育教学课程，深入研究教材，掌握高效的教学方法，并制定恰当的课程安排，以确保体育课堂教学顺利开展，积极推动体育教学改革，提升教学水平。再次，体育教师应主动承担额外的业余训练任务，积极发现和培养体育方面的优秀人才，组织并监督课外体育活动和竞赛，履行特定的管理职责。体育教师在指导学生锻炼身体的同时，要激发他们对体育的浓厚兴趣和良好习惯的养成。最后，体育教师应积极参与体育宣传和教育工作，与总务处合作，确保体育场地和器材的有效管理。这一系列职责不仅需要高度的专业素养，还需要领导能力和组织协调能力的充分发挥，以保证体育教学的顺利开展和学生体育素养的全面提升。

(五)学校体育后勤

一般情况下，学校体育后勤的活动是在校长与负责后勤任务的副校长的指导下进行的，为确保体育教学的顺利进行，应制定相应的财务预算，需要与其他部门合作，确保资金的合理分配和使用。在这一流程中，还需要对经费的用途和使用情况进行严格的监管与核查；了解体育教学和竞赛活动，更好地认识体育场地和器材的使用模式，确保场地的有效利用，确保器材的供应和使用达到预期效果。同时，维护这些设施与器材是非常有必要的，为此，需要建立完整的采购、验收、存储和出库程序，使每一台设备都能得到适当的管理；在体育后勤的日常操作中，应具备一定的节约意识和自主创造能力，如通过组织制造体育器材，可以在一定程度上解决器材短缺的问题；与器材的使用者合作，并培养其维护和保护器材的意识；学校卫生室或校区的学生体质测定工作以及健康卡片的建立，也需要体育后勤的参与和支持；为促进学校体育事业的持续发展，学校体育后勤还应参与制订工作计划；从科研角度考虑，对学校体育后勤的各项活动进行总结，并提出针对性的意见和建议，这些对于学校体育的长远发展具有积极意义。

在学校体育结构中，每个部门都承担着特定的体育行政管理职责，各部门的职责映射了其在体育行政管理中的角色定位，呈现出密切的联系与相互制衡。为确保学校体育行政工作的有效推进，部门间的协同合作尤为关键。在完成管理任务时要基于明确的方法，深入思考管理哲学，从而确保学校体育管理的高效执行。

三、体育教学管理的特色

（一）综合性

学校体育教学管理的核心内容涵盖了人员（特指教师与学生）、场地与设备（如体育设施和器材）、经费（指体育相关资金）、资料（主要是教学材料和文件）以及时间管理（如教学进度和课程时间安排）。在整个管理流程中，确保这些元素的和谐整合与高效利用至关重要。体育教学管理的综合特点不仅在于其多元内容的整合，还涉及教与学的双向管理、任务与执行者的对接以及确保在"管理有人"的框架下，关注执行任务的人的思维导向。

（二）连续性

在学校体育的实施过程中，其流程呈现为一个连续、逐级递进的结构。为确保其效果，管理流程要确保完整性，避免出现中断或不连续的现象。对于其中的常规内容，也应当保持其稳定性，避免随意更改。尽管从时间维度来看，学校体育管理可以划分为多个环节和不同阶段，但维护和监督它的连续性至关重要，且需要长期坚持。

（三）教育性

学校体育教学管理的核心在于对人的引导和指导，充分调动师生及其他相关人员的积极性与参与性，构成了学校体育教学管理的主要职责。学校体育教学管理隐含了教育的属性，要求在执行任何管理措施时，均应考虑其教育影响，并且鼓励相关人员明确自己在工作或学习中的目标和责任，从而提高其自觉性与参与度。

（四）反馈及时性

学校体育教学是一个由多种要素驱动的复杂系统，在其运行过程中，基于反馈机制，应持续捕获各个维度的即时数据，实时对各要素间的互动进行优化，以确保系统的稳定性，以实现人力资源、资金分配以及场地和器械的最大化利用，从这一角度来看，学校体育教学管理显现出其即时反馈的核心属性。

四、体育教学管理的原则

（一）整体性原则

整体性原则是指在特定领域或机构内，将各个组成部分、要素或活动视为一个相互联系和相互影响的整体，并通过协调和综合各个部分实现更全面的目标或效果。在高校体育教学管理中，整体性原则是指将体育教学与整个高校的教育管理体系有机结合起来，以实现全面教育目标。

1.教育目标的一体化

整体性原则要求高校体育教学目标与整个高校的教育目标一致，体育教学应作为培养学生全面发展的一部分，与学术教育和综合素质教育相互补充，以确保学生在多个方面得到培养。

2.教育规划的一体化

整体性原则要求高校在制订教育规划时将体育教学纳入考虑范围。体育课程和活动应与其他学科课程有机衔接，避免冲突和重叠，确保学生得到全面发展。

3.教育评估的一体化

高校对体育教学进行综合性的评估，以确保体育教学的质量和效果，在实际评估过程中应综合考虑学生的体育技能、健康状况以及体育教学对整体教育目标的贡献。

（二）系统性原则

系统性是一种综合性的管理方法和思维方式，旨在将复杂的组织或现象看作一个相互关联和相互影响的整体，而不是单独的、孤立的部分。系统性强调各个组成部分之间的相互关系和相互作用以及它们对整个系统的影响。在学校体育教学管理中，系统性原则具有以下几个作用。

1.整体观念

理解学校体育教学管理系统是一个复杂的整体，由多个子系统组成，包括体育教学、课外体育活动管理、业余训练与竞赛、体育专业建设和体育学科建设等，管理者需要将这些子系统视为相互关联的部分，以便更好地协调运作。

2. 协同合作

系统性原则鼓励各个子系统之间进行协同合作，以实现学校体育教学的整体目标，要确保各个子系统之间信息流畅、资源共享，以促进工作协同发展。

3. 目标导向

系统性原则要求明确定义学校体育教育的目标，并确保各个子系统的活动有助于实现这些目标，确保资源和精力投入到重要的事务上。

4. 反馈机制

系统性原则强调从系统内部和外部获得反馈信息，并利用这些信息不断改进管理活动。管理者需要建立反馈渠道，以便了解子系统的运行状况，并采取措施进行调整和改进。

（三）计划性原则

计划性是一种管理方法和思维方式，旨在有目的地确定未来的行动步骤和资源分配，以实现预定的目标和任务。它涉及系统性地规划、安排、组织和控制各种活动和资源，以确保它们在特定时间内以最有效的方式完成。学校体育教学管理中的计划性原则是一种关键的管理方法，有助于确保体育教学活动的有序进行和实现教育目标。计划性原则要求在管理过程中明确目标、制订详细的计划、合理分配资源、监督实施以及进行评估和改进。首先，计划性原则要求明确定义学校体育教学的具体目标，这些目标应清晰、具体、可量化，以便衡量和评估进展。管理者需要明确知道他们希望学生在体育方面取得什么成就，这有助于为教育活动提供明确的方向和指导。其次，计划性原则要求制订详细的教育计划，包括课程安排、教材使用、教学方法、考核方式等，教育计划应与教育目标相一致，确保活动的有效性和有序性。管理者通过制订详细计划，可以清晰地了解每个教育活动的内容和步骤，并确保它们按计划开展。最后，计划性原则要求合理分配资源，包括教师、设施、器材等资源的合理分配，以支持教育计划的实施，进而提供高质量的体育教学。此外，计划性原则还包括监督实施和定期评估。管理者需要监督教育计划的实施情况，确保活动按计划进行。如果出现偏差或问题，需要采取适当的措施进行调整和改进。

（四）动态性原则

动态性是管理学和组织学中的一个概念，是指管理者应具备对环境和情况的灵活适应能力和响应能力，强调在管理过程中随时根据新的情况和信息做出调整和改进，以适应变化和变革。动态性原则要求管理者具备静态规划和执行的能力以及快速决策和灵活应对挑战的能力，以确保管理目标的实现。在学校体育教学管理中，动态性原则的应用体现在以下几个方面。首先，动态性原则要求管理者具备灵活的计划和决策能力，随时根据新的信息和情况调整管理计划，以适应不断变化的学校体育环境。其次，组织和领导方面也需要动态性。不同的学校和团队情境可能需要不同的组织结构和领导风格，要根据具体情况选择适宜的方式组织和领导团队，以确保任务的高效执行。最后，动态性原则要求在执行和控制方面保持适应性。管理者需要及时监测和评估体育教学活动的进展，如果发现问题或偏差，应迅速采取有效措施，以确保活动按照预期顺利进行。

（五）人本性原则

人本性原则就是学校体育教学管理的一切活动都要依靠人、培养人和发展人。这主要是说要在学校体育教学管理的过程中坚持"以人为本"的原则，调动人的积极性，做好学校体育工作；学校体育教学管理的一切活动要以培养人和发展人为目标。在学校体育教学管理系统中，主要涉及的参与者可以分为以下三类：首先，学生被视为管理的核心对象；其次，教师不仅是管理工作的执行者，还是其影响对象；最后，学校体育管理人员负责实施和执行管理计划。为了真正落实人本性原则，管理者需要综合运用物质激励和精神激励的策略，调动这三类人员的积极性与创新能力。此外，他们应确保通过各种策略和手段，使每项活动都能真正围绕个体的需求与发展进行。总的来说，人本性原则为学校体育教学管理提供了一个明确的方向，即所有管理行为都应围绕人的发展与成长展开，以促进体育教学的发展。

第二节 高校体育活动管理

一、体育课堂教学管理

（一）高校体育课堂教学管理的目的

在高校教学中，体育课堂旨在为学生提供体育文化的深厚理念和熟练的运动技巧，其重要性不止于此，体育课堂致力于激发学生参与体育活动的热情，强化其竞技精神，保持身体健康以及提升他们的实践能力。此外，体育课堂致力于提高学生对终身体育的认知，并期望他们能够成为社会所需的全方位人才。为了达到体育教学的既定目标，应聚焦以下几个关键领域进行深入探索和实践。

首先，在当前的社会背景下，传统的思维和行为模式受到各种新兴事物的强烈冲击。因此，高校应当与时俱进，更新认知与处理问题的方式，以确立正确的大学体育教学思想，强化学生的体质，提高其对体育的认知，确保他们能够掌握科学的锻炼方法，帮助学生养成自发锻炼的习惯，秉持终身体育的信念，并为其身心健康成长提供支持。

其次，对于体育教学，其目标不应局限于单一方面。相反，应当从多维度强调体育的综合功能，展现其在教育领域的多重价值。

最后，完善评价机制在体育教学中起着关键作用，科学的体育教学评价应融合对教学成果和过程的评估，不只是对评价机制的完善，更要确保教学目标的准确制定，并助力达成所制定的教学目标。

（二）高校体育课堂教学的组织管理

高校体育课堂教学采用了以学生集中教学为主的方式。相较于中小学教育，高校的教学组织更加灵活多样，可以采用自然班的形式，也可以进行跨性别的合班教学。

高校体育课堂教学的开展是在专业体育教师的组织和安排下进行的。完善的体育教学组织实施包括以下几个方面。

1.课前准备管理

课程准备是教师在授课前的教学准备，是确保成功开展一堂课程的基础和先决条件。高校体育课程的课前准备涵盖以下几个方面。

（1）研究体育教材。教材在课堂教学中具有重要的作用，是教师的依据和教学的基础。在开展课堂教学前，教师需要进行以下几个关键步骤：首先，教师应该仔细研究体育教学大纲，即课程标准，需要明确本学科的总体教学目标以及各个单元和本节课的具体教学目标，确保教学活动与课程要求相一致，并且教师应该深入了解教材的体系范围和深度，以便有针对性地安排教学内容；其次，教师应该特别关注教材中的重点和难点问题，对多种教材进行综合分析，将重要的概念、知识点和难以理解的部分进行串联和总结，进而为学生提供清晰的解释和指导；最后，教师应该建立备课的文档和资料，以备不时之需，具体包括制定课堂活动安排、教材使用策略等，帮助教师在课堂上更好地组织教学，应对可能出现的问题，并确保教学过程的顺利进行。

（2）熟悉学生基础。在进行课堂教学前，教师有必要充分了解学生的情况，包括学生的体育知识、运动技能水平等方面的信息，这样的了解可以促进学生的综合发展，并且通过了解学生的体育知识和技能水平，教师可以根据学生的不同水平进行分层教学，确保每位学生都能得到适当的指导和支持。此外，了解学生的身体健康状况可以帮助教师合理安排体育活动，确保学生的安全。同时，对学生认知能力、运动水平、学习兴趣以及个性特征等方面的了解有助于教师更好地调整教学策略，以提供更具吸引力和有效性的教育体验。

（3）选择适当的教学方法。一旦确定了教学内容，确保学生能够顺利学习就成为一个重要任务。在这个阶段，体育教师需要根据具体情况选择适当的教学方法，确保教学活动的顺利进行。选择教学方法的依据通常包括教材性质、教学任务的要求、学生的情况以及场地和器材的条件。

（4）编写教案。在备课过程中，管理者应向体育教师明确备课的具体要求，其中包括规范的教案编写。教案也称"课时计划"，是对预期课堂教学活动的设计和描述，用以指导每堂课的具体教学准备。体育教师通过编写教案体现教学内容的组织和设计，因此每位教师都需要认真编写教案。

完整规范的教案通常包括以下几方面内容。

①教学目标：明确课程的学习目标，确保教学活动与这些目标一致。

②教学内容：详细列出本节课的教学内容，包括理论知识、实际运动技能等。

③教学方法：选择适当的教学方法，如示范、实践、讨论、解析等，以实现教学目标。

④教学重点：强调本节课的教学重点，确保学生专注于关键概念和技能。

⑤运动负荷：考虑学生的体育基础、体质和伤病情况，合理安排运动负荷，确保安全和有效的体育活动。

⑥场地器材：描述使用的场地和器材，准备教学所需资源。

⑦课后记录：有时教案还包括课后记录，用于评估学生的学习成果和教学效果。

在编写教案时，教师应根据学生的情况，如体育基础、体育水平和健康状况，同时考虑可用的场地、器材等实际情况，进行详细记录。备课中的文字应简洁明了，教法应正确运用，以确保课堂教学的高效性和质量。教师通过规范的教案，能够更好地组织和指导学生学习，提高教学的有效性。

（5）准备场地、器材。高校体育教学涵盖了多种项目，因此在课前需要准备所需的场地和器材，这是一堂高质量体育课的重要物质保障之一，教师应提前检查场地的可用性，确保场地符合课程要求，并确保所需的器材齐全、完好，如果有需要，可以提前预订场地和器材，以避免教学过程中不必要的延误。另外，教师应在有限的场地内，合理安排学生的站位和活动区域，确保每位学生都有足够的空间参与体育活动。此外，教师还应根据教学内容和教学方法布置器材和道具，以保证教学活动的顺利进行。

2.课中课堂管理

课堂管理的质量直接关系到学生的学习效果。因此，管理者应对课堂教学提出明确要求，包括进行课堂观摩、听课，组织公开课、观摩课等方式，加强对体育课的检查和监督。

管理者在体育教学中扮演着为体育课程提供必要条件、协助教师解决问题以及创造良好上课环境的重要角色。体育教师既是教育者，也是管理者，他们的管理工作对于体育课的质量至关重要。具体的管理工作包括以下几个方面。

（1）建立课堂常规。管理者应协助教师建立良好的课堂管理常规，确保学生在课堂上遵守秩序，课程能够顺利进行。例如，在每节体育课开始前，教师可以与学生分享课堂规则，如不使用手机、保持安静、遵守安全指导等。管理者可以为教师提供支持，确保规则得到遵守，并与教师一起整治违规行为。

（2）合理分组。考虑到学生的体育水平和需求，管理者与教师一起设计了一个学生分组系统。例如，对于一堂篮球课，管理者可以建议将学生分成不同水平的小组，以确保每个小组都有机会在适合他们技能水平的比赛中取得成功。

（3）场地器材运用。管理者需要确保体育场地和器材的维护和有效使用，可以安排定期检查和制订维护计划，以确保器材完好无损。此外，还可以协助教师预订场地，确保他们在需要时可用，并提供适当的器材以满足教学需求。

（4）安全措施。管理者与教师一起制定严格的安全政策，并确保学生和教师都了解这些政策；提供急救培训，以有效处理突发情况；定期检查体育设施，以识别潜在的安全风险。例如，在进行高风险的体育活动（如攀岩）时，管理者可以要求教师提供详细的安全计划，包括使用安全设备和培训学生正确的技能，以减少潜在风险。

（5）思想政治工作。管理者与教师一起制定体育教学目标，包括培养学生的良好品德和价值观。例如，在足球比赛中，教师可以强调团队合作、公平竞争和尊重对手的重要性，以培养学生的道德观念。

（6）运动密度和强度。管理者可以为教师提供有关运动密度和强度的指导。例如，管理者可以推荐教师使用心率监测器监测学生的运动强度，并确保课程中有适当的热身和冷却活动，以减少受伤的风险。

（7）教学方法和手段。管理者可以提供支持和培训，以帮助教师改进教学方法和手段。例如，管理者可以组织教师工作坊培训，介绍最新的体育教学技巧和策略。

（8）学生服装要求。管理者可以制定学生在体育课上的服装标准，以确保他们的安全和舒适。例如，要求学生穿着运动鞋和运动服装，以减少受伤的风险，并提供建议或资源，以帮助家庭购买必要的运动装备。

3.课后事务管理

高校体育课堂的课后事务管理可分为以下两个方面：一是针对每堂课的结束部分；二是全课程结束后的工作。

在课程结束部分，体育教师应留出足够时间进行课堂总结，回顾本节课的教学过程，评估教学成果，并记录教学得失，这有助于改进未来的教学工作，以及确保课堂教学质量的持续提高。最后，教师应组织学生收回器材，整理场地，并按时下课，以维护教室秩序和资源的高效利用。

二、课外体育活动管理

（一）什么是课外体育活动

课外体育活动是指在校园内，包括课前、课间和课后，面向全体学生开展的体育锻炼活动，其主要目的是促进学生的生长发育，提高学生的健康水平，并满足广大学生多方面的身心需求，旨在实现学生身体、心理和社会适应能力的和谐发展，活动内容主要涵盖各类保健操和健身活动，以促进学生的体育锻炼和健康发展。

（二）课外体育活动的管理准备

1. 制订活动计划

第一，全校性体育活动计划。在制订全校性体育活动计划前，体育教研室或体育教研组应总结以往的经验，并广泛听取各方意见，随后将计划提交学校主管领导审批。这样的计划通常按学年或学期为单位制订，主要包括以下几方面内容：指导思想和目标、早操、课间操、大课间活动、年级活动、班级活动以及体育俱乐部的具体活动形式、内容和管理等方面的安排。

第二，年级体育活动计划。制订年级体育活动计划应根据学校体育课外活动计划、年级学生的身心特点、体育基础、运动水平等因素，合理安排适合学生的课外体育活动。

第三，班级体育活动计划。班级体育活动计划应在班主任和体育教师的指导下，由班级体育委员征得全班同学的意见和建议后制订。计划内容应包括活动的明确目标、详细内容和具体形式，以及活动的时间、场地、所需器材等方面的具体安排。

第四，俱乐部体育活动计划。俱乐部体育活动计划应由专人负责，通常由负责活动指导的教师制订。由于俱乐部体育活动承担多项任务，其计划相对而言较为复杂，管理者需要具备统筹兼顾的能力，确保活动的顺利进行。

第五，小团体及个人体育活动计划。小团体体育活动计划的制订具有较高的自由度，尤其是对于不稳定的团体组织而言，详细和可靠的计划可能较难制订。因此，活动计划应主要作为方向性参考，而在具体的体育活动过程中需要保持灵活性。

2.建立管理规范

根据学校的课外体育活动计划，主管校长起带头作用，召集相关部门，将体育活动管理制度纳入学校时间安排中，以实现规范化管理。同时，建立与此相适应的工作规范，只有这样才能确保体育活动在教学过程中得到有效组织和管理，为学生提供更加全面的教育体验。

3.明确管理职责

第一，校领导的管理职责。激励学生积极投身锻炼，主动参与体育活动，亲临现场，亲身参与，了解课外体育活动的实施情况，以便及时发现并解决潜在问题，积累实践经验，促进综合素质的提升。

第二，体育教师的管理职责。体育教师负责策划全校晨操、课间操以及大课间活动，同时协助年级班主任组织相关年级的体育活动。

第三，学生干部的管理职责。在课外体育活动的管理中，学生干部在组织管理和领导方面扮演着重要角色。因此，学生干部需要以自身行动为榜样，激发学生对体育活动的兴趣，只有这样，才能确保课外体育活动的有效开展。

（三）课外体育活动的管理

学校的课外体育活动涵盖了多个方面，如课间操、早操、班级体育锻炼、体育节以及节假日体育等。因此，学校需要进行综合管理，确保这些不同类型的体育活动能够有效开展。

1. 课间操和早操

对于学生的课间操和早操，其管理与组织应当根据学校的具体情况制定相应的措施。具体而言，管理工作主要包括以下几个方面。

（1）项目管理。学校在确定课间操和早操的项目内容时，可以采用综合统一安排和学生自主选择相结合的管理方法。

（2）器材管理。学校可以采用综合的方式管理课间操和早操的场地与器材安排，主要采用集体和分散相结合的方法。

（3）人员管理。目前，学校在管理方面采用了协同合作的方式，涉及学生干部、班主任和体育教师。在管理层面，班主任与各科任课教师之间需要紧密协作，以确保教育工作的高效运行。同时，需要充分发挥学生干部的潜力和作用，使其在学校管理中发挥积极作用。为了有效管理体育活动，高校应重视课间操和早操的宣传教育工作，使学生充分认识到课间操和早操对身体健康和全面发展的重要性，并将这种认识内化为学生的自觉行为，使他们自发地参与和支持这些活动。

（4）活动效果管理。为了优化课间操和早操的运行效能，可以采用综合考勤和随机抽查相结合的方式进行管理。此外，通过组织操场表演、体育竞赛等形式，提升课间操和早操的管理水平，确保活动的有序进行，提高活动的质量和效果。

2. 个人体育活动

在学生个人体育活动方面，体育教师不仅要传授知识，还要提供支持和指导，以确保学生的身体健康和锻炼计划的持续性。体育教师的介入有助于学生树立锻炼意识，并为他们提供合适的建议，以便他们能够有目标地进行体育活动。此外，体育教师还应根据学生的实际情况，帮助他们制订与班级课外体育活动计划相契合的个人体育锻炼计划。

3. 班级体育活动

班级体育活动应以班级为基本单位，将学生分成多个小组，由班级干部和小组长领导开展具体的体育训练活动。由于班级体育活动在时间、内容、组织和生理负荷等方面提出了多方面的要求。因此，学校在管理班级体育训练时，选择适当的训练内容至关重要。在这个过程中，可以将训练与体育课的教学内容有机结合，以"标准"为依据选择具体的锻炼项目。

4. 年级体育活动

针对学校年级课外体育活动的管理，需要综合考虑学校的课外体育活动计划以及该年级学生的身心发展、体育基础、运动水平等独特特征，以确保年级课外体育活动的组织和实施与学生的特点和需求相契合。年级课外体育活动的实施方案应该由年级体育教师、年级主任以及各班班主任协商和编制，然后实施。

5. 体育俱乐部活动

近年来，校园内的体育俱乐部活动已成为备受欢迎的课外体育组织方式。学生可根据自己的体育特长和兴趣，自愿参与俱乐部活动。一般而言，学校设立体育俱乐部的决策依据包括校园内的场地设施、教育师资力量以及体育传统等方面的优势。

目前，我国学校体育俱乐部的形式主要包括两种类型：单项俱乐部和综合俱乐部。单项俱乐部侧重特定体育项目，如足球俱乐部、篮球俱乐部等，为对某一项运动有浓厚兴趣的学生提供专业培训和比赛机会。综合俱乐部则涵盖多种体育项目，为学生提供更广泛的体育体验和活动选择，促进他们兴趣的多样性和技能发展。

6. 校园体育活动

学校内的体育活动涵盖了根据校园实际情况举办的"体育节"，其中包括体育专题报告、体育讲座、体育知识竞赛、体育表演、运动会和体育游戏等各种常见活动。校园体育活动主要分为两种形式：校园"体育周"和校园"体育日"（健康日）。这些体育活动是学校为促进体育文化和健康教育而开展的。

校园"体育周"通常以一周为周期，集中进行多种体育相关活动，旨在提高学生对体育的认知和兴趣。而校园"体育日"（健康日）则是定期举行的，重点关注学生的身体健康和健康教育，强调身体锻炼和健康生活方式的重要性。

三、体育活动管理发展

（一）科技与信息技术的融合

未来高校体育活动管理的创新离不开科技的应用。虚拟现实、增强现实、大数据分析、人工智能等技术将帮助高校更好地管理体育活动。例如，虚拟现实可以提供更真实的训练体验，大数据分析可以帮助教练更好地了解运动员的表现，人工智能可以使赛事管理自动化等。目前，许多高校体育项目依赖实际场地和设备进行训练，但这些资源有限。虚拟现实训练模拟器可以为学生提供更多的训练机会，无须实际场地或器材。这些模拟器可以用于不同体育项目，如篮球、足球、田径、游泳等。高校篮球队可以使用虚拟现实头戴设备和手柄模拟比赛场景。球员可以在虚拟场地上进行投篮、传球和防守练习，而不必亲自到体育馆，这有助于提高球员的技术水平和战术意识。足球队可以使用虚拟现实训练模拟器模拟比赛中的各种情境，包括进攻、防守和特殊战术。球员可以感受比赛的紧张氛围，并进行战术分析和改进。游泳队可以使用虚拟现实，虚拟泳道可以提供实时反馈，帮助游泳者调整动作，提高其游泳速度和效率。

（二）活动管理与社会互动融合

未来高校体育管理不仅要关注校内体育活动，还要积极融入社会，与政府、企业和社区合作，共同推动体育事业的发展。这可以通过举办更多的体育赛事、推动体育教学、举办公益活动等方式实现。与社会互动可以为高校体育管理提供更多资源和支持，也有助于提高体育在社会中的地位和影响力。我国有许多成功的高校体育活动管理与社会互动的案例，其中一个案例是校园足球改革计划。这个计划旨在推动足球在校园的发展，提高青少年足球水平，培养更多的足球人才，同时促进高校体育活动管理与社会的积极互动。我国政府通过投资和政策支持，积极推广校园足球，如在学校内设立足球课程，提供足球教育和培训，改善校园足球场地。中国足球协会、职业足球俱乐部和企业纷纷加入校园足球改革计划，提供资金、技术和教练支持。我国通过各种形式的足球赛事、足球夏令营和社区活动，促进了足球文化的传播，吸引了更多的家庭和社区参与其中。我国通过积极参与国际足球交流，与其他国家的高校体育管理机构和足球组织建立联系，吸收国际经验，提高了校园足球的水平。

第三节 高校体育资源管理

一、高校体育人力资源管理

（一）高校体育人力资源管理的概念与内容

1. 高校体育人力资源管理的概念

高校体育人力资源涵盖了所有受过专业体育教学培养或接受过体育运动训练和培养的体育专业人员，这些体育专业人员具备推动体育事业发展的能力。这一概念还可以进一步解释为，体育系统内的人力资源包括那些接受过专业体育教学培养或接受过专门体育运动训练和培训的体育专业人员，他们的使命是促进体育教学领域的不断进步。

2.高校体育人力资源管理的内容

从体育人力资源管理的角度来看，体育人力资源管理涵盖以下几方面的内容。

（1）人员职务分析与设计。对高校体育教学组织内不同岗位进行详尽调查与分析是一项重要任务。这项调查应涵盖岗位的性质、组织结构、工作职责和流程以及岗位所需的员工基本素质、知识和技能。在充分了解这些情况后，可以编写相应的人事管理文件，如职务说明书和岗位规范，以确保高校体育教学组织的高效运营和员工管理。

在这个过程中，应该关注以下几个方面的内容。

①岗位性质与结构：明确不同岗位的性质，如教师、教练、行政人员等，并描述组织结构，包括上下级关系和部门划分。

②工作责任与流程：详细列出每个岗位的工作职责和流程，包括日常任务、项目管理、决策权限等方面的内容。

③任职人员的基本素质：确定每个岗位所需的员工素质，如学历、经验、专业背景等，以便进行招聘和选拔。

④知识与技能：描述不同岗位所需的专业知识和技能以及培训需求，以确保员工具备必要的能力。

⑤职务说明书：根据调查和分析的结果，编写职务说明书，明确每个岗位的职责和要求，作为员工聘用的依据。

⑥岗位规范：制定岗位规范，包括工作绩效评估标准、晋升机会和薪酬结构等，以便员工了解他们的职业发展路径。

（2）人员激励。员工激励是一种基于激励方法和理论的管理手段，旨在满足或约束员工的多方面需求，以引发其心理状态的变化，从而使员工更加积极地达成体育教学组织所期望的目标。

（3）人员考核。员工的绩效考评是高校体育教学管理中的一个关键环节，主要基于两个依据评估员工的表现：第一，绩效考评考虑员工在一定时间内对高校体育教学做出的贡献，包括他们在教学过程中的积极投入、教学成果和学生表现等情况；第二，绩效考评关注员工在工作中所取得的成绩，包括教学效果、研究成果和职责履行等方面的表现。

绩效考评的关键在于及时向员工提供考核信息和结果反馈，有助于员工了解他们的绩效表现，激励员工不断改进和提高工作绩效。此外，绩效数据也为人事决策提供了重要依据，如员工的薪酬、培训计划和晋升机会等。

（4）人员职业规划。具体的规划工作包括两个关键方面：一方面，对高校体育人力资源现状进行深入分析；另一方面，进行未来人员供需与平衡的预测。通过这些规划举措，确保高校体育教学组织能够在必要的时候获取所需的人力资源支持。

（5）人员培训与开发。对员工进行有针对性的培训，不仅提升了他们的能力、知识水平，还改善了工作绩效和职业态度，进一步促进了员工智力和潜能的挖掘和发展，从而显著提高了体育领域人力资源的贡献度。

（6）人员与组织劳动关系管理。在体育教学组织中，应合理协调与改善教职员工的劳动关系，同时营造积极的工作氛围与构建和谐的劳动关系，以确保体育教学活动的顺利进行。

（二）高校体育人力资源规划

1. 高校体育人力资源规划的概念

体育人力资源规划是指为促进体育教学的发展，在不断变化的环境中，对体育领域的人力资源供给和需求情况进行深入分析和预测，其目的在于通过科学有效的手段，确保在特定时间和特定职位上获得必要的人力资源，并对这些人力资源进行有效管理。

2. 体育人力资源规划的流程

第一，进行现有体育人力资源清查。这一步骤涉及对现有的体育人才进行详细调查和记录，包括其技能、经验、资格等方面的信息。这有助于了解目前的人才情况。

第二，进行环境和现状分析。这包括对外部环境的变化和发展趋势进行分析，以及对体育内部人力资源现状进行评估。外部环境分析可以预测未来的人才需求，而内部评估可以揭示现有人才的优势和不足。

第三，进行体育人力资源的供需预测。这一步骤需要考虑以下两个主要方面：一是高校体育人力资源的需求，即高校在教学、科研和管理方面所需的人才；二是体育市场的人力资源供给，即体育产业和市场对人才的需求和供应情况。通过对这两方面进行分析，可以更好地匹配供需关系。

（三）高校体育人力资源的培育

体育人力资源培育可被定义为在特定背景下，采用特定方法促进体育人才储备的过程。体育教学的进展依赖卓越的体育人力资源队伍，这一队伍包括体育教师与学生，他们共同推动体育教学的进步与发展。

1.体育人力资源培育的类型

（1）就业前培育。就业前培育主要分为学校教育和学校以外的教育两种。

①学校教育。学校教育在我国教育体系中占据重要地位，具有相对较高的正规性。其特点包括重视理论学习，因此教学效果通常较为显著。同时，学校教育具备一系列优势，如师资力量雄厚、学生群体稳定、场地和教学设备相对集中等。相较于分散办学模式，学校教育在教育经费的合理利用和经济效益方面表现出较大的优势。我国设立了一些专门的体育院校，在综合性大学中也设有体育专业，这些都属于学校教育的范畴。

②学校以外的教育。根据人力资源市场的需求进行有针对性的教育，通常直接与就业息息相关，这种教育具备独特的特点，包括强调高度针

对性,侧重培养实际职业技能,教育形式灵活多样,学习时间相对较短,其主要目标是迅速赋予受训者所需的职业技能,满足迅速增长的体育人力资源的需求,如体育经纪人、游泳救生员、社会指导员等,都属于短期培训的范畴。

(2)就业后培育。就业后的人才培养,亦可称为"继续教育",在当今社会,"继续教育"已经成为不可或缺的经济活动要素,是满足各个微观经济单位提升人力资源素质的途径,更是在当前大规模人力资源流动的背景下,更好地解决职业适应性问题的关键。

2.体育人力资源培育的内容

(1)技战术培育。从目前体育领域的发展趋势来看,技战术能力与水平已经成为未来体育从业者竞争的关键因素。通过系统培养相关运动项目中的技战术能力,同时在竞技比赛中锤炼这些技能,是满足体育教学要求的重要途径。需要强调的是,在高校体育人力资源培育阶段,如果没有经过扎实的技战术训练,将会对体育人力资源的职业发展产生不利影响。

(2)体能培育。在某些球类运动项目中,尤其是那些涉及身体直接对抗的运动,体能水平具有至关重要的作用。事实上,体能水平不仅是达到高水平的基础,还是在这些项目中取得优异成绩所不可或缺的。

(3)价值观培育。在培养体育人力资源过程中,除了注重培养上述关键素质和技能,还应着重培养对人力资源的有效管理能力和处理突发事件的技能。这一培育的目标是提高管理层面的能力。另外,在体育训练和比赛过程中,处理和应对突发事件的能力至关重要,应作为重要方面培养。

(四)高校体育人力资源管理创新

1.解放思想引进人才

人才问题已成为人们广泛关注的焦点,各行各业都将引进人才置于优先地位。在引进人才方面，应积极更新观念，引入新的机制，为组织注入新的活力，开辟专门的渠道，并采取多样化的方式，将试用与聘用相结合，充分利用社会资源，只要有利于高校发展、教育改革的推进以及教学质量的提高，就应该勇敢尝试，不受过去传统的人才引进方式的限制。应坚定地打破限制人才使用的各种束缚，建立一种能够容纳并充分发挥才华、能力、潜力的工作机制和氛围。在实践中积极发掘、使用人才，最终确立健全的制度以留住人才是至关重要的。此外，对待人才的态度也至关重要，应该以宽广的胸怀拥抱并容纳各类人才。为了高校事业的繁荣发展，要鼓励那些愿意投身事业的人才，更要积极赏识并大胆起用那些具备创造一番事业能力的人才。

2.注重人才的开发利用

人力资源既然被视为一种资源，便具有可开发性。人力资源的开发涉及对个体的各种能力和多元素质的综合培养，是促进人的全面发展的必要措施，充分有效地开发意味着人力资源的潜在价值将实现最大化，从而对社会做出更大的贡献。这一开发过程应涵盖以下三个层面。

第一，提高学习能力。构建一个全民学习、终身学习的学习型社会是建设小康社会的奋斗目标之一，这意味着人们需要不断提高自身的学习能力，实现个人的全面发展。然而，要想实现这一目标，需要依赖具备高度专业素质的"学习型教师"。因此，体育教师在这一背景下的角色变得尤为重要，他们需要培养政治学习和业务学习的能力。教师的政治思想素质被认为是教师素质的核心，它对其他方面的素质具有统率作用。因此，提升教师的政治能力变得至关重要。特别是要面对知识经济的挑战，教师应不断提高自身的学习能力、不断更新知识储备、不断提升专业技能，只有这样，才能与学校体育发展的步伐保持一致，与教育事业的发展同步前进。

第二，激发创新意识。意识是人类思维活动的产物，用以反映客观世界。而创新意识则是在对历史总结与分析的基础上形成的一种思维模式，具有鲜明的时代性和历史性特征。为适应新时代高校体育工作的需求，体育教师需要不断进步，积极创新，更新教学理念，拓宽知识领域，引入多元教育模式，以提高教育教学水平。

第三，加强道德修养和对教师职业道德的培养，是造就高素质教师、树立教师事业心、增强教师责任感的重要前提。在我国的教育传统中，教师的道德品行起到了至关重要的作用，他们不仅通过言传教育学生，更通过身教塑造和启迪学生。体育教师也不例外，他们所拥有的知识广度为其塑造了良好的学术形象。展望未来，体育教师更要凭借高尚的思想道德、深厚的知识储备与扎实的实践经验彰显其为人师表的独特魅力与价值。

3.制定绩效考核标准

绩效考核标准作为机构、项目、流程或功能运行状况的关键度量，具有量化不确定因素、活动、产品和成果等方面的能力，能够使不确定因素朝着有意义的方向发展。对于体育师资的绩效考核，其核心目标在于发现和充分挖掘人才，以激发教师在工作中的积极性。在进行绩效考核时，应当采用客观的绩效度量方法，而不是依赖管理者的主观评价。

为此，要注意以下几个方面。

（1）考核内容应当与具体工作岗位紧密关联，以确保考核标准切实可行，避免呈现单一标准。这种做法具有双重作用：一方面，教师能够明确自身的职责，同时使学校管理部门更容易进行监督；另一方面，有助于明晰教师的工作方向，真正发挥考核的引导作用。

（2）要确立明确的数量化考核标准，使其建立在定性考核的基础上，以尽量实现标准的量化，这种做法不仅有助于操作的便捷性，还能有效减少主观判断的干扰，力求考核的客观、公正。

（3）应追求考核方式的民主化，不仅要确保考核制度具备民主特征，还要保证考核机构的决策过程是开放和民主的。

（4）需要采用不同的考核手段和工具，以便更全面地评估教育工作的质量。

对教师的考核，可采取以下几种方法。

（1）因素等级评估法。先确立考核项目，并赋予其一等级至五等级，随后采用因素等级评估方法进行评分。每个等级对应一定的分数。考核人员须在评价表格中填写每个被考核者在各项目上的等级，进而计算出总得分。

（2）工作标准法。要评估每位教师的绩效，应明确定义每个职位所需完成的工作数量和质量标准。不符合这些标准的工作将视为不合格。

（3）人员比较法。对同一岗位的员工进行评定时，可采用五个等级进行划分，即优、良、中、次、劣。

（4）成果实证法。为了评估教师的工作水平和成就，应提供具体的工作成果，这些成果可以是个人实证或者集体展示。考核者需要从这些成果中进行比较和评定，以确定教师的评级。在评估过程中，可以采用多种方法综合考虑教师的工作绩效，以确保全面反映其工作表现。

二、高校体育物力资源管理

（一）高校体育物力资源管理的概念

所谓高校体育物力资源，就是用于支持高校体育活动及其相关方面的各种客观存在的资源。高校体育物力资源包括在高校体育教学中，管理者通过一系列方法对这些资源进行整合，以实现高校体育教学目标的活动。换句话说，高校体育物力资源管理涉及在高校体育教学活动中，对所需的物质资源（如场地、器材、设备和场馆等）进行有效的协调。

（二）高校体育物力资源管理的要求

1.体育场馆资源管理要求

体育场馆的管理是体育物力资源管理的一项基本工作，也是一项比较重要的工作。高校体育课程教学工作的顺利进行与体育场馆有着较为密切的联系。因此，要求高校重视体育场馆的管理，并将这一工作做好。具体来说，应该满足以下几个方面的要求。

体育场馆的管理在体育物力资源管理中占据核心地位，其不仅是一项基础工作，更是一项重中之重的职责。高校体育课程的顺利开展直接与体育场馆的有效管理息息相关，高校应高度重视并切实有效地落实体育场馆的管理工作。

在教育过程中，为了确保体育教学工作的顺利进行，需要满足以下几个方面的要求。

（1）功能齐全，搭配合理。为了保障教学活动和训练的正常进行，需要确保体育场馆的功能满足教学需求，并进行合理规划，实行专馆专用原则。尤其值得注意的是，高校应该优先考虑体育课程的需求，这些课程包括田径、篮球、排球、足球、羽毛球、乒乓球、武术、健美操、游泳以及体操等项目。

（2）卫生整洁，环境幽雅。高校内的体育场馆具有满足教职员工及学生身体活动需求、保障他们身心健康的重要职责。因此，高校需要确保场馆的整洁、安全以及环境的宜人。具体而言，对于体育场馆的要求主要包括以下几个方面：第一，应确保在距离体育场馆周围2米内没有障碍物，以保障运动活动的安全性和流畅性；第二，大型器材应注意摆放位置，以避免潜在的危险；第三，应定期进行器材的检查和维护，以确保其正常运行；第四，应保持体育器材和场馆地面的卫生，并定期进行消毒和清洁，以防止疾病传播，营造健康的环境。

（3）器材摆放，秩序井然。在体育场馆内，有关体育器材的布置应该严格遵循分类和井然有序的原则。这一布置的依据主要是器材的使用顺序和频率。为了教学活动的有效开展，通常情况下，高校会将常用的大型器材放置在固定的位置，而小型器材则会有专门的存放点。需要强调的是，不常使用的器材不允许随意堆放在场馆内，而应当妥善存放在专门的保管室中。

（4）环境安静，不影响上课。体育场馆的综合管理涵盖了内、外两个关键领域。内部管理侧重维护体育场馆内部秩序和设施的运营。而外部管理则需要应对众多外部因素对体育环境的潜在影响，其中包括他人的行动和观赏行为，外部因素具有多样性和不确定性，因此，体育从业人员需要以审慎的态度妥善应对并处理这些情况，以确保创设优越的体育环境。

2.体育器材资源管理要求

体育器材的储存条件因其特性而异，要求定期维护和保养，使其保持良好状态。因此，高校需要实行一套系统化和规范化的管理机制，以应对这一繁重的任务。为实现这一目标，需要特别关注以下几个方面。

（1）分门别类地放置体育器材。在体育器材的摆放过程中，应严格遵循相应的规范和标准，以确保合理有序。通常情况下，这一过程可以根据多个因素进行细致划分，包括但不限于使用频率、材质、形状等。例如，篮球、排球、足球、铅球等项目应当统一放置在货架上，各种服装和小型器材应当妥善存放于专用柜子内。而羽毛球拍、网球拍等器材则需要悬挂整齐。

（2）外借体育器材时手续应齐全。第一，教育机构应当按照教学规程，按时、按项目、按量向任课教师提供所需器材，不能随意外借器材，以确保教学计划的顺利进行。第二，体育教师应根据实际教学需求填写器材申请单，学生则需要携带由体育教师签署的申请单前往器材室领取所需器材，该流程有助于确保器材的有序分发，避免浪费。第三，对于在课外活动中使用体育器材的部门，应提前提交申请，并经过体育部负责人的批准方可借出器材。在使用完毕后，器材应立即归还，以确保其他部门或教师能够及时使用。第四，在检验外借器材时，应进行详细的检查，确保器材完好无损。第五，当回收器材时，应将其放回原来的位置，严禁随意堆放，保持器材室的整洁有序，同时方便其他人员查找和使用器材。

3.保持体育器材室的清洁与卫生

室内体育器材的卫生维护是非常重要的,以确保整个场所始终处于洁净状态。在保持卫生方面,需要遵循一定的频率和程序。一般来说,每天都需要进行小扫除,每周进行中度清洁,而每月则需要进行大扫除。在进行卫生工作时,务必对每个角落都进行仔细的清理和消毒,确保没有任何地方被忽略。舒适的工作环境至关重要,要保持良好的通风,以减少细菌的传播,保障师生身体健康,创造更加适宜的学习和锻炼环境。

4.器材管理员在上课期间要坚守岗位

器材管理员需要制订详细的工作计划,以确保每天的任务能够有序进行并完成。通常情况下,他们需要在课程开始前,进行场地和器材的清洁和整理工作,同时要确保球类器材已充气。在课程进行期间,器材管理员应随时做好准备,以应对各种突发事件,如天气变化、教师的计划变更或器材的损坏等,保证正常教学秩序。这一点至关重要,因为只有当这些任务有效地完成时,教学过程才能顺利进行,同时要避免擅离职守的情况发生。

(三)体育场馆的管理

学校内的体育场馆扮演着重要的角色,为体育教学、活动和训练提供了专门的场所。为了充分探索现代体育教学管理,并深入研究课程实践,高校需要确保这些场馆能够更好地为学生提供服务,并且能够安全、健康、高效地运营。为此,高校特别制定了一系列关于体育场馆的管理制度,这些制度的具体内容如下。

1.体育场馆的开放时间

第一,在规划体育课程的上课时间时,应依据学校的正式上课时间表安排。通常,这个时间表包括上午8:00—12:00以及下午2:30—4:00。

第二,通常情况下,学校体育场馆的课外活动时间安排在学生放学或下课后的时间段。这一时间段通常从下午4:30到晚上9:00。

2.体育场馆的使用规定

为了确保体育场馆的良好环境以及体育课的有序进行，需要遵守以下规定和原则。

第一，应遵守体育场馆的开放时间安排。只有在上体育课时，才允许学生进入体育场馆，其他非相关课程的学生不得擅自进馆活动。当体育场馆关闭时，所有人都应主动离开。

第二，在课余活动时间，体育场馆的首要任务是为学校代表队提供训练和比赛场地。其他场地只有在经过允许的情况下才能对外开放，这确保了校队的需求得到优先满足。

第三，不得擅自改变体育场馆内各个教室的用途，除非得到授权。

第四，未经许可，任何人不得随意拆卸或挪用体育场馆内的器材，以保护场馆设备的完整性和可持续使用。

第五，满足体育课的教学和课外体育活动需求是体育场馆的首要任务。因此，未经许可不得将体育场馆用于其他用途，以确保其长期有效为体育教学服务。

第六，进入体育场馆时，应遵守着装要求。如果学生未按规定着装参与体育课程或体育训练，将受到一定程度的警告或惩罚。

第七，上体育课时，严禁大声吵闹，以免打扰其他正在上课的学生。学生应妥善放置随身携带的物品，不得将其悬挂在体育器材上，以确保场馆内的秩序和安全。

第八，体育场馆内严禁用脚踢球，以防止对在场人员造成伤害或对器材造成损坏。这项规定的目的是保护人员和设备的安全。

（四）体育场地的管理

高校体育场地管理是一个涉及场地维护、使用调度、设备配置、安全监控等方面的工作。有效的场地管理可以确保学生体育活动的顺利进行，延长场地的使用寿命，提高使用效率，并确保场地的安全。以下是高校体育场地管理的一些建议。

1. 场地维护

（1）定期检查场地表面，确保没有裂缝、坑洼或可能对使用者造成伤害的物体。

（2）对田径场的塑胶跑道、草皮等进行定期清洁和修补。

（3）需要对室外运动场地（如篮球场、足球场）的草皮进行养护，保持排水畅通，防止积水。

2. 使用调度

（1）设定场地的使用时间表，确保各个部门或学院的学生都有平等的机会使用场地。

（2）对于特殊活动或赛事，提前安排场地，并确保其他使用者知晓。

3. 设备配置

（1）根据场地的性质和用途，配置相应的体育设备，如球网、球杆、跳高杆等。

（2）定期检查设备的完好性，确保设备安全可靠。

4. 安全监控

（1）在场地周围安装监控摄像头，以确保场地的安全。

（2）提供安全指南，告知学生如何安全使用场地和设备。

5. 其他规定

（1）为确保公平性，禁止任何组织或个人私自占用场地。

（2）在雨雪天气下，要及时关闭草皮场地，防止草皮受损。

（3）对于晚上使用的场地，确保有足够的照明设备。

（4）确保场地周围有足够的垃圾桶，鼓励学生将垃圾投放到指定位置。

（5）禁止在场地上饮食，以保持场地的清洁。

（五）体育器材的管理

高校体育器材的管理涉及器材的选购、入库、使用、维护以及报废等整个流程。这需要一个明确的管理体系和专业的团队进行操作。高校体育器材不仅仅是为了日常体育课使用，还需要满足各种体育竞赛、学校活动、体育社团等方面的需求，因此，其管理尤为重要。

1. 体育器材的购置管理

体育器材的购置管理涉及多个环节，包括需求分析、预算策划、供应商选择、购置与验收以及合同与保障等。在考虑购置体育器材前，需求分析是第一步。通过调查学校的教学需求、学生人数、体育项目的种类以及近期的体育活动等情况，能够对所需的体育器材有一个初步的了解。同时，需要考虑未来的发展趋势，如新的体育课程或新增的体育项目，都可能对器材需求产生影响。

基于上述需求分析，制定合理的购置预算是下一个关键步骤。预算不仅仅涉及器材的初始购买费用，还应考虑其后期的维护费用、可能的更新替换费用等。只有拥有足够的预算，才能确保购置到质量上乘的器材，同时避免未来因经费不足而导致的维护困难。

在选择供应商时，不仅要考虑产品的质量和价格，还要对供应商的信誉、售后服务、供货周期等进行评估。此外，通过招标的方式可以进一步保证公正性和透明性，确保每个供应商都有平等的机会。

当完成采购后，对器材进行验收是确保其数量、型号、质量与采购合同一致的关键。这一步骤需要由专业的团队完成，确保所购置的器材满足学校的实际需求，并且性能稳定、无质量隐患。

与供应商的合作不仅仅停留在购置阶段。签订的合同应详细列明双方的权利和义务，包括但不限于价格、交货日期、保修期、售后服务等内容。确保合同的执行，不仅可以为学校带来稳定的器材供应，还可以在器材出现问题时，依法享有售后服务或赔偿的权利。

2.体育器材的入库管理

体育器材的入库管理是为了确保器材得到安全、规范的储存,及时更新和补充,为教学和训练提供充足和高质量的物资支持。高校体育器材种类繁多,从简单的球类、跳绳到复杂的健身器械、训练设备,都需要得到妥善管理。

(1)器材登记。每一批进入仓库的体育器材都应有详细的登记,包括基本的品名、型号、数量、采购日期等信息,还需要包括供应商信息、保修期、可能的维护要求等,详细的登记有助于后续的器材跟踪、维护和报废。

(2)分配与存放。高效的存放管理可以提高器材的取用效率和延长器材的使用寿命。根据器材的种类、大小和使用频率,为每一类器材指定专门的存放区域。例如,易损的器材如羽毛球、乒乓球应存放在防潮、防压的环境中;而较大的器械如跑步机、杠铃等应存放在易于搬运的位置。

(3)定期检查。入库后的器材并非永远安全。因此,定期对仓库进行检查是非常有必要的,这可以确保器材的存放环境始终满足要求,如防潮、防尘、防蛀。同时,检查器材的状态,如是否有损坏、锈蚀等现象,及时进行维修或更换,确保器材的正常使用。

(4)出入库管理。出入库管理是入库管理中的核心环节。每次器材的借用和归还都应有明确的记录,包括使用人、用途、时间等信息,准确地掌握器材的使用状况,对可能的丢失、损坏进行追踪。

(5)器材报废与更新。无论器材的质量如何,都有其使用寿命,当器材损坏严重或已经过期时,应及时进行报废处理,以确保教学和训练的安全性。同时,应根据学校的体育教学和训练需求,定期对器材进行更新和补充。

(6)维护和保养。对于一些复杂的器械和设备,如健身器材、训练设备等,还需要进行定期的维护,延长器材的使用寿命,确保器材的安全和高效使用。

第六章 当代高校体育教学管理与发展之道

（六）高校体育物力资源管理创新

高校体育物力资源管理是确保学校体育事务正常运行的重要环节。随着科技和管理理论的进步，高校体育物力资源管理需要不断创新，以适应时代发展和高校体育的实际需求。下面从技术应用、流程优化和人文关怀三个角度出发，对高校体育物力资源管理创新进行详细论述。

1. 技术应用

随着科技的日益发展，技术在高校体育物力资源管理中的应用越来越深入。现代技术为体育物力资源管理带来了前所未有的变革，使之更智能、更高效和更准确。其在应用过程中能及时发现器材的问题，还能对器材的使用数据进行统计和分析，为高校提供关于器材采购和更新的决策依据。物联网技术还可以实现对体育场馆的智能管理。例如，智能照明系统可以根据场馆的使用情况自动调整亮度，智能温控系统可以根据季节和天气自动调整室内温度，从而为使用者提供舒适的运动环境。

随着大数据技术的发展，高校体育物力资源管理的数据处理和分析能力得到了较大提升。在过去，体育物力资源的数据通常被存储在纸质档案中，不但查找困难，而且分析效率低下。而现在，大数据技术可以帮助高校收集、存储和分析大量的体育器材使用数据，如器材的数量、型号和采购日期，还包括器材的使用频率、使用时长和损坏情况等。通过对这些数据进行分析，高校可以更加精确地掌握体育器材的使用状况，从而做出更科学的管理决策。例如，对于使用频率高、损坏率低的器材，高校可以考虑增加采购数量；而对于使用频率低、损坏率高的器材，高校则可以考虑减少采购或者更换其他品牌和型号。

除上述两项技术的应用外，云计算技术也在一定程度上为高校体育物力资源管理提供了弹性的存储和计算资源。传统的数据存储和处理通常依赖本地服务器和计算机，不但成本高昂，而且扩展性差。而云计算技术通过提供虚拟化的存储和计算资源，使高校可以根据实际需求进行动态扩展，从而节省了大量的硬件投资。此外，云计算技术还提供了数据备份和恢复功能，确保了数据的安全性和完整性。更重要的是，云计算技术使体育物力资源管理系统可以随时随地访问，为管理者和教职员工提供了便捷的服务。

2.流程优化

流程优化是管理创新的核心，特别是在高校体育物力资源管理中，对流程进行深入研究和持续优化是提高管理效率、降低成本、增强资源使用效益的关键。高校体育物力资源管理流程涵盖了器材的购置、入库、使用、维护及报废等环节，每一个环节都需要精细管理和不断完善。在高校体育物力资源管理中，流程优化不仅可以节省时间和人力成本，还可以确保器材的使用效益最大化，满足学校体育教学和训练的需求。对于体育器材的购置环节，流程优化主要体现在需求分析和供应商选择上。需求分析要根据学校的教学计划、学生人数、近期的体育活动等因素进行，确保购置的器材既不过多造成浪费，也不过少影响教学和训练。供应商的选择则要考虑产品的质量、价格、售后服务等因素，通过比较多家供应商，选择最合适的一家。入库管理是另一个需要流程优化的重要环节。为了确保器材的安全和完好，需要制定明确的入库标准和流程。这包括器材的检查、分类、标记、存放等步骤。特别是对于那些易损或高价值的器材，更需要细致的管理和专业的存放环境。体育器材的使用和维护也是流程优化的重点。对于使用环节，需要制定明确的借用和归还流程，确保器材不被损坏或遗失。此外，还要定期对器材进行检查和维护，确保其始终处于良好的状态，延长其使用寿命。

对于已经损坏或过期的器材，需要有明确的报废流程。这不仅是为了确保资源的合理利用，也是为了避免发生不必要的安全隐患。报废的器材要及时进行处理，确保不影响仓库的正常运行。除了上述具体的流程优化措施，还要建立流程管理体系，确保每一个环节都得到有效的执行和监控。这要求高校体育部门组建一个专门的流程管理团队，负责流程的设计、实施和监督。同时，要定期对流程进行审查和更新，确保其始终与时俱进。

3.人文关怀

在高校体育物力资源管理中，技术和流程虽然重要，但人文关怀同样是不容忽视的一环。体育是关于人的活动，涉及学生、教师和管理人员等多个利益相关方。高校体育物力资源管理的核心目标不仅是确保体育器材和设施的高效使用，更是为每一个参与者创造健康、积极和人性化的体育环境。

人文关怀的核心是将人放在中心位置，从人的需求和感受出发，进行决策和管理，高校体育物力资源管理不仅要考虑器材和设施的功能和效率，还要考虑其对人的影响和价值。例如，一个高科技的体育场馆虽然可以为学生提供先进的训练设备，但如果其设计和管理忽视了学生的心理和生理需求，就可能会导致学生不愿意使用，甚至产生反感。

在实际管理中，人文关怀体现在以下几个方面。

（1）关注学生需求。学生是高校体育的主要参与者，其需求和感受应该是管理的首要考虑方面。例如，对于体育器材的选择，不仅要考虑其功能和性能，还要考虑其安全性和舒适性。此外，高校还应根据学生的兴趣和特长，提供多样化的体育项目和活动，确保每个学生都可以找到适合自己的体育方式。

（2）尊重教师和管理人员。教师和管理人员是高校体育的重要组成部分，其工作状况和心情直接影响体育教学和管理的效果。因此，高校应该为教师和管理人员提供良好的工作环境和待遇，确保其能够全身心地投入体育工作。例如，北京大学在体育部门设置了一系列的激励机制，如奖励教师开发新的体育课程、鼓励管理人员参与专业培训等，确保其始终保持高昂的工作热情。

（3）加强文化建设。体育不仅是一项身体活动，更是一种文化现象。通过加强体育文化建设，可以提高学生、教师和管理人员的身份认同感，促进高校体育的健康发展。例如，浙江大学每年都会举办一系列的体育文化活动，如体育艺术节、体育知识竞赛等，旨在弘扬体育精神，提高学生的体育兴趣。

（4）开展交流与合作。高校体育是一个开放的系统，需要与外部环境进行交流与合作，以获取新的知识和资源。例如，复旦大学与多所国外大学进行了体育交流与合作，邀请国外教师来校授课，派遣学生参加国际体育比赛，丰富了学校体育的内容和形式。

三、高校体育财力资源管理

（一）高校体育财力资源概述

体育财力资源是指为体育活动、培训、比赛、设施建设和维护等提供资金支持的资源，涵盖了从政府、企业、私人捐赠到运动员工资、比赛门票、转播权、广告和赞助等所有与体育活动相关的财务资源，资源的合理分配、有效利用和管理是体育组织正常运行和发展的关键。

我国高校体育财力资源主要源于以下几个方面。

第一，政府拨款。政府拨款是我国大多数高校体育部门的主要资金来源。中央和地方政府为了促进体育和教育事业的发展，每年会为各级各类学校提供一定的体育经费，主要用于购置体育器材、建设和维护体育场馆、组织体育比赛和培训教师等。

第二，学校自筹经费。随着我国高校自主管理权的逐渐增强，一些学校开始通过举办体育赛事、出租场馆、开展体育培训和教育等方式，为体育部门筹集额外的资金。

第三，社会捐赠和赞助。在市场经济背景下，一些企业和个人为了履行社会责任、提高知名度或出于其他目的，会选择向高校体育部门捐赠资金、物品，或者赞助某些体育活动和项目。

第四，合作与合资。一些高校为了扩大体育资源，与企业或其他高校进行合作，共同投资建设体育场馆、开设体育课程、举办体育赛事等。

针对这些财力资源，高校通常会设立专门的部门或机构进行管理，如体育部、体育中心等。这些部门或机构负责制定体育财务政策、编制预算、审计和监督资金使用、进行财务报告等，确保体育财力资源的合理、高效和透明使用。同时，高等教育体育工作在国家层面上也受到高度重视。近年来，随着人们对大众体育重视程度的提高，高校体育得到了更多的支持，政府加大了投入力度，使高校体育设施、器材等得到了更新和升级。

（二）体育经费管理的过程

高校体育经费管理是学校体育工作的关键环节，涉及体育经费的预算、分配、使用及审计。为确保高校体育经费的合理、高效使用，高校体育经费管理需要一个明确、严密的过程。以下是高校体育经费管理的四个主要步骤。

1. 预算编制

预算编制是高校体育经费管理的第一步，是确保经费使用合理性和效益的基石。在每个财年开始前，根据上一年度的体育活动计划及实际经费使用情况，结合新一年的体育工作目标和计划，高校体育部门需要编制一份详细的体育经费预算报告。此预算报告需要列明各项体育活动所需的经费，如教学、训练、竞赛、器材采购、设施维护等。同时，预算编制应考虑潜在的风险和不确定因素，如突发性活动、设备意外损坏等，预留一定的经费。经过详细的调查和分析，预算编制应为整个财年的体育经费使用提供一个清晰、合理的方向。

2. 经费分配

经过预算编制，高校体育经费管理进入第二步——经费分配。在这一阶段，需要根据预算报告，将经费按照具体的体育项目和活动进行分配。为确保经费的公平分配，高校体育部门应根据各个体育项目和活动的实际需求、重要性及历史经费使用情况进行综合考量。例如，对于一些大型、重要的体育赛事，可能需要分配更多的经费，以确保赛事的顺利进行；而对于日常的体育教学和训练，则根据学生人数、课时和所需器材进行经费分配。此外，经费分配还应考虑各种突发性事件和风险，预留一定的经费，以应对不确定性。

3. 经费使用

经过预算编制和经费分配，高校体育经费管理进入第三步——经费使用。在经费使用过程中，高校体育部门需要确保经费的合理、有效使用。为此，高校体育部门应制定明确的经费使用规定和流程，确保每一笔经费的使用都有明确的用途和依据。对于每一项体育活动或项目，都需要有明确的经费使用计划，并严格按照计划进行。如有超出预算的情况，需进行重新审批。高校体育部门应建立经费使用监控机制，对经费使用情况进行实时监控，确保经费的合理、有效使用。

4. 经费审计

高校体育经费管理的最后一步是经费审计。在每个财年结束后，高校体育部门需要进行一次全面的经费审计，对整个年度的经费使用情况进行详细审查和分析。经费审计旨在确保经费的合法、合规使用，查找并纠正经费使用中的问题和不足。经费审计应由独立的审计部门或外部审计机构进行，确保审计客观、公正。经过审计，高校体育部门应根据审计结果，对经费管理进行反思和改进，为下一财年的经费管理提供有益的经验和教训。

高校体育经费管理过程的每一步都有其独特作用和功能，相互之间紧密联系，共同确保高校体育经费的合理、有效管理。为了确保经费的合理使用，高校体育部门需要不断完善经费管理的各个环节，引入先进的管理理念和方法，确保经费管理与时俱进，满足高校体育的发展需求。

(三) 体育经费管理的内容

1. 体育活动经费管理

(1) 校内各项竞赛。校内各项竞赛通常包括校运会、院系之间的竞技比赛、技能展示等。这类活动对于提高学生的体育素质、增强团队合作精神和提高学校的体育水平具有重要意义。为确保这些活动的顺利进行，经费管理必须细致入微，既要考虑活动的规模和预计的参与人数，也要考虑场地预订、器材租赁和维护、裁判员和工作人员的酬劳、奖励制度等方面的因素。只有充分考虑这些因素，并根据实际情况合理分配经费，才能确保竞赛活动的成功举办。

(2) 学生体育协会活动。学生体育协会活动是高校体育文化的重要组成部分，为学生提供了展示自己才华、锻炼身体、交流经验的平台。协会活动的经费管理需要根据协会的性质、活动的类型和规模制定。例如，对于规模较大、影响较广的活动，如校园马拉松、长跑比赛等，需要更多的经费支付场地费、宣传费等。而对于规模较小、局限于某个院系或班级的活动，如乒乓球比赛、羽毛球比赛等，经费管理可以简化些，重点关注活动的组织和实施。

(3) 组织学生体育郊游。体育郊游的经费管理需要考虑交通、住宿、餐饮、活动策划等方面的因素。首先，根据参与人数和目的地的距离选择合适的交通工具，如大巴、火车或飞机，并合理估算交通费用；其次，选择合适的住宿地点，确保学生的住宿条件和安全；最后，为学生提供合理的餐饮服务，确保学生的饮食健康和营养均衡。此外，还需要为学生策划各种体育活动，如徒步、攀岩、皮划艇等，确保活动的多样性和趣味性。

2. 体育器材经费管理

(1) 科学制定采购器材预算。预算是经费管理的基石，它直接决定了高校体育部门能够购置多少、什么类型的器材。因此，如何科学合理地制定预算，成为高校体育部门的首要任务。在制定预算时，需要对学校的体育课程、学生人数、体育比赛、体育社团活动等进行详细分析，确保预算能够满足学校的实际需求。预算制定还需要考虑器材的使用寿命、维护费用、技术更新速度等因素。例如，对于一些大型或高价的器材，可以考虑采用分期购置或租赁的方式，以减少初期的投资压力。同时，可以与供应商进行长期合作，争取更优惠的价格和更好的售后服务。

（2）提高采购行为的规范化。采购行为的规范化是确保高校体育器材经费得到合理使用的关键。这需要高校体育部门制定明确的采购流程和标准，确保每一次采购都得到有效的监督和管理。在制定采购流程时，需要明确每一步的操作流程、责任人和时间节点。例如，对于器材的需求分析、供应商选择、合同签订、验收入库等环节，都需要有明确的操作标准和责任人。此外，还需要建立完善的审批机制，确保每一次采购都得到相关部门和领导的审核和批准。同时，高校体育部门可以利用现代技术手段，如电子采购平台、物联网技术等，进一步提高采购行为的规范化。例如，通过电子采购平台，可以实现供应商信息的透明化，确保采购行为的公正公开。而通过物联网技术，可以实时监控器材的使用状态，确保其得到及时维护和更新。

（3）最大限度减耗增效。在高校体育器材经费管理中，如何确保每一分钱的效益最大化，是每个管理者都需要关心的问题。为了提高器材的使用效率，高校体育部门可以制订合理的器材使用计划，确保每一件器材都得到充分利用。此外，还可以定期对器材进行检查和维护，确保其始终保持良好的使用状态。

为了减少浪费和损耗，高校体育部门还需要加强对器材使用者的培训和管理。确保每位使用者都了解器材的使用方法和注意事项，避免因操作不当导致损坏。此外，还可以与供应商建立长期合作关系，争取更优惠的价格和更好的售后服务。

3.体育场馆经费管理

（1）体育场馆经费的开支分类。第一，按性质分类。体育场馆的经费开支可分为固定开支和变动开支两类。固定开支主要包括场馆的日常维护、固定设备的购置和维护费用以及员工的薪酬等。变动开支主要根据场馆的使用情况和特定项目决定，如临时设备的购置、特定活动的筹备费用等。第二，按项目分类。可将经费开支分为基础设施建设、设备购置、活动组织、安全保障、员工培训以及日常运营等项目。第三，按时间分类。按时间维度对体育场馆经费的开支进行分析，主要是将经费开支根据时间维度进行划分，如日开支、月开支、季度开支和年度开支等。日开支主要关注体育场馆的日常运营费用，包括水电费、清洁费、维护费等，管理者可以了解场馆每天的基本运营成本，从而进行日常的经费调配。月开支除了日常运营费用，还包括当月进行的大型活动支出、设备的购置或更新费用等，管理者可以更好地对场馆的经费使用进行月度计划和控制，确保每月的开支都在预算内。季度开支更多地反映了一个季度内体育场馆的整体经营状况，包括季度内所有活动的总开支、设备更新和维护的总费用、员工薪酬及福利等，有助于管理者对场馆进行季度评估，以便进行下一季度的经费规划。年度开支则是对整个年度体育场馆经费使用的总体回顾。它不仅包括所有的开支项目，还要与当年的预算进行对比，查看实际开支与预算之间的差异。

（2）体育场馆经费的监控管理。体育场馆经费的监控管理可以从以下几个方面进行。

①预算制定：在每个财务年度开始前，应根据体育场馆的实际需要以及学校的发展策略制定明确、合理的经费预算。这一预算应详细列出各个支出项目的经费分配，如基础设施建设、设备购置、日常维护等。

②财务审计：定期进行财务审计是监控管理的重要手段。通过审计，可以发现经费的使用是否与预算相符，是否存在超支或滥用经费的情况。同时，审计可以提供关于经费使用效果的反馈，为下一步预算制定提供参考。

③经费使用透明化：所有的经费使用情况应当向学校的相关部门和

公众进行公示，这样可以提高经费使用的透明度，减少滥用经费的可能性。

④建立反馈机制：除了财务审计外，还应建立其他的反馈机制，如员工和学生的意见反馈、体育场馆使用情况的数据分析等，可以为经费的使用提供实时的指导，帮助高校做出调整。

（3）体育场馆的收入核算。第一，单体项目营业收入核算。在体育场馆中，单体项目如健身房、台球厅、篮球馆等，通常具有独立的经营和管理模式。针对这些独立经营的项目，每日营业结束后，收款员需要对每笔收入进行详细记录，并填写营业报表，确保每一笔收入都准确无误地计入。第二，营业收入结构核算。营业收入结构核算可以帮助管理层了解哪些项目或分类是收入的主要来源，哪些需要进一步投资或调整。例如，篮球馆的收入占总营业收入的比例较大，那么在未来的投资和资源分配中，管理层可能会考虑加大对篮球馆的支持力度。第三，营业收入季节比率核算。体育项目的收入往往会受季节的影响，某些项目在某些季节可能会有更高的需求和收入。营业收入季节比率核算通过对每月营业收入与全年总收入的比对，能够揭示出体育项目的季节性变化。这种核算方式有助于体育场馆对资源进行合理的分配，比如，在需求高峰期增加设备和人员，在淡季进行设备维护和员工培训。此外，季节比率的变化也为市场开发和客源组织提供了参考依据。

（4）体育场馆的利润核算。体育场馆的收入主要来自各类体育经营项目，如场地租赁、教练培训、健身会员费、比赛门票等。而其费用支出主要包括场地维护、设备购置和维修、人员工资、广告宣传等。利润是指在一定期间内，体育场馆通过经营活动得到的收入与经营活动中产生的费用支出之间的差额。通过利润核算，体育场馆可以明确自己的盈亏状况，从而根据实际情况调整经营策略，如提高部分项目的收费、减少非核心项目的投入、增加对有利可图项目的支持等。具有良好盈利前景的体育场馆更容易吸引外部投资。利润核算为潜在投资者提供了清晰、直观的财务数据,有助于他们做出投资决策。体育场馆在进行利润核算时,可能会遇到一些挑战,如费用分摊的复杂性、非货币性利益(如品牌价值、口碑)的评估难度等。为应对这些挑战,体育场馆需要建立健全核算制度,定期对核算方法进行更新和优化,确保利润数据的准确性。此外,结合现代技术手段,如财务软件、数据分析工具等,可以提高利润核算的效率和准确性。

4.体育竞赛经费管理

高校体育代表队参加校外大型比赛不仅仅是一场体育竞技,更是学校荣誉和形象的展现。这就要求高校在经费管理上,既做到合理分配,又确保经费使用的透明度和合规性。以下为高校体育竞赛经费管理的几个核心方面。

(1)经费的规划与预算。在每个学年开始时,学校应该对即将举办的各类竞赛进行预估,综合考虑各种因素,如往年的参赛经验、对手实力、赛事地点等,制定出详尽的经费预算。这包括队伍的差旅费、训练和备战费、装备费、赛事报名费、健康和医疗保障费等。

(2)经费的专款专用。为确保资金的专项使用,高校可以建立一个专门的经费账户,用于管理体育竞赛经费,避免经费被挪用。同时,所有的支出都应该有明确的票据或证明,以确保经费使用的合规性。

(3)经费的细化管理。细化经费管理可以确保每一笔费用都得到合理分配和使用。例如,对于差旅费,应明确区分交通费、食宿费、日常津贴等;对于训练和备战费,可以细分为教练费、场地租赁费、训练设备购买和维修费等。

(4)经费的审计与反馈。每次比赛结束后,应对经费使用情况进行审计,核实每一笔支出的真实性和合理性。对于超出预算的部分,需要分析原因,给出合理解释。此外,根据实际的经费使用情况,对下次比赛的经费预算进行调整,确保经费管理更合理、更高效。

(5)经费的风险管理。虽然在制定经费预算时,已经考虑了各种可能的费用，但总会有一些不可预见的情况，如突发的伤病、比赛地点的变动等。为此，预算中应设置一定比例的风险备用金，以应对不确定因素。

5.体育教研经费管理

现代体育教学的科学化管理离不开科学理论的指导，在现代体育教学资源的管理实践中，也需要一定的科学理论做指导。因此，科研经费是现代体育财力资源管理的一个重要内容。

随着科学技术的发展，体育教学也逐渐科学化、规范化，这一切的实现都离不开科学理论的指导。而要进行有效的科学研究，就需要有充足的科研经费作为支撑。科研经费在现代体育财力资源管理中占据重要地位。高质量的体育科研需要资金购买先进的实验器材、资料、软件等，支持教研团队进行深入研究。科研成果可以转化为教学内容，促进体育教学方法的更新，使教学更加贴近学生的实际需要。而且有了充足的科研经费，可以吸引更多的高水平研究人员，加强体育教研团队的建设。

（四）高校体育财力资源管理发展

1.技术维度：数字化与智能化

在信息化和数字化的浪潮中，数字化与智能化技术已经渗透各个领域，为各行各业带来了变革。高校体育财力资源管理也不例外，技术的进步为其带来了前所未有的机遇与挑战。

大数据分析技术为高校提供了对体育财力资源管理的深度洞察。高校通过对学生运动习惯、场馆使用情况、器材损耗等数据进行收集和分析，可以精准预测资源需求，进而制定合理的预算和分配策略。大数据分析还可以为学校提供历史对比数据，帮助学校对体育项目的投资回报进行评估。例如，学校通过对比不同年份的数据，可以判断某一体育项目的受欢迎程度是否有上升或下降的趋势，从而为未来的投资决策提供参考。

云计算技术使高校构建起统一的体育财力资源管理平台，集成各种管理工具和应用。这样，不仅可以提高管理的效率，还可以实现资源的集中管理和共享。例如，可以将场馆预订、器材借用、经费审批等流程整合在同一平台上进行，大大简化了管理流程，减少了冗余操作。同时，由于所有数据都存储在云端，可以实时同步，确保数据的完整性和准确性。

人工智能技术，尤其是机器学习和深度学习，为高校体育财力资源管理带来了智慧决策的可能性。通过对大量数据进行训练，机器可以自动识别和开启学习模式，然后为管理员提供决策建议。例如，在购置器材时，机器可以根据过去的使用数据预测未来的需求，为学校提供购买建议，从而避免浪费或短缺的情况。另外，人工智能还可以帮助高校自动完成一些日常的管理任务，如场馆预定的自动审批、器材的自动盘点等，大大提高了管理效率。

2. 制度维度：标准化与市场化

标准化的核心是制定一系列的标准和规范，旨在统一管理流程，确保公正、公平和透明。在高校体育财力资源管理中，标准化主要表现在以下几个方面。

第一，资源申请与审批流程的标准化。每一笔资金的使用都需要经过严格的申请与审批流程。为了确保流程的公正与透明，高校需要制定详细的申请、审批标准和流程，包括资金申请的条件、审批的标准、审批的流程等。

第二，资源使用与监控的标准化。在资金被批准使用后，高校需要对其使用情况进行实时监控，以确保资金的合理、有效使用，还需要制定一套完善的使用与监控标准，如资金使用的报告制度、使用效果的评估标准等。

第三，资源评估与反馈的标准化。为了持续改进资源管理效果，需要对资源使用情况进行定期评估，并根据评估结果进行调整，应制定一系列包括评估方法、评估周期、反馈形式等在内的评估与反馈标准。

市场化则是指在保证体育教学的公益性基础上，引入市场机制，实现资源更高效、更合理的配置。市场化在高校体育财力资源管理中的主要表现有以下几个方面。

第一，资源的有偿使用。在确保学生的基本体育需求得到满足的前提下，部分体育资源可以对外进行有偿使用。例如，将空闲时段的体育场馆、器材对外租赁，或与企业、社团合作，举办各种体育赛事与活动。

第二，市场化的招标与采购。为了确保体育器材、设施的质量与性价比，可以采用市场化的招标与采购方式。这不仅可以提高资源的使用效率，还可以引入更多的市场竞争，促进体育产业的健康发展。

第三，资源的市场化配置。根据市场需求，对体育资源进行动态配置。例如，根据学生的运动习惯、市场的运动趋势，对体育课程、器材、场馆进行调整与优化。

3. 文化维度：人本与协同

（1）"人本"：以学生为中心。体育作为高校教育的重要组成部分，其最终目的是满足学生的需求，培养他们健康的体魄和积极的生活态度。因此，高校体育财力资源管理应始终坚持"以人为本"的原则。将学生放在首位意味着，在制定预算、购买器材或维护场馆时，要考虑学生的需求和意愿。例如，在购买器材时，不仅要考虑价格和质量，还要考虑学生的喜好和使用习惯。在维护场馆时，要确保场馆的清洁和安全，为学生提供一个良好的运动环境。此外，还要定期收集学生的反馈信息，了解他们对体育设施和服务的满意度，以便及时调整管理策略。通过这种方式，不仅可以更好地满足学生的需求，还可以提高资源的使用效率。

（2）"协同"：跨部门合作。高校体育财力资源管理涉及多个部门和利益相关者，如体育教学部门、后勤部门、学生组织等。这些部门和组织有自己的任务和目标，如果缺乏有效的沟通和协调，容易导致资源的浪费和冲突。因此，高校需要建立协同工作机制，确保各部门之间的密切合作。这不仅需要制定明确的工作流程和责任划分，还需要建立良好的沟通机制，加强信息的共享和交流。例如，体育教学部门可以与后勤部门合作，共同制订场馆的使用计划，提高场馆的利用率。学生组织可以与体育教学部门合作，组织一些体育活动和赛事，提高学生的参与度。

第四节 高校体育文化管理

一、高校体育文化管理概述

（一）高校体育文化管理的概念与内容

高校体育文化管理是指在高等教育体制内，对学校体育活动、体育价值观、体育传统和体育精神进行系统、有计划的组织、协调、指导和控制的过程，以确保体育文化的传承和发展，满足学生的身体、心理和社会需求。

高校体育文化的内容主要包括以下几个方面。

1. 体育活动与赛事管理

高校通常会组织各种体育活动和比赛，如校际、院系之间的比赛，或是面向全校学生的大型运动会，活动的组织与管理需要场地布置、裁判指派、安全保障等。同时，活动的宣传、报道和后续反馈也是管理的重要内容。

2. 体育课程与教学管理

体育课是高校教育的一部分，需要确保教学质量和学生的参与度。其管理内容包括制定课程标准、招聘与培训教师、评估教学效果等。

3. 体育文化传播与推广

高校体育文化的传播和推广不仅能提高学校的知名度，还能鼓励学生积极参加体育活动。此内容涵盖了如何通过各种媒体（如学校网站、社交媒体、校报等）宣传体育新闻、赛事和成果。

4. 体育设施与器材管理

高校的体育设施和器材是体育教学和训练的基础，具体的管理内容主要有设施的维护、器材的采购与维修以及场地的预约与使用等。

5. 体育组织与社团管理

许多高校设有各种体育社团或组织，如足球队、篮球队、舞蹈团等，为学生提供了一个参加体育活动、提高技能和结交朋友的平台。其管理内容包括社团的注册、资金申请、活动组织等。

6. 体育安全与健康管理

高校应保证学生在参加体育活动时的安全，主要涉及制定安全规范、进行安全教育、处理事故和伤害等。

（二）高校体育文化管理的特点

1. 系统性与整体性

体育文化管理不是孤立、零散的，而是一个系统性、整体性的过程。体育文化涉及的范围广泛，包括体育活动、体育思想、体育价值观、体育传统、体育精神等方面，这些方面相互联系、相互影响。因此，高校体育文化管理应进行全局、整体的规划和组织，确保各个部分和环节之间的协调和统一。同时，高校体育文化管理要与高校的其他文化、教育和管理活动相结合，形成一个有机的整体，从而达到最佳的效果。

2. 前瞻性与创新性

高校体育文化是一个动态的、不断发展的过程，它既要继承和发扬传统，又要适应和满足当代学生的需求和期望。因此，高校体育文化管理应具有前瞻性和创新性。这意味着管理者要具有敏锐的洞察力，预测未来的发展趋势，制定相应的策略和措施。同时，管理者要具有创新精神，勇于尝试新的方法和方式，以满足新的挑战和机遇。只有这样，高校体育文化才能保持其活力和魅力，不断吸引和激励学生。

3. 人本性与参与性

人本性强调将学生的需求、兴趣和期望作为管理和决策的出发点。在高校体育文化管理中，人本性的体现主要是关注学生的体育文化需求，提供与他们兴趣和特点相匹配的体育文化内容和形式，以及关心学生的身心健康、发展和成长。此外，人本性还意味着尊重学生的个性和差异，鼓励他们根据自己的特点和条件选择和参加体育文化活动，而不是简单地强制或规定。人本性还要求管理者具有同理心和敬重心，能够站在学生的角度思考问题，理解和关心学生的感受和困惑，从而做出更合理、更有效的决策。

参与性则是指高校体育文化管理应当鼓励和促进学生主动参与。这一理念认识到学生不仅仅是体育文化的接受者和消费者，更是体育文化的创造者和传播者。只有当学生真正地参与体育文化的构建、实践和传播，体育文化才能反映出学生的风格和特色，真正成为学生的文化。例如，学生可以参与体育活动的设计、组织和实施，提供他们的观点和建议，分享他们的经验和故事，这种参与式的管理方式，能够更好地满足学生的需求和期望，增强他们的责任感和成就感，使他们更加珍视和守护自己的体育文化。

二、高校体育文化管理策略

（一）明理策略

明理策略是高校体育精神文化体系的管理策略，旨在培养和组织共同的价值观。高校体育精神文化管理的过程是在成熟的文化事实基础上，追寻学校教育哲学的过程。这一过程也代表了高校体育文化理念的形成过程。随着社会的不断进步，体育文化的价值体系也会根据环境变化不断调整和重新定位。

寻找适切的教育哲学需要时间和智慧。一旦确定了学校的体育精神和文化核心，便可围绕这一体系，使其呈现逻辑一致且合理的形式。不同高校在这方面的侧重点有所不同。有些高校将"育人夺标"视为明理精髓，而其他高校则将体育与人文相结合，这些都是教育哲学的具体体现。追求体育文化理念的过程是体育精神的浓缩，也是高校体育文化定位管理的探索过程。

（二）善人策略

管理的本质是与人打交道。在体育文化中，人的潜能是巨大的，也是难以估量的。因此，善人策略要求管理者对人有深入的了解，包括他们的需求、兴趣、才能、潜力、情感和价值观，只有深入了解了这些情况，管理者才能制定出真正符合他们需求的策略和措施。

高校体育文化管理中的善人策略不仅要关心和培养个体，还要建立一个积极、和谐、互助的集体。在这样的集体中，每个人都能得到发展和进步，也都愿意为集体做出贡献。为此，管理者需要注重团队建设，加强沟通与交流，鼓励合作与分享，培养有凝聚力和战斗力的团队。与此同时，善人策略要求管理者公平、公正对待每个参与者，在权利、义务、机会和待遇上都不能有偏见和歧视，每个人都应拥有平等的机会展示自己的才华，也都应承担相应的责任，只有这样，体育文化管理才能得到人们的支持和参与，也才能发挥出真正的效果。善人策略还强调对人的培训和发展。高校体育文化管理者要充分利用各种资源和机会，为教练员、运动员、学生和体育工作者提供系统、科学、持续的培训，帮助他们提高业务水平和综合素质。同时，管理者要为他们提供发展的机会和平台，让他们在实践中成长。最后，善人策略还要求管理者对参与者充满关心和爱心。在体育文化中，每个人都会遇到困难和挑战，也都需要关心和支持。管理者应该时刻关注他们的生活和工作，给予他们必要的帮助和支持。只有这样，才能建立一个有爱的大家庭，也才能确保体育文化的健康和持续发展。

（三）治事策略

治事策略的核心是制度建设。制度是组织行为的规范和约束，也是保证组织目标实现的重要手段。高校体育文化管理的制度建设应该根据学校的实际情况和需要，结合体育文化的特点和规律，制定出既有弹性又有约束力的制度体系，这一体系不仅涵盖体育活动的组织、实施和评估，还涵盖体育文化的传承、推广和创新。组织设计是制度建设的一个重要组成部分。高校的组织设计是其正常运转的基础。不同的组织设计有其特定的适用条件和效果。高校体育文化管理的组织设计应该根据学校的大小、性质、历史、文化和外部环境等因素进行。一般来说，大型、综合性的高校，其体育文化管理的组织设计可以采用分散型或网络型；而小型、专业性的高校，其体育文化管理的组织设计可以采用集中型或层级型。为了确保组织设计的有效性和适应性，高校还需要建立一套组织评估和调整机制，帮助学校及时发现组织设计中的问题和不足，以及外部环境的变化和挑战，从而进行相应的调整和完善。制度安排是组织设计的延伸和补充。制度安排主要是对组织内部的行为和活动进行规范和指导。高校体育文化管理的制度安排应该根据其组织设计的特点和要求以及体育文化的目标和任务进行。例如，对于采用统一原则设置的组织设计，其制度安排可以强调各部门或单位之间的协调与合作；而对于按专业化原则设置的组织设计，其制度安排可以强调各部门或单位的专业性和独立性。

三、高校体育文化管理创新

（一）技术应用在体育文化管理中的创新作用

随着科技的飞速发展，尤其是数字技术和互联网的广泛应用，高校体育文化管理面临着前所未有的机遇和挑战。技术不仅可以提高体育教学和训练的效果，还可以为学生提供更丰富、更有趣的体育文化体验。例如，学生通过虚拟现实和增强现实技术，可以体验与真实世界完全不同的体育活动，如在太空中打篮球或在深海中潜水。这不仅可以锻炼学生的身体，还可以培养其创新思维和空间想象能力。

此外，高校通过大数据和人工智能技术，可以更加精准地分析学生的体育需求和喜好，制定更加个性化的体育课程和活动。同时，可以为学生提供更加科学、系统的体育健康建议和指导。

（二）学生参与在体育文化管理中的创新价值

学生是高校体育文化的主体和受益者，他们对体育文化的需求和期望是体育文化管理的出发点和归宿。因此，充分调动学生的积极性和主动性，让他们参与体育文化管理的各个环节，是实现体育文化管理创新的关键。

首先，学生可以参与体育课程和活动的设计、组织和评价。他们可以根据自己的兴趣和特长，提出新的体育项目或活动建议，也可以对现有的体育课程和活动提出改进建议。

其次，学生可以参与体育文化的传播和推广。他们可以利用自己的社交网络，如微信、微博、抖音等，对体育活动和比赛进行宣传和直播，吸引更多学生的参与和关注。

最后，学生可以参与体育文化的研究和创新。他们可以根据自己的专业知识和研究兴趣，对体育文化进行深入研究和探索，为体育文化管理提供新的理论和实践支持。

（三）跨学科融合在体育文化管理中的创新意义

体育文化不仅仅是体育，还涉及历史、艺术、心理、社会等学科。因此，跨学科融合是实现体育文化管理创新的重要途径。一方面，跨学科融合可以为体育文化提供更加丰富和深入的内容和视角。例如，结合历史学，可以探究体育运动的起源和发展；结合艺术学，可以研究体育与音乐、舞蹈、绘画等艺术形式的联系。另一方面，跨学科融合可以为体育文化管理提供新的方法和手段。例如，结合心理学，可以研究学生的体育需求和动机，制定更加有效的激励策略；结合社会学，可以研究体育活动对学生社交和团队合作能力的影响，促进学生的全面发展。

第七章　当代高校体育教学评价与发展之道

第一节　体育教学评价概述

一、体育教学评价的概念

（一）教育评价的概念

为了深刻理解体育教学评价的概念，首先要对教育评价的内涵有清晰的认识。教育评价是指高校或相关部门在教育目标的指导下，根据特定的价值准则和目标，通过采取针对性的措施，运用有效的技术工具，对教育活动的成果和影响进行系统检查、判断和评估的过程。

（二）体育教学评价的概念

体育教学评价是指在体育教学系统中，体育相关部门、体育教师和学生对教育过程及其结果的客观认知。它基于教学分析，根据具体的体育教学目标和任务，对体育教学的过程和效果进行评判和评估。

高校体育教学评价的主要内容包括对体育教师和学生的评价。评价的目的主要体现在两个方面：首先，评价有助于及时发现体育教学活动中存在的问题，并采取针对性的措施改进教育质量；其次，评价为高校制定科学的体育教学决策提供了重要的参考依据。

二、体育教学评价的特点与价值

(一)体育教学评价的特点

1. 体育教学评价的动态性

体育教学一直处于不断演进的状态,教育领域的演进涉及教育对象、教育内容、教育方法、教育目标以及教育标准等方面,这种不断演变的过程要求高校认识到体育教学评价的重要性,明白它需要随着时间的推移进行调整,以适应体育教学改革的深入推进,还需要根据体育教学的演化规律和评估对象的变化进行不断改进和完善。

2. 体育教学评价目标的发展性

与传统的体育教学追求学生对体育运动知识与技能的熟练程度不同,现代体育教学目标更加强调学生的全面成长。这意味着学生不仅需要掌握体育运动相关的知识与技能,还需要通过体育学习促进其整体发展。因此,体育教学的评价目标应具备发展性,将提高学生的综合素质和长期发展视为体育教学评价的核心内容。

3. 体育教学评价主体的多元性

体育教学评价主体的多元性是该领域的一个显著特征,随着体育教学改革的不断深化,人们对体育教学评价的重要性有了更深刻的认识。这一过程涵盖学生积极参与体育教学活动,还包括学生自我反思和逐步发展。此外,体育教学评价也是建立良好师生关系的有效工具。

在传统的体育教学评价体系中,评价的主体主要为学校管理者,采用的评价模式也为单一模式。在这一体系中,教师和学生通常只能被动地接受评价结果,缺乏主动参与的机会,在很大程度上制约了教师和学生的主体性和积极性发挥。更重要的是,在该模式下,只有管理者才能对教学质量做出评价,而教师和学生则只能成为被评价的对象,进而在某种程度上导致师生对评价过程产生畏惧心理。

现代体育教学评价模式采用了多元主体的方法，涵盖了教师、学生、管理者和家长等各方参与体育教学评价的过程。这一模式构建了一种民主和平等的评价体系，为各个参与主体提供了一个平等的表达观点的机会。各个主体都能在评价过程中充分发表自己的看法，而且强调了在体育教学中主体的主动性发挥以及体育教学质量的不断提高，这对于体育教学的发展具有促进作用。

（二）体育教学评价的价值

1. 激发学生体育学习的兴趣

体育教学评价可以激发学生对体育学习的兴趣，它不仅是学生成绩或表现的反馈，更是一种反思和指导。学生通过评价可以了解自己在体育方面的优势和不足，进而根据反馈意见调整学习方法和目标。这种积极的反馈可以帮助学生建立自信心，增强学生对体育学习的兴趣和动力，激发他们积极参与体育活动的欲望。

2. 促进体育教学水平的提高

体育教学评价可以促进体育教学水平的提高。教师通过对学生的体育表现进行评价，可以了解自己教学中的不足，并采取相应的措施加以改进。评价结果可以帮助教师更好地了解学生的需求和水平，为他们提供更有针对性的指导和教育，这有助于提高教师的教学质量和教学效果，促进体育教学水平的不断提高。

3. 促进体育科研水平的进步

体育教学评价可以促进体育科研水平的进步。研究人员通过对大量体育教育数据进行收集和分析，可以发现体育教学中存在的问题和发展趋势，从而为体育教学领域提供数据支持，促进体育教学理论的不断发展，为教育实践提供依据。体育教学评价还可以促进教育政策的制定和改进，确保体育教学体系更加完善和符合实际需求。

4.促进体育教学管理的完善

体育教学评价对于促进体育教学管理的完善具有重要作用。评价可以帮助学校和教育机构更好地管理体育教学资源,合理分配教师和设备,提高体育教学的效率。管理者通过评价结果可以及时发现和解决教学中的问题,确保教育资源得到充分利用。此外,评价也可以帮助学校制订科学的教育计划,确保体育教学的质量和可持续发展。

三、体育教学评价的类型与方法

(一)体育教学评价的类型

1.按评价目的分类

按照评价目的的不同,可以将体育教学评价分为三种类型,即选拔性评价、甄别性评价以及发展性评价。

(1)选拔性评价。选拔性评价的主要目的是从学生中筛选出在特定体育项目或竞技领域中表现最出色的个体,通常用于选拔优秀运动员或参与竞技性比赛,侧重测试学生的竞技水平、技能和潜力,选拔性评价的结果可能会对学生的升学、获得奖学金或参加特定体育团队等方面产生重要影响。

(2)甄别性评价。甄别性评价旨在更深入地了解学生的体育水平和需求,以帮助教育者制订个性化的教学计划。其目的主要包括以下三点:①了解学生的优势和不足,以便有针对性地提供支持和帮助;②帮助教育者了解学生的学习风格和需求,以更好地满足他们的教育需求;③为学生和教育者提供反馈,以促进学习和教学的持续改进。

(3)发展性评价。发展性评价的主要目的是帮助学生或运动员在体育学习和训练过程中不断提高。发展性评价强调个体的成长和进步,而不仅仅是与他人进行比较。发展性评价通常包括定期的自我评估、教师和教练的反馈、目标设定和跟踪进展等方法,鼓励学生积极参与学习和自我改进,促进体育能力和素质的发展。

2.按评价内容分类

按评价内容分类，体育教学评价可以分为多种类型，这些类型主要关注评价的内容。

（1）技能评价。技能评价侧重评估学生在特定体育项目或活动中的运动技能水平，包括体育技术、战术、协调性等方面的评估。技能评价可以通过观察学生的运动表现、使用评分标准和测量工具进行，以确定他们在不同运动技能方面的能力水平。

（2）体能评价。体能评价关注学生的身体素质和体能水平，包括耐力、力量、速度、柔韧性等方面，如体能测试、跑步测试、俯卧撑、引体向上等，以衡量学生的身体健康状况和体能水平。

（3）情感评价。情感评价关注学生的体育态度、团队合作、领导能力和体育精神，可以通过观察学生在比赛或训练中的行为、参与度以及他们与队友和教练的互动进行，以培养学生的体育道德和团队合作精神。

3.按评价方法分类

体育教学评价可以根据评价方法的不同分为两种主要类型：定性评价和定量评价。

（1）定性评价。定性评价侧重从"质"的角度对体育教学进行评价，强调对体育教学质量、效果和特点的描述和评估，通常使用文字描述、评语或符号表达评价结果。定性评价可以捕捉到一些难以用数字衡量的因素，如学生的态度、参与度、合作精神等，常用于对学生的综合表现进行分析，以便全面了解体育教学的质量和特点。

（2）定量评价。定量评价从"量"的角度出发，注重采集和分析与体育教学相关的数据和信息。定量评价使用量化的指标和测量工具评估学生的表现和教育效果。定量评价通常使用成绩、测试分数、统计数据等数字化的方式展现教学成果。它可以用于量化学生的运动技能水平、课程成绩等方面的评估。定量评价可以提供客观、可比较的数据，用于分析教育结果和效果，并支持教育决策和政策的制定。

（二）体育教学评价的方法

体育教学评价的方法有很多，这里主要对观察法、问卷法、测验法三种比较常见的评价方法进行阐述。

1. 观察法

观察法是一种通过直接观察学生在体育活动中的表现进行评价的方法。通常由教师、教练或评价者观察学生在体育课程、比赛或训练中的动作、技能和行为表现。观察法的优点在于可以提供丰富的定性数据，能够全面了解学生的体育技能水平、运动技术和战术运用情况。观察法可以用于评估学生动作技能、战术意识、团队合作等方面的表现。然而，观察法受主观性和可操作性的限制，需要训练有素的观察者，并且容易受观察者的主观偏见影响。

2. 问卷法

问卷法是通过编制和分发问卷收集学生、教师或家长的意见和观点，以评估体育教学的质量和效果。问卷可以包括开放性问题、封闭性问题、量表或评分项，以获取不同类型的信息。问卷法通常包括以下几个步骤。

（1）制定问卷。设计包含关键问题的问卷，确保问题能够有效衡量评价对象的看法和感受。

（2）分发问卷。将问卷分发给学生、教师或家长，并让他们填写。

（3）收集和分析数据。收集并整理问卷数据，进行统计分析，以了解不同参与者的看法和反馈。

（4）提供总结和建议。根据问卷结果，提供关于体育教学的总结和改进建议。

3. 测验法

测验法是通过对学生进行标准化测试或测验评估其体育知识、技能和能力的方法。这种方法通常涉及设计和实施特定的测试项目，以测试学生的体育水平。测验法可用于评估以下几个方面。

（1）学生的运动技能。

（2）学生的体适能水平。

（3）学生对体育规则和战略的理解。

（4）学生的比赛和竞技能力。

测验法的优点在于提供客观的、可比较的数据，可以用于量化学生的表现和进步。然而，测验法可能无法全面评估学生的体育素质，因为有些方面的表现难以通过标准化测试捕捉。

第二节 高校体育教学评价的结构与内容

一、体育教学评价的结构

（一）体育教学评价的目的

体育教学评价的目的是体育教学评价中的关键要素之一，它确定了评价的根本目标和方向。体育教学评价的目的可以分为不同类别，包括选拔目的、甄别目的、发展目的和激励目的，每种目的都有其独特的关注点和价值。

1.选拔目的

选拔目的的评价旨在选拔出在特定体育项目或竞赛中表现优秀的学生或运动员，通常用于高水平竞技体育项目的选拔，如校际比赛、大学运动队选拔或代表学校参加比赛的选拔。其主要特点包括以下几个方面：一是重点评估学生的技能水平和竞技能力；二是通常采用严格的标准和标准化测试；三是用于确定最适合代表学校或团队参加竞赛的学生；四是支持学校体育竞技成绩的提升。

2.甄别目的

甄别目的的评价旨在了解学生的体育潜力、特点和发展需求，以便为他们提供个性化的体育教学和培训，通常用于学校体育教学中，帮助教师和教练更好地理解学生的体育能力和兴趣，以制订适应个体差异的教学计划。甄别性评价强调学生的全面发展，不仅关注技能水平，还关注体育态度、团队合作和领导力等方面的评估。

3. 发展目的

发展性评价的主要目的是帮助学生在体育学习和训练中不断提高，侧重个体的成长和进步，鼓励学生积极参与学习和自我改进。评价的目标是提供有关学生当前水平和未来发展方向的反馈，以便他们设定目标并努力实现。发展性评价包括目标设定、反馈机制、个人计划和跟踪进展等方法。

4. 激励目的

激励性评价旨在激发学生的兴趣和积极性，以促进他们更好地参与体育活动。评价的目标是通过肯定学生的努力和成就提高他们的体育动机和参与度。激励性评价可以采用鼓励性的评语、奖励制度、荣誉榜等方式激发学生的兴趣和积极性。

（二）体育教学评价的主体

体育教学评价的主体是指谁来进行评价和参与评价过程。评价主体包括以下几种。

1. 学生

学生是体育教学评价的主体，他们可以通过自我评估、反馈、成绩和测试了解自己的体育表现和进步。

2. 教师和教练

教师和教练在体育教学评价中扮演着关键角色，他们负责制订教学计划、提供反馈和指导，并参与学生的评价过程。

3. 管理者和决策者

学校管理者和决策者需要根据评价结果制定教育政策、分配资源和做出改进决策。

4.家长

家长也可以参与体育教学评价，了解自己子女的体育发展情况，与学校和教师合作，以助力学生健康成长。

二、体育教学评价的内容

体育教学评价的内容主要包括教师对体育教学过程的评价、教师对学生学习的评价、学生对体育教学过程的评价和学生对体育学习过程的评价，具体分析如下。

（一）教师对体育教学过程的评价

教师对体育教学过程的评价涵盖多个方面，包括教学方法、教材选择、课程设计、课堂管理和教学环境。第一，教师对体育教学过程的评价包括对教学方法和策略的评估，着重关注教师在课堂或训练场上所采用的教学方法。有效的教学方法应当具备多样性，能够满足不同学生的学习需求。评价者需要考查教师能否灵活运用各种教学策略，以激发学生的兴趣和积极性。第二，评价包括教材选择和使用。教师需要选择适当的教材和资源，以支持他们的教学活动。评价者需要审查教师所选教材的质量和适切性，确保其与教学目标和学生需求相符。同时，教师的能力表现在如何巧妙地运用这些教材传授知识和技能。第三，评价内容包括对课程设计的审查。教师需要制订课程计划，确保在一学期或一学年内覆盖所需的体育内容。第四，课堂管理是另一个需要评价的主要方面。教师需要确保课堂或训练场的秩序井然，学生之间的合作和尊重得以维持。观察教师的课堂管理技巧，包括如何处理纪律问题、维护课堂安全以及鼓励学生积极参与。第五，评价需要关注教学环境。这包括教学场地的设施、装备和安全性。评价者会检查教学场地是否具备足够的条件，以支持体育教学的进行。如果环境不合适，可能会对学生的体育学习产生负面影响。因此，评价也需要关注教学环境的改进和维护。

（二）教师对学生学习的评价

教师对学生学习的评价有助于了解学生在体育学习方面的表现和进步，为个性化指导和教育决策提供依据，主要包括对学生学习过程的评价和对学生学习结果的评价，以下是对这两方面的详细论述。

1. 对学生学习过程的评价

教师对学生学习过程的评价旨在了解学生在学习体育时的态度、投入程度、技能掌握情况和合作精神。评价包括以下几个方面。

（1）学习态度：评价学生的学习态度涉及他们对体育课程的兴趣和积极性。教师需要观察学生是否热爱体育活动，是否愿意参与课堂讨论和活动，以及他们对学习的主动性和积极性。

（2）投入程度：评价学生的投入程度涉及他们在体育学习中的付出和努力。这可以通过观察学生在锻炼、练习和比赛中的表现进行评估，包括他们是否认真参与、是否积极尝试新技能等。

（3）技能掌握情况：教师需要评估学生对体育知识和技能的掌握情况，包括他们是否理解和运用了所学的规则、战略和技巧。这可以通过课堂测试、技能演示和比赛表现进行评价。

（4）合作精神：体育教学强调团队合作和集体精神，因此，教师需要评价学生在团队活动中的合作能力和态度。这包括学生能否有效地与队友合作、尊重他人、分享经验和协调行动。

2. 对学生学习结果的评价

教师对学生学习结果的评价是指对某一阶段学生学习活动的最终成果进行综合性评价，有助于了解学生在特定时间段内的学习成就和表现，为教育决策和进一步的教学计划提供基础。评价内容包括以下几个方面。

（1）学生的技能水平：教师需要评估学生在特定体育项目或技能方面的水平，包括基本技能和高级技能。这可以通过技能测试、观察和比赛表现确定。

（2）学生的体适能水平：评价学生的身体素质，包括耐力、力量、速度、柔韧性等方面。这有助于了解学生的身体健康状况和体能发展。

（3）学生的体育知识：评价学生对体育规则、战略和理论知识的理解程度。这可以通过理论测试、课堂参与和讨论进行。

（4）学生的比赛和竞技能力：教师可以评价学生在比赛和竞技活动中的表现，包括竞赛成绩和竞技技巧。

（三）学生对体育教学过程的评价

1. 对课堂教学内容和教学方法的及时反馈

学生的及时反馈是一种非正式的评价活动，教师通过学生的观察、感受和反馈，可以了解他们对课堂教学内容和教学方法的看法，包括了解学生是否理解教学内容，是否对教学方法感兴趣，以及是否有建议或意见。教师可以通过课堂讨论、提问、小组反馈等方式使学生及时进行反馈，以便更好地满足他们的学习需求。

2. 学生评教活动

学生评教活动是一种正式的评价形式，通常由高校或教师组织，要求学生对体育教师的教学内容、教学能力、教学态度、教学效果等进行综合性评价。学生的评教有助于全面了解教师的教学表现，并为教育决策提供客观的数据支持。学生评教活动的优点在于提供了一种民主、客观的评价机制，有助于教师和学校了解学生对教学的看法，发现教学中的问题并及时改进。然而，学生评教活动也存在一些挑战，如可能受学生主观偏见或个人情感的影响，导致评价不够客观。因此，需要结合其他评价形式，以确保评价结果的可信度。

（四）学生对体育学习过程的评价

1. 学生的自我评价

学生的自我评价是指学生对自己学习过程和学习结果进行评价和反

思的过程。学生自我评价有以下特点。

（1）自我认知。学生通过自我评价，能够更深入地了解自己的学习情况，包括学习动机、学习目标、学习风格等，有助于他们形成积极的学习态度和自我管理能力。

（2）反思与改进。自我评价能够促使学生反思自己的学习过程，分析自己的优势和不足，有助于他们制订个人学习计划，改进学习方法，更好地实现学习目标。

（3）自主学习。自我评价有助于培养学生的自主学习能力，让他们成为独立思考和自我调整的学习者。

2.学生之间的评价

学生之间的评价是指学生互相评价和反馈对方的学习表现和成果。学生之间的评价有以下特点。

（1）合作和互助。学生之间的评价有助于培养合作和互助精神，让学生更好地理解彼此的学习需求和困难，以便相互支持和帮助。

（2）不同视角。学生之间的评价可以提供不同视角的反馈，有时同学能够察觉到教师可能忽略的问题或提供独特的见解。

（3）社交互动。评价过程可以促进学生之间的社交互动和沟通，有助于建立学习社群。

然而，需要注意的是，学生的自我评价和学生之间的评价虽然有其优点，但也存在一些限制，如主观性、可能的友好偏见等。因此，将这两种评价方式与其他评价方式有机结合是比较重要的。教师可以将学生的自我评价与教师评价、同伴评价、课堂观察等方式结合起来，以确保评价结果更全面、客观和可信。这种综合评价的方法有助于为学生提供更有针对性的反馈和指导，促进他们全方面发展。

第三节 高校体育教学评价的要求与原则

一、体育教学评价的要求

（一）更新评价理念

体育教学评价理念的更新是非常有必要的，因为教育的目标和社会的需求不断发生变化。传统的体育教学评价主要侧重学生的体育技能和知识水平。然而，现代社会要求学生具备更多的综合素质，如领导能力、团队合作、沟通技巧等。因此，更新评价理念应该考虑学生多元化的需求，不仅关注体育技能，还关注个性化的素质培养。与此同时，传统评价理念可能过于侧重学生在学校期间的表现，而忽略了体育对终身健康和价值观的影响。新的评价理念应该强调体育教学对学生终身健康和体育参与的重要性，培养学生对体育的积极态度和乐趣。新的评价理念也应该更注重学生的整体发展，包括身体、智力、情感和社交等方面的发展。另外，新的评价理念可以利用现代教育技术，如在线评估工具、数据分析和虚拟现实等，更准确地衡量学生的表现和进步，有助于提高评价的客观性和有效性。最后，在新的评价理念中，学生应该被赋予更多的自主权，能够参与制定学习目标、评估自己的进展，并提出改进建议，有助于培养学生的自主学习能力，使他们成为具备终身学习能力的个体。

（二）注重科学评价

第一，科学评价要求评价指标应该基于相关领域的科学研究和教育理论，以确保能够准确地反映学生的学习成果和素质发展。比如，评价可以包括学生的体育技能水平、体适能水平、体育知识水平、团队合作能力等方面，这些指标应该是可以科学测量和评估的。

第二，科学评价要求严格的数据收集和处理。数据的收集应该采用科学的方法，包括标准化的测试工具、合理的样本选择和严密的数据记录。这有助于确保数据的准确性和可信度。同时，数据的分析需要科学的方法，如统计分析、数据挖掘和数据可视化，以便从大量数据中提取有意义的信息。

科学评价还涉及评价方法的科学性，评价方法应该基于科学的教育原理和心理学原理。例如，对体育技能的评价可以采用标准化的测试项目，以确保测试的客观性和可比性。也可以采用观察、问卷调查、面试等多种方法，以了解学生的学习情况。

不仅如此，科学评价还需要对评价结果进行科学解释。评价者应能解释评价结果的含义，指出学生的优势和不足，为教育实践提供建议和改进方向，这需要通过科学的教育理论和领域知识解释评价结果。

比如，在田径教学中，体育教师往往会根据学生最终的比赛成绩评价学生的学习情况，忽略学生在体育运动能力方面存在的差异，有些学生身体素质好、运动能力强，只需按照体育教师的指导加以练习就可以取得相对理想的成绩，但那些身体素质和运动能力相对较差的学生，可能即使付出了努力，也无法取得较好的成绩。在这种情况下，如果体育教师还继续按照统一的评价标准评价学生的学习情况，不能因材施教，那么就会在很大程度上挫伤身体素质和运动能力相对较差学生的学习积极性，使他们产生厌烦体育课的想法，而且从长远来看，还会对他们的全面发展造成不利的影响。因此，体育教学评价要求体育教师注重科学评价，在统一的体育教学评价标准指导下，根据学生的具体情况，灵活调整体育教学评价的标准，确保通过科学的体育教学评价，促进每个学生的进步与发展。

例如，学校可以定期组织田径比赛，如每学期或每年组织一次，让学生参与不同项目的比赛，如短跑、跳远、投掷等。比赛成绩可以用来评估学生的体育技能水平。为了确保评价的客观性和可比性，可以采用标准化的测试项目。例如，对于短跑项目，可以使用100米短跑的标准赛道和计时设备，以确保比赛成绩的准确性。通过收集比赛数据，可以进行科学的数据分析和比较，计算学生的平均成绩、最好成绩、最差成绩以及成绩的分布情况。考虑到学生的年龄和性别差异，评价可以更标准化。例如，可以将学生的成绩与同龄同性别学生的平均水平进行比较，以客观地评估他们的表现。这些案例示范了如何在田径教学中对学生比赛成绩进行科学评价。通过收集、分析和比较比赛数据，可以更准确地评估学生的体育技能水平和进步情况，从而为教学提供反馈和指导。

（三）注重个体评价

受众多因素的影响，学生在身体素质、运动技能、兴趣爱好等方面呈现出显著的差异。这就迫使体育教师在进行教育评估时，应高度重视个体化评价，主要采用鼓励性评价的方式。这种评价方式有助于调动学生在体育学习方面的积极性，激发他们参与体育活动的热情，从而促进学生的健康成长。

以性格开朗但运动能力相对较差的学生为例，体育教师可采用以下方式鼓励他们：你拥有开朗的性格和出色的社交能力，这是你的优点，如果你能投入更多时间和精力参与运动，你将会取得显著进步，表现得更为出色。相反，对于性格内向的学生，体育教师可以采用以下方式进行鼓励：你具备出色的运动天赋，如果你能更积极地参与体育教学活动，你将会把自己的潜力发挥到最大，取得更出色的成绩。

二、体育教学评价的原则

（一）客观性原则

高校在进行体育教学评价工作时，客观性原则是一项至关重要的原则。体育教学评价的主要目标之一在于对教师的教学效果和学生的学习成果进行客观评估,以最大限度地激发教师和学生积极参与体育教学活动的热情和主动性。若缺乏客观性,不仅使体育教学评价失去其存在的价值,还会严重阻碍体育教学活动的正常开展。

具体而言,客观性原则要求评价者在进行体育教学评价时着重关注以下几个方面的内容:第一,评价标准应当具有客观性,以避免评价过程的随意性;第二,评价方法应当具有客观性,以避免评价结果受偶然因素干扰;第三,评价态度应当具有客观性,以避免主观情感的干扰。

(二)全面性原则

体育教学评价涵盖了广泛的领域。如若单纯地从局部审视或采取以局部见整体的策略,可能对评价的客观性、真实性及准确性带来负面影响。因此,为确保体育教学活动的评价真实、准确,评价过程应坚持全面性原则,即从多种角度和维度对其进行评估。

在全面原则的指引下,评价者在进行体育教学评价时应重视以下两个方面。一方面,评价者需要在对所有相关因素进行综合考虑的基础上,明确核心内容与次要内容,进而对它们进行合理权衡与划分;另一方面,评价过程不应局限于纯定性或纯定量的方式,而应尝试将两者有效整合,从而为被评价对象提供既全面又准确的评估。

(三)科学性原则

在体育教学领域,评价的科学性被视为核心标准,对于确定体育教学评价的有效性具有决定性作用。评价的科学性凸显了体育教学评价的重要价值,从而充分利用其潜在功能。为此,当高校进行体育教学评价时,坚守科学性原则尤为关键。

体育教学评价所依据的科学性原则,涵盖以下关键领域。

第一,评价应该以体育教学的目标为出发点,确保体育教师的指导与学生的学习紧密结合，进而确立一个科学而合适的评价准则。

第二，为保障数据的真实性和效用，应采用经过验证的统计策略及测定工具。

第三，强调对从事评价的人员进行技能培养，这将为体育教学评价的科学化进程奠定坚实的基础。

（四）指导性原则

体育教学评价中的指导性原则占据了核心地位。在评价过程中，评价者不仅要对事物进行简单的评论，还要确保评价与指导之间形成有机的联系。为了实现这一目标，评价者应对自己有深入的认识，并在此基础上进行科学的体育教学评价。

指导性原则在体育教学评价中应关注以下几方面内容。

第一，评价应当建立在充分理解和掌握相关数据资料的基础上，从而确保评价和指导的科学性，消除评价的随机性。

第二，评价时的指导信息应当清晰且反馈及时，避免因表述不明确而导致机会错失。

第三，评价的指导信息应当鼓励被评价者进行思考，为其提供足够的思考空间。

第四节 高校体育教学评价的案例与发展

一、体育教学评价的案例分析

（一）教师对学生学习评价的案例及分析

1. 案例陈述

教师对学生的学习成果进行综合评定是教育过程中的关键环节，可以全面、客观地反映学生在课程中的表现和进步。表 7-1 为研究提供了明确的框架分析此评定过程。

表 7-1　学生体育学习成绩综合评价表

序 号	评价内容		评价等级					权重系数
			非常优秀	优秀	良好	基本达标	待达标	
1	体能	体能测试						0.17
2		进步幅度						0.06
3	知识与技能	健康知识						0.52
4		运动技能						0.16
5	学习态度	出勤情况						0.05
6		平时表现						0.11
7	情意表现与合作精神	情意表现						0.52
8		合作精神						0.15
隶属度			0.95	0.75	0.65	0.55	0.45	

以体育学习为例，评价的维度不仅涉及学生的体能，还涵盖学生在知识与技能、学习态度以及情意表现与合作精神等方面的内容。

（1）体能的评价。根据《国家学生体质健康标准》，笔者进行了学生的体能评估。《国家学生体质健康标准》为笔者提供了一系列参考准则，以此作为学生体质进步的标杆。若学生在测试后，相对于先前的成绩，并未有显著的进步或退化，那么对他们的评定便为"待达标"；若体能提升至下一个层级，则评为"基本达标"；若进步跨越两个层级，将被标记为"良好"。此种评估方式可继续按此模式扩展。

（2）知识与技能的评价。基于特定的评估标准，本研究采用了师评、学生互评以及自评的综合评价方法确定成绩。

（3）学习态度的评价。出勤率作为评估学生出勤情况的一个重要指标，其评价尺度如下：当出勤率在95%～100%时，评价为极佳；若出勤率在90%～95%，则被视为优秀；当出勤率在85%～90%时，归类为良好；而出勤率在80%～85%，则被认定为基本满足标准。最后，75%～80%的出勤率被认为是尚待满足标准。具体的学生平时表现评估细则如表7-2所示。

表7-2 学生平时表现评价表

序号	评价内容	分值	自评	互评	师评	总评
1	集队"静、齐、快"，认真做好课堂笔记	12				
2	认真做好自评和对其他同学的互评工作	13				
3	主动自觉地参与体育活动	12				
4	遵守课堂常规和课堂纪律	12				
5	积极思考，为达到目标反复练习	13				
6	认真听教师讲课，看教师示范	12				
7	学习方法能体现出灵活性和创造性	13				
8	认真完成课外作业和接受教师指导	13				

（4）情意表现与合作精神的评价。关于学生情意表现以及合作精神的评价表如表7-3、表7-4所示。

表7-3 学生情意表现评价表

序号	评价内容	分值	自评	互评	师评	总评
1	自觉运用体育活动调整心理	13				
2	为达到目标坚持不懈地努力学习	13				
3	坚忍的意志品质，勇敢的拼搏精神	13				
4	敢于面对困难，勇于克服困难	12				

续 表

序 号	评价内容	分值	自评	互评	师评	总评
5	在活动中展示自我的欲望、行为	13				
6	大胆地练习，能战胜自卑	12				
7	勇于挑战自我，战胜自我	13				
8	通过体育活动树立信心	13				

表7-4 学生合作精神评价表

序 号	评价内容	分值	自评	互评	师评	总评
1	尊重教师，尊重同学	13				
2	主动承担小组中的学练任务	13				
3	在比赛中，能为小组的荣誉全力以赴	13				
4	在比赛中尊重裁判、尊重对手	12				
5	不计较胜负，赞扬对手	12				
6	认真分析失败原因，不埋怨他人	12				
7	能与他人交换自己的意见和见解	13				
8	主动安慰、帮助受挫的同学	12				

2.案例分析

本案例对学生的全面评估侧重体能、知识与技能、学习态度以及情意表现与合作精神。其内容呈现出深度和广度，为确保公正性，在体能评估过程中注重学生体能的差异，采取了以进步幅度为标准的方式，旨在鼓励那些体质相对较差的学生更加努力。

但是，本案例也有局限之处。

（1）体能评估中的进步幅度评价可能对那些原本体能较好的学生较为苛刻。尤其是按照"没有进步为待达标"这个标准，有可能导致部分学生锻炼的积极性受挫。

（2）在知识与技能的评估环节中，结合师评、自评和互评的方式可能导致评价的客观性受到挑战。

（3）评估体系中并未明确体能、知识与技能、学习态度、情意表现与合作精神这几个方面的具体权重。

（4）评估方案对综合评估的界定存在一定的模糊性，尤其是在提及隶属度和权重系数时，这无疑增加了评估的复杂性和教师的工作负担。

（5）日常行为、情意表现与合作精神的评估中存在多个疑点。例如，在内容设计上，"认真做好课堂笔记"并不常在体育教学中出现，因此，其与学生的日常表现不甚吻合。此外，"坚忍的意志品质，勇敢的拼搏精神"虽然被提及，但并未明确这是体育教学的期望输出，还是学生固有的特质。此外，众多项目中涉及教师评价，如"勇于挑战自我，战胜自我"以及前述的"坚忍的意志品质，勇敢的拼搏精神"。但这些评价标准并未被明确，使教师在实际操作中可能面临困境，同时增加了其评价的工作量。

（二）学生自我评价的案例及分析

1. 案例陈述

在本研究中，笔者将以学生的退出协议自我评价法为研究对象进行深入探讨。为确保学生的学习进度和个体的感受得到有效评估，学校制定了一种策略：在学生群体中设立学习小组。在每个学习单元结束前，学生需要完成一个退出协议，这不仅是记录他们的学习成果，还是他们从学习小组正式退出的"通行证"。具体如表7-5所示。

表 7-5　退出协议

这是你今天结束单元学习的"通行证",在你离开前必须交回这张协议。 学生姓名：　　　　　日期： 我喜欢我们小组的原因： 学习方案中我所关心的是： 在这个小组中我希望能学到： 我还未解决的问题是： 我想为我们小组做的事情是：

2.案例分析

此案例对学生在单元学习终结时的全面评估进行了深入了解,揭示了学生在整个单元中的学术表现。学生的自我评估不仅能帮助他们明确在学习进程中的薄弱环节,还有助于教师为下一教学单元制定更有针对性的教学策略。因此,此评估能够真实呈现学生的学习状态。

(三)学生对教学过程评价的案例及分析

1.案例陈述

以刚刚结束的体育课为背景,下面将针对学生所完成的"体育与健康"课堂教学评价问卷进行分析。相关的问卷细节如表 7-6 所示。

表 7-6　"体育与健康"课堂教学评价问卷(学生用表)

评价项目	评价内容	权重分数	得　分
学习方式	有明确的学习目标		
	明白自己的教学任务,知道学什么、怎样学		
	在教师组织下,手、脑、口等多种感官并用,开展练习活动		
	积极参与练习,勇于发表自己的看法,积极听取他人的意见		
	对学习内容能主动探索、思考,而不是被动接受		

续 表

评价项目		评价内容	权重分数	得 分
学习水平		在体育课堂上，感觉很愉快		
		在教师指导下，充分利用自己已有的知识和能力，学习新的知识、技能		
		认真思考学习过程中遇到的各种问题，勇于克服遇到的困难		
		当遇到问题时，能及时与教师沟通，交换看法		
		与同学互相帮助、学习，合作完成任务		
		在教师组织下，积极参与讨论小结，总结和回顾认知过程，反思学习方法		
		课上能得到同学和教师的评价与鼓励		
学习效果	知识目标	具有必备的知识和能力，并激活原有的知识储备		
		学到了关于运动与身体健康的知识		
		学会了一些新的运动技能或战术配合		
	能力目标	能自主进行体育学习、练习		
		感觉自己在思维、组织、合作等方面的能力有所提高		
	情感目标	将体育教师看作自己的朋友		
		达到了自己的预期目标，获得了成功的经验		
		在遇到困难时，表现出果断和勇往直前的精神		

2.案例分析

该案例在体育课后，对学生进行了专门调查。由于学生的体验尚处于新鲜阶段，此时的问卷调查有助于收集原始数据。然而，考虑到此时的反馈可能影响学生对体育教师评估的客观性，因此，在采纳该问卷的结果时，结合其他评估方法至关重要，不仅可以为教师的教学效果提供全面视角，还有助于确保评价的真实性和全面性。

（四）教师之间相互评价的案例及分析

1. 案例陈述

下面以课堂教学观察记录为例进行分析，如表7-7所示。

表7-7 课堂教学观察记录表

省　　　　市（地区）　　　　县（区）　　　　学校

课程名称		授课教师		班级	
课程性质		课程类别		授课时间	
教学内容					
基本教学方式：①讲授；②讨论；③比赛；④练习；⑤辅导；⑥其他 辅助教学方式：①　　　；②　　　；③ 教学态度 教学准备的充分程度 对所教内容的熟悉程度 教学目标的合理性与清晰性 教学内容选择的合理性 教学进度掌握的合理性 教学方法运用的合理性 教学时间利用的合理性 教学过程质量 知识内容表达的准确性 语言表达的条理性 讲授过程的启发性 讲授过程的生动性 板书的规范性 师生交流的充分程度 学生互动交流的充分程度					

续 表

课堂秩序
课堂氛围
学生学习态度
教学效果
知识掌握
技能培养
思想品德教育
现场评价
优点：
需要改进的地方：

观察时间：　　年　月　日　　观察者（姓名／职称）签名：

2.案例分析

随着"体育与健康"课程改革的持续推进，体育教师面临的挑战和期望逐渐增加。为确保教学过程的优质和高效，引入了教师间的互评机制，以实时评估教学实践和效果。为强化评估过程的准确性和客观性，笔者设计了一个基于"教师听评课"的案例表。此设计旨在为评价者提供清晰、明确的评价标准和视角，同时为授课教师明确教学准备和完善关键领域，从而更有针对性地提升教学水平。然而，值得注意的是，此案例表中融入了其他学科知识。因此，体育教师在实际应用过程中，需根据自身的教学背景和需求，对其进行细致调整和完善。

二、体育教学评价改革与发展

(一)体育教学评价的改革措施

1. 改进评价机制,实施多方位评价

在传统的体育教学评估体系中,评估大多由教师独自完成,学生主要被视为被评价者,其评估的主体性常常被忽略。作为体育教学过程中的核心参与者,教师有责任深入探究学生的身体条件、运动表现,并依据学生的实际表现,进行多角度评估,旨在激发学生的学习热情,确保体育教学目标的高效达成。当"水平目标"明确后,每个教学阶段的责任与指导策略均会进行调整,体育课程的选材和教学策略也将进行调整。因此,在体育教学过程中,评估内容的设计应以五大学习领域,即运动参与、运动技能、身体健康、心理健康和社会适应为核心,以确保评估结果具有高度的客观性和精确性。

2. 通过"学习小组"提高学生协作能力

在多种体育项目中,采用"学习小组"作为评估对象具有其独特适应性。这些项目包括团队篮球、排球、足球等比赛,以及早操和各种接力赛事。对"学习小组"进行评估的核心目标是掌握团队协作技能以及提高学生的社会应变能力。鉴于"学习小组"内部学生的表现具有一致性,成员的学习成果将直接影响整个团队的绩效。因此,小组中的每位学生都有责任对那些学习态度不积极的成员进行监督,共同为班级营造一个正面且活跃的学习环境。这样有助于增强学生的团队合作精神和提高学生学习的热情。

3. 积极开发体育课特有的教学环境资源

体育教学在课程构建中显现出独特的资源价值,特别是面对课程结构的转变和调整。新的课程目标主张增强学生的社会适应能力与团队协作精神。在这种背景下,体育教学通过其丰富多样的教学环境和载体,为不同年级的教师提供了合作的机会，从而促进学生在社会适应、团队协作和交际技巧等领域的成长。此外，学生也被鼓励跨越个人边界，积极参与多种体育实践，以此增强自身的社交和团队协作能力。更关键的是，学生可以通过观察和参与体育实践，汲取关于健康和锻炼的信息，并将"体育运动"作为有效手段，进一步增强自身的交际和协作技能。

（二）体育教学评价的发展

现代体育教学评价呈现出以下几个发展趋势。

1. 评价主体互动化

在现代体育教学评估中，评价对象被视为具备情感、个性以及独特性的完整的人。这种评估旨在促进受教育者个性的全面展现。该评估方法重视对学生各方面特性的质性探讨，涵盖知识、能力、情感、兴趣、喜好、创新思维、决断力、心态和品质等众多领域。而且，它注重评估过程的互动性、开放性、透明度，以及评估主体之间的交流和协作。为了更精准地了解学生的优势和挑战，评价方法还融入了学生的自我评估和互评，以及教师与学生之间的交互评估，让学生能够清晰地认识自我，突出了评估的激励和成长性质。

2. 评价内容多元化

近年来，体育教学评价呈现出多样化的特点。它不再局限于对技术技能的单纯达标评价或健康指标的测验，而是涵盖了认知、技术技能及情感三个维度。随着素质教育理念的推进，学校的评价体系更趋向于全面、综合地评估学生的各种能力。学业成绩的评价无疑是重要的，但学生的创新思维、实际操作能力和心理稳定性也逐渐被纳入评估范畴。特别是对于那些拥有特长的学生，其个性化发展受到了广大教师的重视。

多维度的评价方式对于体育教学来说，具有重要价值。它不仅可以帮助那些学科成绩可能并不突出，但在其他方面有所特长或潜力的学生找到自身的优势，还可以助力学生实现更加均衡的发展。多维度评价体系的设计与实施，无疑反映了和谐发展与个性张扬的办学理念，并为其在体育教学中的应用提供了新的机遇。

3. 评价体系多维化、多元化、综合化

体育教学评价应依据综合性的指标体系，这包括对锻炼习惯、日常行为、技术与技能、基础知识以及体质状况的评价。在体育教学评价中，结合过程性评价与总结性评价、教师评价与学生间评价、学生自我评价与互评、技术评价与运动技能评价，强调学生个体发展的纵向评价与横向评价对比，以及体质状况评价与心理素质水平的评价，能确保学生在体育教学中取得全面进步。

随着时间的推移，体育教学评价已呈现出多元性，这不仅体现在评价思维的多样化，还体现在评价手段与评价主体的多元化上。每种体育教学评价理念都是基于特定的社会历史背景而产生的，并没有所谓的永久不变的标准和方法。这也就意味着体育教学评价具有鲜明的时代特征和社会属性。目前，学术界正在对评价理论的科学性进行深入研究，而体育教学评价在这方面也面临着挑战。尽管将评价理论科学化是一个复杂而漫长的过程，但随着体育领域的不断发展，这一问题将持续受到关注。

第八章　当代高校体育教学环境与发展之道

第一节　体育教学环境概述

一、体育教学环境的概念

体育教学环境呈现出独特性，众多学者根据各自研究角度对其进行了解读，如表8-1所示。然而，迄今为止，这些专家的观点尚未达成共识。

表 8-1　不同专家提出的体育教学环境的概念

专　家	体育教学环境的概念
毛振明	体育教学环境是在体育教学过程中影响"教"和"学"的条件的总和
黄亚飞	体育教学环境是指自发的影响人的身心发展的一切体育教学外部条件的综合
柴娇	体育教学环境是指体育教学活动所需的客观条件和力量的综合
陈中林	体育教学环境是一种特殊的环境，概括地说，体育教学环境是按照一定的体育教学规律，在符合人的身心发展需要的情况下组织起来的环境

笔者将体育教学环境定义为，体育教学过程中与教师及学生相关的影

响教与学条件的总和。从宏观角度来看，体育教学环境不仅涵盖与体育相关的法律法规，还涉及社会结构、家庭背景等多种要素。若从微观角度来解读，体育教学环境则专指与体育教学行为紧密关联的客观条件的总和。

二、体育教学环境的分类

体育教学环境是一个由诸多要素构成的复杂系统，不仅涉及与教学规模、师生关系相关的微观教学环境，还包括与社会文化相关的宏观教学环境。不同专家根据不同分类标准将体育教学环境进行细分，下面将教学环境分为硬件环境和软件环境两大类。

（一）硬件环境

体育教学的硬件环境是由与有形条件关联的各类硬件设施所组成的场域，其形成受物理特性、物质属性等众多元素的制约，硬件环境构筑了体育教学的根基，为教学过程的顺利进行提供了必要的支持。具体来说，其涵盖了教学所需场地、教学所用设备、多媒体工具、授课中引入的教材以及相关的期刊和参考资料。然而，由于各种现实条件的限制，我国的体育教学硬件环境呈现出明显的区域差异。这就使体育教学在不同地区的执行效果呈现出显著的依赖性，缺乏硬件支持，体育教学便难以落实。

（二）软件环境

在体育教学领域，软件环境被视为一种无形的教学背景，它贯穿整个体育教学活动流程，综合了国家相关机构与学校高层设定的政策、教师与学生的状况、两者之间的互动关系以及教师为学生营造的专属体育教学情境与氛围。值得注意的是，软件环境对教学活动的组织模式、师生的认知行为等方面产生了深远的影响。然而，关于体育教学软件环境的学术探讨较为少见，其具体的评估标准和操作性指标也未得到充分构建。

在众多教学环境中，软件环境在特定场景中占据着至关重要的地位，与硬件环境形成对比。其中，关键要素包括班级内部的团结精神、学生间的协同合作、学生的态度与学习动机、教师的专业教学能力以及体育教学的核心理念。下面将深入探讨体育教学中的软件环境要素。

1. "人"这一要素的分析

人力资源的有效开发能够提升学校管理效能、教学效能。"人"这一要素主要包括体育教学活动的直接参与者——体育教师、学生。

作为软件环境中较为积极的因素，体育教师是发起、组织体育教学活动的主要负责人。俗话说，"教育大计，教师为本"，体育教师的教学质量关系着体育课程改革的成败，决定着学校的发展潜力与发展水平，他们在教学活动中起着至关重要的作用。体育教师需要提升自己的专业素质、教学能力与教学水平，扮演好自己的角色。

在教育过程中，学生是核心参与者和实践对象，他们的行为模式对体育课程的成效有着直接影响。学生在教学过程中既表现出主动性，也显示出某种受动性。值得注意的是，学生间的学习需求和能力存在显著差异。为了确保教学质量的持续提升，学生需要最大化地发挥其主动性。

2. 交往要素的分析

在体育教学软件环境中，涉及众多的互动模式。例如，师生的互动和学生间的相互交流，此类教学互动在整个教学过程中占据核心地位。事实上，课堂内师生间的相互关系以及学生间的互动关系，对不同参与者之间的信息流动起着决定性作用。值得注意的是，有效的沟通、情感的联结都为达成体育教学的终极目标提供了有力支持。

三、高校体育教学环境的特性

（一）规范性

在高校中，教学环境的设定受到国家教育方针和政策的明确指导。为了达成高校人才培训目标，有必要确保这一环境全力助推学生身心健康成长。

（二）可塑性

体育教学领域的环境是由多种因素如学生、教师所塑造和限制的，这种环境不仅是教学场所，还是培养人的场所，所以针对明确的教育目标和教学任务，其形态和特点需要持续进行优化。教学环境的形成和特质，在很大程度上依赖体育教师、学校管理人员以及学生的价值观和精神修养，这些元素是赋予体育教学环境可塑性的基石。但这种可塑性并不是不受约束的，学校的硬件设施、教育的普遍法则、体育教师的教育哲学以及学生的态度和行为，都在某种程度上限制了体育教学环境的变革和建设。因此，对于体育教学环境，不能轻易进行改动或构建。

（三）系统性

体育教学环境以其相对的独立性，展现为一个独特的系统结构，因此，体育教学环境表现出与众不同的存在方式以及明显的发展趋势和特征，在大多数情况下，这种环境所展现的特质与当代的社会主义核心价值观相互呼应，同时呈现出某种"超前性"的表征。

（四）教育性

在体育教学领域中，"教育性"被视为环境的核心和基础特征。高校体育教学环境作为独特的育人场所，内在与外在都应凸显其教育属性。无论是从物质基础的角度，还是从教学策略的角度，都应体现出深远的教育意义。

（五）时代性

体育教学环境映射了社会环境的特征，并具有鲜明的时代性，这种时代性不仅体现在体育教师的教学技能上，还体现在学生的主体性展现以及师生交往中。当观察这些元素时，可以发现其共同影响了教学环境，并受时代精神的深刻影响。随着社会政治、经济和文化的不断演进,体育教学环境也在主题和形态上展现出适应性和应变能力。

其时代性主要体现在创新和发展两个方面。

1. 创新方面

在体育教学领域,"师生"关系构成了其核心,这种特定关系促使双方深入思考和创新,从而赋予体育教学环境独特的创新属性。

2. 发展方面

随着技术的进步和教育理念的革新,高校中的体育教学环境正在不断优化和改善。

四、高校体育教学环境的功能

(一)引导功能

高校体育教学环境对学生产生了深远的影响,使其形成了特定的价值观和行为准则,促使学生为满足当代社会对综合性人才的期望而持续付出努力。从这个角度出发,可以认识到高校体育教学环境在指引学生满足社会预期方面具有重要作用。

(二)凝聚功能

在学校体育教学环境下,不同家庭背景的学生齐聚一堂,相互交汇,共同追求目标,探索自身潜能,同时在体育教学环境中培养对学校的归属感。教师的教学方法、学生的言谈举止以及物质环境的塑造,都对增强个体的认同感、巩固高校体育教学的内聚力起积极作用。

(三)净化功能

良好的教学环境可以为学生提供知识,净化学生的心灵,使其养成良好的思想和道德品质。社会环境对个体思想和行为习惯的养成具有深远影响。校园环境的优雅整洁、班级环境的生机勃勃以及班风校风的积极和谐,都承载着强大的净化功能。人们需要认识到,学校的育人使命和净化功能并非通过教师强制灌输实现的,而是内在于美好而宜人的教学环境中。这种环境潜移默化地影响着学生,塑造着他们的思想和品德,最终实现理想的教学效果。在教学过程中,教师扮演着重要的角色,他们不仅是知识的传递者,还是思想和道德的引导者,其任务是在具备净化功能的教学环境中,不断地熏陶和感化学生,引导他们朝着正确的方向发展,只有在这种积极的教育氛围中,学生的思想和品德才能得到提升。因此,各高校应该充分发挥体育教学环境的净化功能,将其纳入思想品德教育的范畴,以提升德育教学的质量。

(四)激励功能

在高校中,良好的体育教学环境具备鼓舞人心的特质,能够唤起并激发全校师生的教育热情,从而提高他们的积极性,推动教育工作的顺利进行,同时有助于提升体育教学工作的质量和水平。

(五)美育功能

审美作为人类特有的高级心理活动,自然而然地伴随着人类的生命过程。个体与外部环境之间,存在着紧密的审美纽带关系。教育场景中的和谐环境,包括校园的自然景观、场馆设施的装饰、教学过程中的创意展现、师生的仪态以及言辞的优美,皆体现了多层次的审美内涵,对学生的审美观念产生了深刻的影响。教育环境的美育功能应在体育教学中得到充分发挥,以培养和丰富学生的审美情感,提升他们对美的感知与创造力。

(六)解释功能

"解释"在体育教学背景下,是指主体不仅要澄清和评估体育教学环境中的各种现象和关系,还要赋予它们与体育教学环境相关的多样文化内涵,为体育教学环境的塑造和发展提供多种文化模式。在体育教学环境中，需要解释个体间的相互作用、个体与物体的互动以及个体与文本的理解。

在理解过程中，应融合两种视角，即"原始视角"和"当下视角"，以实现"视角融合"。这种融合产生了一个全新的"视角"，既包含了前述两个视角，又超越了它们，从而促进了新经验和新理解的可能性。体育教学环境的本质使其能够解释历史和现实，从社会变革中汲取养分，并实现对历史和自我的超越。

第二节　高校教学环境对体育教学的影响

一、体育教学硬件环境对体育教学的影响

（一）班级规模对高校体育教学的影响

班级规模对教学效果的影响一直是学术界长期关注的研究领域。早期的研究涉及体育教师、家长以及教育行政管理者，他们从各自的角度出发，对这一问题得出了不同的结论，主要分为两种观点：一种认为班级规模对教学没有影响或者影响微乎其微，另一种认为班级规模确实会对教学产生一定的影响。

心理学领域的专家对班级规模进行了深入研究。环境心理学家指出，每个人都有个人的活动空间，而人际关系中的距离也会对人的行为产生影响。当个人的活动空间受到侵犯时，人们的行为会发生一系列变化。在《国际教育百科全书》中的 77 项有关班级规模与学生学习成绩关系的试验研究中，有超过 50% 的实验结果表明，与大班教学相比，小班教学更有助于提高学生成绩。

（二）体育教学设施对体育教学的影响

体育教学设施在普通高校体育教学硬件环境中占据重要地位，是支撑体育教学活动的关键物质要素。具体而言，这些设施包括但不限于体育馆、田径场、各类球场、游泳池、图书资料以及各类体育器材等。

体育教学设备和设施不仅是体育教学活动所必需的物质条件，还对体育教学产生深远的影响。对于物质环境如何影响体育教学，已经有大量的实证研究。出色的教学设施和设备不仅能促进科学教育实践，还能显著影响教师和学生的参与程度。学校的物质环境不仅能影响教师和学生的行为，还能塑造他们对教育和学习的态度。这强调了体育教学设施等物质条件在体育教学中的重要作用。

作为普通高校体育教学硬件环境的重要组成部分，体育教学设施的完善程度直接影响体育教学活动的内容、水平以及教育的设计和安排。此外，这些设施的外部特征也会对体育教师和学生的行为产生积极或消极的影响。因此，为了满足体育教学的需求，应谨慎规划和安排体育教学设施，以确保其符合教育规律和学生身心发展规律，促进体育教学的有效开展。

（三）体育图书、期刊、教材对体育教学的影响

体育教学设施在普通高校体育教学硬件环境中占据重要地位。它们不仅是学生获取体育学科知识并将其转化为体育技能的工具，还是了解体育学科发展趋势、现状以及体育教学研究热点问题的关键资源。这些教学设施包括体育图书、期刊和教材。

体育教师和学生通过阅读体育图书和期刊，可以深入了解体育学科的发展动态、前沿知识以及体育教学的研究热点。这不仅为他们提供了获取课外学科知识的有力工具，还在一定程度上影响了他们的知识储备和对科学研究的认识。体育图书和期刊的作用不仅仅局限于获取知识，还有助于

拓宽视野，丰富思想，加深对科学研究的理解，进而提升教学质量。

与此同时，体育教材作为教学的基础，对体育教师和学生具有重要意义。教材是教师选择教学内容的基础，也是学生学习的依托。体育教师可以根据教材精心设计课程，满足学生的兴趣和需求，从而影响他们的学习方式和学习效果。教师的教学行为和传授知识的方式也会在一定程度上塑造学生的学习行为。体育教材的使用不仅影响教师的教学质量，还对学生的基础能力产生深远的影响。通过研究教材，学生可以提高自己的学科起点能力，树立积极的学习态度和自信心，这直接影响学生的学习行为，进而间接影响教师的教学行为和体育教学的质量。

（四）师生比对体育教学的影响

师生比指体育教师与学生的数量比例，其合理性对于体育教学的有效推进具有重要意义。作为本科教育评估的重要衡量指标，师生比体现了其对体育教学的重要作用，因此在国家和学校层面对其较为关注。

体育教学领域具备一定的特点，这些特点决定了体育教师在教学过程中面临着与其他学科不同的挑战。与其他学科的教师相比，体育教师需要承担更多的责任。体育教学被视为一个开放的系统，其中，每个学生都扮演着积极的角色，这意味着在体育教学过程中，学生之间以及教师与学生之间的亲密互动至关重要，为了确保教学的正常运行，体育教师应具备出色的管理能力。

一旦体育教学活动超出了体育教师的管理和控制范围，将对教学产生不利影响。因此，合理的师生比被视为体育教学顺利进行的基本要素。它确保教师能够关注每个学生、维持教学秩序以及提供个性化的指导。合理的师生比还有助于减少不必要的混乱和安全隐患，从而提高体育教学的质量和效果。

二、体育教学软件环境对体育教学的影响

(一) 体育教师对体育教学产生的影响

体育教师是体育教学系统的要素之一，也是体育教学活动的要素之一，还是体育教学软件环境的要素之一。从本书对体育教学环境的定义来看，体育教师是学生的他人环境，属于体育教学软件环境的范畴。体育教师是体育教学过程中不可或缺的因素，其性格、教学态度、风格等教学表现能直接影响体育教学。因此，可以说，体育教师对体育教学产生直接或间接的影响。同时，体育教师是体育教学活动的主体之一，具有主观能动性，他们能通过改变自己的行为，影响体育教学软件环境的建设，而教学软件环境对体育教学有着潜移默化的影响。因此，教师的力量是伟大的，不仅能影响学生的学习，还能影响体育教学环境的建设，更能影响体育教学。

(二) 学生对体育教学产生的影响

学生的角色在体育教学中占据重要地位。教育的主要目的是满足学生的需求和培养他们的综合素质。体育课程的设计和实施应当以学生为中心，确保他们能够积极参与并取得进步。学生的学习成果是评估体育教学质量的关键指标，它反映了教育目标是否达成以及教学方法是否有效。

(三) 高校体育传统和风气对体育教学的影响

高校体育传统和风气，是校风不可或缺的组成部分，代表着学校在体育领域培养和传播一种集体行为风尚。这一文化具有普遍性、持续性和相对稳定性的特点。健康的体育传统和风气，对于提高集体的动力、工作表现和成就产生积极的影响。广泛的高校体育教学实践表明，卓越的校风或班风不仅有助于营造良好的集体心理氛围，还激发了学生的学习激情。另外，校风不仅决定了学校的现状，还关系到未来可能的发展

方向。因此，出色的学校体育传统和风气是激励体育教师树立积极体育态度和兴趣，培养良好体育锻炼和学习习惯，提升体育教师和学生体育文化素养的重要催化剂。可以说，优秀的体育传统和风气不仅对体育教师产生深刻的影响，还对学生产生潜移默化的影响。通过上述对体育教学实践的分析，不难看出，高校体育传统和风气对学校集体和学生都发挥着积极的作用，同时凸显了它对体育教学的重要影响。

（四）高校体育课堂教学氛围对体育教学的影响

高校体育课堂教学氛围的营造是一个渐进的过程，反映了班集体的情感状态。它充分映射了体育教学过程中教师的教学表现和学生的学习表现，同时折射出教师与学生之间的互动情况。因此，理想的体育课堂教学氛围应该是教师的出色表现、学生的卓越学业表现以及师生之间良好互动的有机融合。换言之，当课堂氛围中的某个要素有助于提高体育教学成绩时，良好的体育课堂教学氛围便成为提高教学效果的关键因素。

笔者通过研究文献资料发现，学者通常将体育课堂教学氛围分为三种类型，即标准型、负向型和一般型。不同类型的体育课堂教学氛围会导致教师的教学表现、学生的学业表现及师生之间的互动有所不同。此外，教师与学生、学生与学生以及学生与班级体育活动之间的关系也因此有所不同，从而影响体育教学的效果。

良好的体育教学环境对于促进体育教学中师生关系的发展至关重要。它不仅能激发学生的学习热情和自主性，还对学生的学习产生积极的影响。此外，良好的教学环境还有助于师生之间的信息交流和反馈，这对于体育教学行为至关重要。教师可以根据教学情境灵活调整教学内容、教学方法和教学策略，从而开展高效的体育教学。

布兰思福特（John D. Bran Sford）等学者在《人是如何学习的：大脑、心理、经验及学校》一书中，从师生在体育教学过程中的表现对良好的课堂教学环境进行了描述。此外，体育课堂教学环境是有效教学的关键因素。

因此，在教学实践中，体育教师和学生应共同努力，创造良好的体育教学环境。在这种环境下，学生将更加积极地学习，而教师则能更加专注地教学。师生之间的关系也会更加融洽，沟通更加顺畅，师生互动更加积极。

第三节 高校体育教学环境的系统构成

一、体育教学环境宏观系统的构成

"宏观系统"在高校体育教学领域扮演着重要角色，它代表了从更加广泛的视角深刻理解高校体育教学环境的必要性。教学受各种社会环境的影响，包括科技进步、社会制度、家庭条件以及社区环境等，这些因素对教学过程起着一定的作用，因此，它们被纳入教学环境的考量范围。

教育系统被看作社会系统的一个子系统，而高校体育教学则是整个教育系统的一个组成部分。因此，社会的宏观环境在不同程度上会对高校体育教学环境造成一定的影响。高校体育教学环境既需要满足社会的需求，培养符合社会期望的人才，也需要社会系统的调整和监管，包括物质资源和精神支持方面的保障。因此，社会环境与高校体育教学环境之间存在相互促进、信息传递、资源共享的复杂关系。

现代体育教学环境是一个高度复杂的宏观系统，其构建涵盖众多因素，包括社会制度、科学技术、社会风气以及硬件和软件设备等，如图8-1所示。传统的教学理念认为，教育活动是以教师为核心，侧重纯粹的认知过程，而教师的角色主要是传授知识，使学生被动地接受。在这一传统观念下，教学被视为线性的、简单的过程。

第八章 当代高校体育教学环境与发展之道

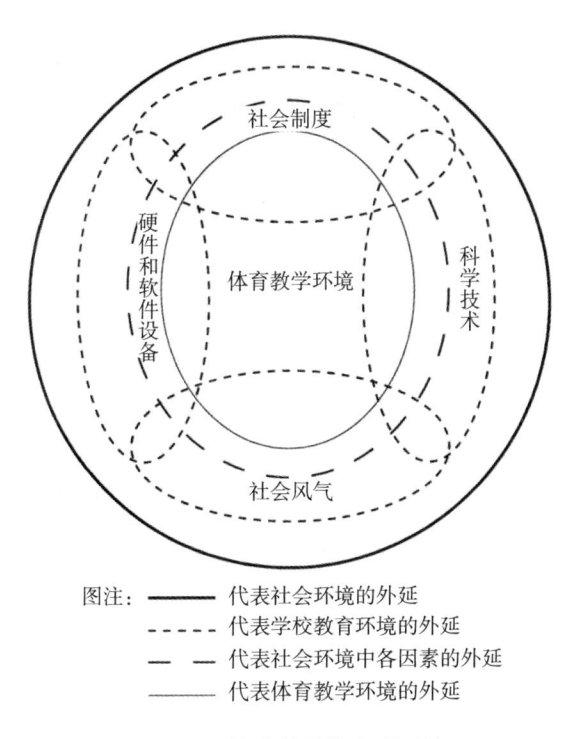

图注：——— 代表社会环境的外延
　　　----- 代表学校教育环境的外延
　　　— — 代表社会环境中各因素的外延
　　　——— 代表体育教学环境的外延

图 8-1 体育教学的宏观系统

然而，实际社会环境中的现代体育教学系统呈现出非线性和相当复杂的特点。在体育教学过程中，信息传递受各种社会信息源的多重影响，包括社会政治制度、政策、经济发展水平以及人文环境中科学和教育等因素。体育教学不仅仅是个体的认知活动，更是一种广泛存在的社会现象，其实现依赖人际的信息传递机制。

综上所述，采用系统观念，在整个社会大环境中开展体育教学环境宏观系统的相关研究具有很强的现实意义。

二、体育教学环境微观系统的构成

所谓"微观系统"则是从狭义的角度，针对学校具体教学活动的开展考虑的。

体育教学环境的微观系统主要由物质环境、心理环境构成，如表

8-2 所示。

表 8-2　体育教学环境微观系统的构成

基本构成	具体内容
体育教学物质环境	体育教学的场所，如体育馆、田径场、篮球场、排球场等以及这些场地周围的环境，如阳光、空气、树木、草坪等
体育教学物质环境	体育教学设备主要分为两大类：一类是常规性设备，如桌椅、实验仪器等；另一类是体育器材设备，如体操器械中的垫子、单杠、双杠等
体育教学心理环境	学校体育传统和风气，是指一个学校在体育方面具有的集体行为风尚，通常具有普遍性和相对稳定性
体育教学心理环境	课堂教学氛围，是指整个班集体在课堂上形成的一种情绪、情感状态，包括师生的态度、情绪波动等
体育教学心理环境	体育教学过程中的人际关系，主要指师生关系与生生关系

第四节　信息化背景下高校体育教学环境的优化与发展

一、信息化背景下体育教学环境的优化

（一）体育教学环境优化的理论依据

1.人与环境关系的理论

人与环境关系的理论是学术界对体育教学环境进行研究的重要理论基础之一。下面具体分析马克思关于人与环境关系理论的观点。

（1）人的生存与发展状态由环境决定。在自然界长期演化的过程中，逐渐形成了人类这一特殊存在，因此可以说，人类的出现在自然之后。

人类的生存和发展与自然环境密不可分，自然环境被视为第一空间，是其存在的必要前提。在自然孕育了人类后，便出现了自然和文化两种不同的领域。自然可以被人类文化改造，这是人类实践的成果。如果人们剥离人类的实际行动，将很难理解自然在人类出现后的演化和认知。人类在自然面前的力量有限，因此，人类的首要任务是生存，只有生存下来才能对自然有更深入的认知和改造。在这一过程中，人类的需求逐渐与自然属性融合，形成了一种相互关系。人类与自然建立并维持特定的联系以满足人类的需求，而随着需求的增加，人类更能主动地参与自然界的转变，使其从自然状态逐渐过渡到人文状态。

人类的需求主要分为三个层次，即生存需求、发展需求和享受需求。

首先，生存需求。这一层次的需求是较为基本和迫切的，涉及人类对物质资源的依赖，以维持其生命。自然环境为人类提供了食物、水源和庇护所等生存必需品，确保了他们的生存和基本生活需求。

其次，发展需求。它在人的生活中占据重要地位。这一层次的需求包括物质资源和文化资源，它们为个人和社会发展提供了支持。物质资源为人们提供了基础设施、技术和财富等，而文化资源则包括知识、价值观和社会规范，为人类提供了智力和道德的指导。

最后，享受需求。这一层次的需求代表人类对精神和心理满足的追求。自然环境为人们提供了精神资源，如美丽的自然景观和宁静的环境，以及心理调节，如休闲和娱乐活动。这些资源满足了人们对愉悦、放松和内心平衡的需求。

（2）人类认识与改造环境的过程也是自我发展的过程。环境是人类发展和社会进步的基础，随着人类认知的不断深入和积极改造环境，他们的认知能力和实践水平也随之提高，促进了人类与环境的共同发展。

在环境认知方面，人类经历了从感性认知向理性认知的转变，这提高了他们对世界和自然的认知水平。人类改造环境的过程本质上是生产力不断发展的过程，使人类的力量得到显著提升。同时，社会关系的变革和社会的进步都需要人类的积极推动，这一过程也使人的社会本质更加丰富。

教育环境是一个高度复杂而整体的系统，包含众多要素。这一系统塑造着学生的认知、情感和行为，同时深刻影响着教师的教学过程与成果。对于体育教学活动而言，其最终效果在很大程度上受体育教学环境的制约。因此，不断优化体育教学环境至关重要，以便提升教育效果，同时将其潜在的负面影响降至最低。

为优化体育教学环境，应着重创建有利条件、改善现有条件，并综合考虑整体和局部的因素。这意味着高校需要规划和协调教学环境，合理组织和安排资源，提取并整合有利于教学的因素，同时排除不利因素，以确保体育教学环境维持在最佳状态。这有助于充分发挥体育教学环境在推动体育教学活动和促进学生身心健康方面的关键作用。

优化体育教学环境需要在广泛的范围内采取措施，包括改进体育教学设施，还包括改善教育心理和制度环境，并且将硬件环境和软件环境有机结合在一起，关注宏观环境和微观环境的改进。在优化体育教学环境时，需要采取多种措施，从不同层面和角度入手，以提高效率，包括综合考虑体育教学环境要素，以使整个系统更具科学性、合理性、高效性和全面性。只有通过这种综合性的方法，高校才能提高体育教学环境的服务水平，最终提高体育教学的质量。

2.人的主体性的发挥

人具有主体性，这一主体性从人与环境的互动中体现出来，主要体现在以下几个方面，这些方面也是形成主体性的关键条件。

首先，人类具备高度的自我意识，能够积极进行自我认知和自我提升，以提高生活质量。他们能够自主管理和调控自己的行为和活动，实现自我塑造。

其次，人类能够与环境建立良好的互动模式，根据实际需要和环境变化调整与环境的关系。这包括与环境保持适当的距离，根据不同情境分立、对抗或建立亲密联系。他们具备与环境中不利因素勇敢对抗的能力。

最后，当人类面临来自环境的各种压力时，他们能够发挥主观能动性，积极改善环境，对抗压力，并利用环境的积极因素提升生活质量。这种积极主动的态度有助于应对挑战并创造更好的生活。

人类的自觉性、能动性从其改造自然的过程中充分体现出来，正因为人具有这些特性，才具有了主体性。

在环境改造过程中，体现了主体性的核心要素，包括自觉行为、主动性行为以及与环境的相互作用。主体性作为个体的核心特征，体现在个体意识的觉醒和主体意识的形成过程中。人的主体性得以激发和唤醒，从而促进了其主体性的发展。

人的主体性的形成与觉醒，源于对自主活动意识或主体意识的唤醒和形成。这一过程不仅涉及个体的自我认知，还涉及与外部环境的互动与反馈。人的主体性的形成与觉醒，关键在于个体意识到自己是历史的创造者之一，这一认识的深度与广度直接影响主体性的形成和觉醒程度。随着时代的进步和社会的演变，人类对自身存在的意义以及个体的价值有了深刻的认知。在当今社会，物质文明的蓬勃发展并行不悖于精神文明的进步，个体内在的感知逐渐提升，个体的不可替代性和独特性得以更加深刻地体验。

从宏观历史的角度来看，人类不仅仅参与历史的创造，更主导了历史的进程。个体通过发挥自身力量，推动了社会的不断发展和演变。历史的进程既是人类进步的体现，也是个体创造历史的过程。每一个个体都有机会塑造时代的历史，书写自己独特的生命历程，实现自身的价值，主导自己的人生。

学校内的师生与职员都具有鲜明的个体特征，他们在塑造自身历程、实现独特价值、积极参与教育改革方面都有突出贡献，同时赢得了个人的荣誉与成就。

（二）体育教学环境优化的原则

1.整体协调原则

为了优化体育教学环境，应遵循整体协调原则，需要从整体联系的角度审视体育教学环境，并以系统性和整体性的视角处理体育教学环境的创设问题。体育教学环境系统是各组成要素之间互动和联系的矛盾统一体。其特征在于通过各要素的相互作用，产生系统整体性质的跃升效果，实现整体效应的最大化。从这个角度来看，体育教学环境系统由多个相互关联和相互制约的要素组成，这些要素具有特定的功能，形成一个综合整体，这个整体在功能上具有新的质变，这种新的质变并不是简单将单个体育教学环境要素机械相加的结果，而是由各种体育教学环境要素按照一定规律有机组织起来的系统所具备的整体功能。因此，为了充分发挥体育教学环境的整体功能，人们需要采用系统整体的视角优化各个要素。

2.因地制宜原则

复杂的自然地理现象与人文意识的根本性质对体育运动产生了深远的影响。气象和气候条件不仅限制了体育运动的展现方式，还不同程度地塑造了学校体育运动的演进轨迹。中国传统体育的起源和演化与气象、气候条件以及民族文化紧密关联。在这种特定的体育教学背景下，秉持着"乡土性"原则，教师需要在教学过程中展现课程资源的独特性和丰富性，涉及发掘本地独特的体育课程资源，这些资源在某种程度上优胜于其他地区的资源。此外，教师还要引导学生培养尊重不同地域和民族文化差异的态度，提高学生对本土文化的认知，激发学生对不同地域和民族在文化差异背景下形成的独特项目的兴趣。这些项目包括但不限于少数民族的骑射、摔跤，各民族传统舞蹈，东北地区的冰雪运动，以及水资源丰富地区的游泳和划船等。这种教育方式有助于学生感受多元体育文化，激发其对体育锻炼的兴趣，并在文化熏陶下培养其技能，提高其身体素质。

3. 简便优化原则

创设体育教学环境的任务不仅仅包括系统性、目的性和有效性的特点，还需要关注其简便易行、高效率和多功能等特性。因此，体育教学环境的优化应遵循简便优化原则。这一原则从系统的价值标准角度反映了体育教学环境存在和发展的客观规律。这不仅揭示了学校体育教学主体对体育教学环境系统的一般要求，还展示了体育教学环境系统优化发展的方向和趋势。

4. 主体性原则

在体育教学环境的创设过程中，要充分重视学生的主体地位，并培养他们在特定环境中的自我调控能力，以使他们掌握管理教学环境的技能。

体育教师和学生都扮演着体育教学环境主导者的角色，为改进和创设良好的体育教学环境，不能忽视教师和学生的积极参与、支持与协作。良好的体育传统和文化习惯的培养、体育场馆卫生的维护以及师生之间融洽关系的建立，都与教师和学生的角色紧密相关。正因如此，在优化体育教学环境的过程中，体育教师应激发学生的主动性和积极性，增强他们对教学环境的责任感，提高他们对环境的掌控和管理能力，以确保广泛的支持，营造促进学生个性发展的体育教学环境。

5. 个性化原则

我国深入推行素质教育，其根本性质体现为个性化教育，此种教育模式强调将学生塑造为主体，着重培养学生的主体意识、发展学生的主体能力以及塑造学生的主体人格等，将其视为各类教育和不同学科教学的首要目标。教育的宗旨在于以学生为中心，通过积极主动的学习促进主体性发展，促进教学观念和方法的改革，旨在高度尊重学生的主体地位和个体人格，培养学生的自主性、主动性以及创造性。

培养学生的创新潜能是体育教学的核心目标，体育教学的使命在于通过学生的身体和心智活动促进学生的"个性"发展,同时培养学生坚忍的意志、完善的人格以及优越的社会适应能力。体育活动被看作个体对身心健康素质的自我提升。个性化的人格特质表现为一种积极主动、独立负责、具备协作精神的品格。为了最大限度地发挥健康教育的效益,应坚守个性化原则,确保良好的体育教学环境对塑造学生的个性起关键作用。

(三)信息化背景下体育教学环境优化的策略

1. 整合协调策略

在体育教学领域,为了实现教学环境的优化,应积极树立全局观念。这意味着需要进行宏观的规划和调整,以便通过学校、家庭、社会等方面的举措协调各要素之间的关系,包括有机整合有利因素,同时克服不利因素,最终实现体育教学环境的优化。

2. 最大化利用优势策略

值得注意的是,许多学校拥有独特的环境资源,某些资源比其他学校更具优势和竞争力。基于这种优势,学校可以更有动力和效果地优化体育教学环境。为达成这一目标,学校应当充分发挥资源优势,以最大化地利用其价值,从而提高体育教学环境的整体优化效果。

3. 个性化特色增强策略

在进行体育教学环境的优化时,应着重强调某些方面的特色,创造个性化和特色化的教学环境,旨在吸引体育教师和学生的关注,提高教学效率,从而实现既定的体育教学目标。

4. 渐进筛选、层层提升策略

为了创设和优化体育教学环境,需要采取逐层筛选的方法,以清除各种有害信息和不利因素,同时防止消极因素对教学过程的制约和干扰,确保学生不会受到不良信息的影响,同时加强信息的有效控制。

二、信息化背景下体育教学环境的发展对策

（一）加大经费投入，促进对体育教学硬件设施的维护与更新

教育设施的质量对体育教学的开展和效果有着直接影响。因此，学校应加大经费投入，加强体育场馆的建设，以改善教育设施条件，从而为学生提供更好的运动环境，激发他们的学习兴趣。学校还应建立健全设备维护管理制度，定期汇总教育设施的使用情况，及时进行检查、维护、维修和升级，以延长设施的使用寿命，提高其价值和效用。此外，学校应重视校园内外的绿化工作，以创设舒适宜人的学习环境，这样的环境将有助于学生在宜人的条件下学习，提升他们的学术表现。

（二）提供体育书籍、期刊等学习资料

体育书籍、期刊等学习资料在塑造学生体育知识体系方面具有不可或缺的作用。要想为学生提供更加全面和前沿的体育信息，学校有必要充实图书馆的体育学习资源，确保所提供的体育学习资料既在种类上丰富多样，又在质量上令人满意，以满足学生不断增长的需求，从而创设良好的学术环境。

（三）建立和谐的人际关系

在体育教学领域，师生之间和谐的人际关系是营造积极课堂氛围、优化教育环境以及提高教学效率的重要因素。为了实现这一目标，体育教师与学生需要在多个方面付出努力。

第一，体育教师要与学生建立亲和力，这就要求教师深入了解每位学生的体育兴趣、个人体质状况、运动水平等方面的差异。通过了解学生的差异，教师能够在体育课堂上采取个性化的教学方法，充分满足不同学生的需求。在此基础上，教师还要尊重每位学生的独特性，将学生置于学习过程中的主体地位，平等对待每位学生。教师应激发学生的学

习热情和自主性，鼓励他们积极参与体育活动，以亲切耐心的态度指导他们，逐渐建立师生之间的亲密友好关系。

第二，教师在课堂上应善于运用现代教育技术与学生进行互动。例如，教师可以播放教学视频，与学生共同探讨视频中的运动动作，引导学生关注细节，并激发他们的思考和提问欲望。在课堂上应及时解答学生的疑问，这不仅能提高学生的学习兴趣，还能增加师生之间互动交流的机会。

第三，为了促进学生之间的友爱与合作，体育教师应在体育课堂中组织集体性的游戏或比赛。这些活动可以小组为单位进行，鼓励学生团结协作，互相帮助。教师通过这种方式，可以培养学生的集体主义精神和团队合作意识，使他们在协作中建立并巩固友谊，共同学习和进步。

（四）灵活组织体育教学

在户外体育实践课程中，队形的构建是一个重要工作。然而，体育教师通常忽视了这一关键环节，他们经常随意选择队形，而不根据具体课程内容、任务和目标做出合理安排。常见的横队或纵队队形被机械地应用于各种课程，这对学生之间的互动和师生之间的有效沟通产生了负面影响。因此，学生的学习需求得不到满足，学习效果受到了制约，课堂教学效果不尽如人意。

在体育教学过程中，教师应该根据具体的教学内容、任务和目标合理设计队形。教师应该具备灵活性，能够根据需要随时调整队形。同时，教师应该与学生保持适当的距离，并选择合适的位置进行示范，以确保每位学生都能清楚地看到示范动作。

（五）加强体育课堂教学管理

在体育教学过程中，规范管理是优化教学环境的关键。在开展课堂教学前，体育教师应认真准备，这对提高教学效率至关重要。而在正式上课时，更需要强化对课堂的规范管理，包括课堂纪律的维护以及教学器材和场地的合理利用。教师在体育课堂上的管理能力直接影响教学效率和教学成果，它被视为评价教师教学组织能力的重要标志之一。

因此，为了营造良好的课堂氛围，确保教学有序进行，提升教育质量，体育教师需要高度重视课堂管理。

三、体育教学信息化环境的建设案例——网络教室

（一）网络教室的概念与结构

网络教室又被称为"网络教学机房"，是一种融合普通计算机实验室、语音实验室、视听室以及多媒体演示室等多重功能的综合教学环境。它以网络和多媒体技术为基础，将多台计算机以及相关的网络设备有机地连接在一起，构建了一个小型但高度互联的教育网络。网络教室的构建与组成如图 8-2 所示。

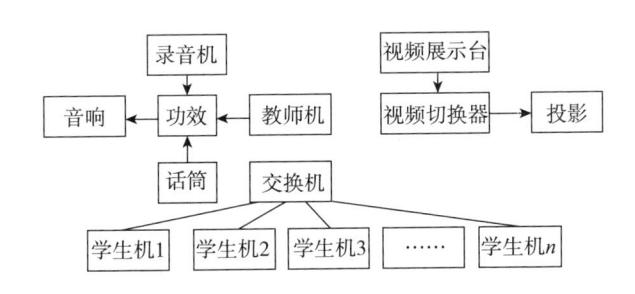

图 8-2 网络教室的构建与组成

（二）网络教室的类型

网络教室主要有以下几种类型。

1. 标准型网络教室

标准型网络教室配置简单，通常包括一台投影仪、一台多媒体教师工作站以及一个大屏幕。其特点是结构设计简洁，投资成本相对较低。

这类教室适用于传统的教师主导的课堂教学，用于进行课程讲授和演示，同时为学生提供自主学习的环境。

2. 协作式网络教室

协作式网络教室以学生的合作学习为中心，教室内的学生机布局呈环状，便于学生之间进行协作学习和互动。这种布局有助于培养学生的团队合作能力和创新思维。

3. U型网络教室

U型网络教室的布局与标准型网络教室有所不同，学生机位于教室两侧，而教师机位于教室中央。这种布局的过道宽敞，有利于师生之间的互动和交流。教师可以更有效地为个别学生提供指导和支持。

4. 综合型网络教室

综合型网络教室融合了以上网络教室的各种布局优势。它不仅支持教师的课堂讲授和演示，还为学生自主学习提供了条件。此外，它还促进了小组合作学习，为多样化的教学方法提供了支持。

（三）网络教室的功能

网络教室具有以下几种功能。

1. 教学功能

教师通过多媒体课件、教师音视频、外部音视频等多样化信息传递方式，可以对学生进行班集体教学或个别化的广播教学。

2. 示范功能

教师可以通过广播的方式将特定学生的屏幕和声音传递给其他学生，以呈现示范效果。

3. 监视功能

教师可以实时监视学生的计算机屏幕，以观察他们的计算机操作。监视功能可以是逐一循环监视单一学生，也可以同时监视多名学生的屏幕，呈现多画面监视的效果。

4. 文件传输功能

教师可以向学生传递教学课件和学习材料，以鼓励学生自主学习，同时，学生可以在线提交作业。

5. 交互控制功能

教师可以通过键盘、鼠标等设备对指定学生进行远程控制，而学生同样具备远程控制教师或其他同学的能力。这一远程控制过程主要通过设置开关调整控制和互动参数。

6. 学生控制功能

教师可以对学生的计算机进行远程控制，包括锁定键盘、执行重启操作以及使屏幕进入黑屏状态等功能。

7. 分组讨论功能

教师将学生分成小组，以进行协作讨论。在这一过程中，教师可以选择参与任何一个小组的讨论。

8. 媒体控制功能

教师可以通过控制界面或控制台直接管理 VCD、DVD 等多媒体设备。

9. 自动辅导功能

教师会按照顺序为学生提供个别辅导。

10. 远程管理功能

教师可以通过远程方式优化学生的计算机桌面设置。

（四）网络教室的应用

利用网络教室可以完成很多教学任务，常见的应用形式有以下几种。

1. 电子备课

体育教师在网络教室备课时可以有效解决电子课件制作过程中常见的问题，如资料不足、文件过大难以携带等。网络教室内设有丰富的资源库，教师随时可以在课堂上使用这些资源。此外，资源库中的教育资料可以进行共享，如学校可以将购买的教育资源存储在服务器中，以供教师使用。

2.课堂教学

网络教室具备有机整合多媒体教学信息的能力，为多媒体课堂教学提供了便利。在课堂教学过程中，教师可以通过多种多媒体形式，如文本、动画、声音、视频等，传达教育信息，从而有效激发学生的学习兴趣和积极性。教师还可以在课堂上引入其他直播课程或教学资源，丰富教学内容。此外，教师还可以利用多媒体课件教学并对学生进行个性化辅导，以满足不同学生的学习需求。

3.学生自学

网络教室和电子阅览室存在相似之处，它们都为学生提供了自主学习的机会。对学生而言，这两种学习环境都具有更加开放和自由的特点。在网络教室，学生可以利用丰富的网络资源进行学习，这包括共享的教育资源，有助于他们获取新知识。同样地，电子阅览室拥有丰富的电子文献和资源，为学生提供了自主学习的场所。

4.网络测试

教师可以利用网络教室组织网络考试，从而实时监测学生的学习情况。教师可以借助自动阅卷功能，及时反馈考试成绩，帮助学生分析并解决问题，从而提高教学效率。

参考文献

[1] 吴鹏，马可，李晓明.高校体育教学多种模式研究［M］.延吉：延边大学出版社，2023.

[2] 施小花.当代高校体育教育理论与发展探究［M］.长春：吉林人民出版社，2021.

[3] 宁昌峰.现代体育教育训练的理论发展与创新研究［M］.北京：煤炭工业出版社，2018.

[4] 张孟雁，叶华聪，余利容.体育教育的科学理论与发展探析［M］.北京：现代教育出版社，2015.

[5] 牛山坡.体育教育理论发展与管理研究［M］.长春：吉林人民出版社，2015.

[6] 包长春，冯耀云，晋腾.人的全面发展与新时代高校体育教育目标的定位［J］.东北师大学报（哲学社会科学版），2022（4）：157–164.

[7] 庹展敏.学校体育教育管理与教学模式探究：评《中国学校体育基本理论研究》［J］.中国学校卫生，2021，42（11）：170.

[8] 林千枫，孟涛，王刚，等.从老庄思想看体育教育的"道"：以体育教育理论和体育竞技态度为中心［J］.山东体育科技，2021，43（5）：10–14.

[9] 况明亮，雷宇生.高校体育实践教学组织形式构建路径研究［J］.食品研究与开发，2021，42（19）：239.

[10] 宋博.创新体育教学方法 提高人才培养质量：评《新时期体育教育理论与实践新探》［J］.山西财经大学学报，2021，43（11）：133.

[11] 张杨生.高等院校体育教学改革的现状与目标思考：评《新时期体育教育理论与实践新探》[J].科技管理研究，2021，41（17）：230.

[12] 郝晓帆.高校体育教育基础理论与运动实践应用研究：评《大学体育教育理论知识与运动实践研究》[J].教育发展研究，2021，41（17）：2.

[13] 高丽，袁海军.体育教育运动训练中的思维模式转变探析[J].广州体育学院学报，2021，41（4）：57-59.

[14] 何宇，潘宏伟.冬奥会背景下东北高校冰雪体育理论课程改革研究[J].经济师，2021（8）：186-187.

[15] 黄晓波.新时代背景下体育教学与训练的理论和实践探索[J].当代体育科技，2021，11（19）：251-253.

[16] 卢吉洪，王华倬.中国共产党体育教育思想的发展历程及基本经验[J].北京体育大学学报，2021，44（6）：80-89.

[17] 张军.浅谈学校体育现代化的内涵[J].文体用品与科技，2021（12）：169-170.

[18] 蔡金.埃里克森人格发展理论与我国新时代的幼儿体育教育[J].赤峰学院学报（自然科学版），2021，37（5）：69-73.

[19] 苏龙，赵俊，闫龙，等."全课程"体育教学改革的理论应用研究：基于三位国外教育家经典理论[J].合肥师范学院学报，2021，39（3）：96-99.

[20] 李晓鹏，汪如锋，李忠伟.隐性教育理论视域下高校体育课程思政的建设策略[J].湖北体育科技，2021，40（5）：457-461.

[21] 翟会会.基于内涵式发展的新时代高职体育课程教学改革研究[J].湖北开放职业学院学报，2021，34（5）：144-145.

[22] 熊伟平，李航，余刚.大学体育教育教学方法研究：评《大学体育教育理论知识与运动实践研究》[J].中国高校科技，2021（1）：150.

[23] 唐丽军.高校体育思政课的教学方法与艺术[J].科学咨询（教育科研），2021（1）：86.

[24] 刘立."适应体育"教育理论视角下高校公共体育教学探究[J].黑龙江高教研究，2021，39（2）：157-160.

[25] 涂文俊，孙青. 新时代体育教师培养模式的重构与设计 [J]. 豫章师范学院学报，2020，35（5）：61-64.

[26] 李双铭. 高校体育中培养大学生核心素养的途径 [J]. 文体用品与科技，2020（20）：179-180.

[27] 李昂，李窦逗. 体育舞蹈教育理论与教学经验分析：评《体育舞蹈教学训练研究》[J]. 中国教育学刊，2020（10）：141.

[28] 陈恒兴，刘春. 高校体育教育基础理论与运动实践应用研究：评《大学体育教育理论知识与运动实践研究》[J]. 云南财经大学学报，2020，36（9）：2，113.

[29] 乔鹏. 新时期下体育文化与茶文化的结合探讨 [J]. 福建茶叶，2020，42（8）：271-272.

[30] 贺莉，何景周，刘松. 乡村振兴背景下农村学校体育教学改革：评《新时期体育教育理论与实践新探》[J]. 热带作物学报，2020，41（8）：1731.

[31] 胡馨. 体育创新人才培养与高校体育教育结构之转变体会 [J]. 文体用品与科技，2020（16）：183-184.

[32] 冯婷. 大学体育人文教育理论与实践研究 [J]. 体育科技文献通报，2020，28（7）：132，135.

[33] 刘莹. 高校体育教学中开展拓展训练的意义：评《大学体育教育理论知识与运动实践研究》[J]. 中国高校科技，2020（6）：109.

[34] 曹杨，陈瑞琪. 小学特色体育生态化扶贫构建模式研究 [J]. 当代体育科技，2020，10（16）：1-2，4.

[35] 孟现涛，柴立森. 核心素养导向下幼儿体育理论知识的思考 [J]. 文体用品与科技，2020（11）：117-118.

[36] 潘淑芳. 依托生活教育理论 拓展幼儿园体育活动 [J]. 科学咨询（教育科研），2020（5）：173.

[37] 杨裔. 当代体育教育学与管理研究：评《新时期体育教育理论与实践新探》[J]. 教育发展研究，2020，40（6）：2.

[38] 苏娟. 高职院校《体育与健康》课程中德育教育理论与实践研究 [J].

福建茶叶，2020，42（2）：183-184.

[39] 郎宇辉.陶行知生活教育理论对小学体育教学的启示[J].当代体育科技，2020，10（3）：158-159.

[40] 王娜."生活教育"在中职体育教学中的实践与思考[J].科学咨询（科技·管理），2020（1）：167.

[41] 肖振鑫，罗阳建，陈之标，等."体医融合"下我国中小学学校体育的困境和发展[J].惠州学院学报，2019，39（6）：124-128.

[42] 孙亚光.高等体育教育理论的经典教科书：评《学校体育教育理论与方法（马特维也夫体育教育思想）》[J].当代教育科学，2019（11）：2.

[43] 王华倬，高飞.新中国70年学校体育学发展回顾与展望[J].北京体育大学学报，2019，42（11）：35-42.

[44] 刘飞.体育教育对学生体育能力的培养与研究[J].佳木斯职业学院学报，2019（11）：91，93.

[45] 何敏学，李洋洋.构建我国特殊体育教育理论体系的初步探讨[J].辽宁师范大学学报（自然科学版），2019，42（2）：268-272.

[46] 潘孝贵.学生发展理论视角下体育教育专业术科教学质量评价体系重构[J].湖州师范学院学报，2018，40（12）：28-33.

[47] 姚明瑾.体育人文教育理论与体育科学教育理论有机融合的研究[J].当代体育科技，2018，8（9）：88，90.

[48] 李全生，高鹏，仓海.泛体育教育观：基于全面发展教育理论的学生体质问题研究[J].北京体育大学学报，2016，39（4）：96-100.

[49] 尹瑞欣，朱林.大学体育教育发展研究：评《现代高校体育教育理论与探究》[J].当代教育科学，2015（13）：2.

[50] 罗文娜.大学体育教育发展研究：评《现代高校体育教育理论与探究》[J].当代教育科学，2015（11）：7.

[51] 李启迪，邵伟德，王健.加德纳教育理论中关于学校体育的观点及其对我国学校体育发展的启示[J].体育学刊，2013，20（6）：70-73.

[52] 邵伟德，闫平，李启迪，等.杜威教育理论对中国学校体育发展的影响研究[J].北京体育大学学报，2013（10）：93-99.

[53] 邵伟德，田法宾，吴维铭，等. 卢梭教育理论对我国学校体育发展的影响与启示[J]. 体育与科学，2013，34（5）：35-40.

[54] 梁斌，文建生. 高校体育教改现状及发展方向思考[J]. 西北工业大学学报（社会科学版），2013，33（1）：113-116.

[55] 曾小玲. 全人教育理论与西方体育的发展[J]. 体育文化导刊，2012（5）：111-113.

[56] 吴俊清. 我国学校体育教学思想的发展研究[J]. 辽宁公安司法管理干部学院学报，2012（1）：91-92.

[57] 李秀芹. 浅论体育教师继续教育的持续发展[J]. 教学与管理，2008（33）：40-41.

[58] 张晓玲，杨烨. 论教师教育视野下体育教育专业的改革与发展[J]. 北京体育大学学报，2008（4）：524-526.

[59] 孟伶泉. 现代教育理论与体育教学[J]. 赤峰学院学报（自然科学版），2007（5）：96-97.

[60] 彭庆文. 中国近现代大学体育理论发展的历史寻踪[J]. 怀化学院学报（自然科学），2007（3）：65-72.

[61] 瞿迪. 我国竞技体育与高校体育融合发展的若干问题研究[D]. 徐州：中国矿业大学，2020.

[62] 刘旭明. 我国普通高校体育异化的过程与本质研究[D]. 武汉：华中科技大学，2019.

[63] 王迪. 高校体育赛事品牌的塑造与发展路径研究[D]. 济南：山东大学，2018.

[64] 田法宾. 赫尔巴特教育理论对中国学校体育的借鉴研究[D]. 金华：浙江师范大学，2015.

[65] 徐伟. 大学体育人文教育理论与实践研究[D]. 北京：北京体育大学，2013.